KB089966

New SpaceLaw

신 우주법

New SpaceLaw

신 우주법

| 김종복 저

KSi 한국학술정보㈜

일찍이 미국의 국방장관이었던 럼스펠드는 미 국방부 보고서 <VISION 2020>에서 앞으로의 세기는 "우주를 선점하는 국가가 세계를 제패하게 될 것"이라고 설파한 바 있다.

굳이 럼스펠드의 말을 인용하지 않더라도 오늘날의 세계는 우주를 선점하기 위한 경쟁에 세계 각국이 경쟁적으로 참여하고 있다. 이러한 현상은 우주가 우리 인류에게는 새로운 가능성의 장으로 열리고 있으며 우주산업기술은 한 국가의 과학기술산업의 결정적 지표로서, 총체적 국력을 상징하는 척도로서의 역할을 하기 때문이라고 생각한다.

이러한 우주경쟁에 우리나라는 비록 우주선진국에 비하여 30년 이상 뒤늦게 뛰어들었지만 세계에서 13번째로 독자적인 우주센터를 갖추고 나로호의 발사와 다목적 실용위성의 개발 등 현재 세계 10위권의 우주산업기술력을 갖추고 있는 것으로 평가받고 있다.

본서는 이렇게 우리에게 현실로 다가온 우주시대를 맞이하여 거의 불모지나 다름없는 우주법 분야에서 하나의 지침서 역할을 할 수 있는 우주법 저서를 저술하여야겠다는 동기에서 나온 결과물이라 할 수 있다.

최근의 우주개발의 특징은 급속한 우주의 상업화이다. 따라서 본서에서는 우주법의 기본 법원칙의 토대 위에서 우주의 상업화 문제를 특히 비중 있게 다루었다. 그리고 인류가 곧 활동하게 될 무대인 국제우주정거장(ISS)에서의 예상되는 법적 문제와 조만간 실현될 것으로 보이는 우주관광을 포함한 우주운송문제에 대해서 상대적인 비중을 둔 점은 본서의 특색이라 할 수 있다.

우주개발에 있어서 우리 인류에게 주어진 사명은 우주의 평화적 이용과 우주환경의 보호이다. 우주의 평화적 이용원칙은 우주의 군사화에 의한 위협을 받고 있으며 우주환경보호문제는 비교적 새로운 주제로서 앞으로 심각하게 생각해 보아야 할 문제이다. 이 두 가지 주제에 대해서도 본서는 별도의 장으로 다루었다.

이와 같이 이미 우주시대를 살고 있는 우리 세대들에게 본서가 우주법에 관한 지침서로서의 역할을 해 주었으면 하는 것이 저자의 바람이지만 그 평가에 대해서는 두려움이 앞선다. 우주법은 우주기술의 빠른 변화에 맞추어 내용도 변하고 있으므로 이를 반영하여 앞으로 계속 수정 및 보완해 나갈 것을 약속드린다.

그리고 이 저서가 출간되기까지는 많은 분들의 도움과 격려가 있었음을 말씀드리고자 한다. 먼저 한국항공우주법학회의 명예회장이신 홍순길 전 한국항공대학교 총장님과 김두환 일본 중앙대 객원 교수님의 지도에 감사드린다. 국민대학교 법학전문대학원의 신홍균 교수님께는 특별한 감사의 말씀을 전하고자 한다. 이 우주법의 저술과정에서 많은 부분을 저자와 의견을 같이 해 주셨기 때문이다. 한국법제연구원의 문준조 박사님께도 감사를 드린다. 문 박사님의 해박한 국제법 지식이 많은 도움이 되었다. 그리고 현 한국한공대학교 여준구 총장님과 동료 교수님들께도 더없는 감사를 드린다. 없는 시간에도 시간을 내어 자료정리를 맡아 준 한국교통연구원의 윤자영 연구원과 타이핑과 교정을 맡아 준 장선영, 정소연 양 조교에게도 감사를 드린다.

이 외에도 교육과학기술부, 국토해양부, 한국항공우주연구원, 한국교통연구원, 공군 법무실로부터도 많은 도움을 받았음을 말씀드리고 싶다.

또한 어려운 출판환경에도 불구하고 본서의 출판을 기꺼이 허락해 주신 한국학술정보(주)의 채종준 사장님을 비롯하여 출판사 관계자 제위께도 감사를 올린다.

마지막으로 사랑하는 가족에게도 감사의 말씀을 전하고자 한다. 본서의 저술 작업과정 동안 이해해 주고 격려해 준 아내와 어엿한 사회인으로 자랑스럽게 성장한 아들 동우, 딸 효정이 그리고 사위 경록이에게도 마음으로부터의 사랑과 고마움을 전한다.

2011년 1월
저자 김종복

목 차

머리말 ┃ 5

제1장 서론

제1절 **우주개발과 활동사** ┃ 17
　　1. 소련과 미국 ▪ 17
　　2. 유럽 ▪ 20
　　3. 아시아 ▪ 20
제2절 **우주법의 연혁** ┃ 22
제3절 **우주법의 법원** ┃ 26
　　1. 국제조약 ▪ 27
　　2. 국제관습법 ▪ 28
　　3. UN총회의 결의 ▪ 29
　　4. 법의 일반원칙 ▪ 29
　　5. 기타 보조법원 ▪ 30
제4절 **우주법의 특성** ┃ 30

제2장 우주공간

제1절 **우주공간의 정의와 경계획정문제** ┃ 37
제2절 **우주공간의 법적 지위** ┃ 38
　　1. 고전적 개념에 근거한 우주공간의 법적 지위 ▪ 38
　　2. 실정법상의 우주공간의 법적 지위 ▪ 41
　　3. 우주공간의 정의문제 ▪ 43
제3절 **우주공간의 범위** ┃ 45
　　1. 경계획정문제와 UN에서의 논의 ▪ 45

2. 기능론(Functional approach) ▪ 46

3. 공간론(Spatial approach) ▪ 48

4. 각 이론의 검토 ▪ 51

5. 경계획정 관련 기타 문제 ▪ 52

제3장   우주 관련 국제조약

제1절 우주조약 Ⅰ57

1. 성립경위 ▪ 57

2. 내용 ▪ 58

제2절 우주구조반환협정 Ⅰ61

1. 성립경위 ▪ 61

2. 내용 ▪ 62

제3절 우주손해책임협약 Ⅰ64

1. 성립경위 ▪ 64

2. 내용 ▪ 65

제4절 우주물체등록협약 Ⅰ69

1. 성립경위 ▪ 69

2. 내용 ▪ 70

제5절 달 협정 Ⅰ71

1. 성립경위 ▪ 71

2. 내용 ▪ 73

3. 달 협정과 우주조약과의 관계 ▪ 77

제4장 우주법의 기본원칙

제1절 우주활동의 자유원칙 | 81
  1. 원칙의 성립배경 ▪ 81
  2. 원칙의 보편성 ▪ 81
  3. 원칙의 내용 ▪ 82

제2절 우주공간 전유금지의 원칙 | 86

제3절 국가이익존중의 원칙 | 88
  1. 원칙의 천명 ▪ 88
  2. 원칙의 법적 구속력 ▪ 89

제4절 우주의 평화적 이용원칙 | 92
  1. 우주의 평화적 이용원칙의 천명과 그 의의 ▪ 93
  2. 1967년 우주조약의 내용 및 의의 ▪ 94
  3. 우주의 평화적 이용의 의미의 제한 ▪ 95

제5절 국가의 국제책임 부담원칙 | 98
  1. 1967년 우주조약에서의 손해에 대한 책임 ▪ 98
  2. 1972년의 책임협약에서의 손해에 대한 책임 ▪ 99

제5장 우주의 탐사와 이용

제1절 원격탐사 | 103
  1. 서론 ▪ 103
  2. 원격탐사의 정의 ▪ 104
  3. 원격탐사에 관한 국제적 논의 ▪ 106
  4. 원격탐사의 현황 ▪ 109

   5. 원격탐사에 관한 제 원칙의 내용 ▪ 112

   6. 원격탐사의 법적 쟁점 ▪ 115

제2절 **위성통신서비스 Ⅰ 118**

   1. 의의 ▪ 118

   2. 국제규제기구 ▪ 120

   3. 지역적 규제기구 ▪ 129

   4. 위성통신서비스와 제반 규제 ▪ 132

제3절 **직접위성방송 Ⅰ 138**

   1. 의의 ▪ 138

   2. 직접위성방송에 관한 일반적 법원칙 ▪ 139

   3. 직접위성방송에 관한 UN에서의 법적 제 원칙 ▪ 140

제4절 **위성에 의한 기상 및 항행서비스 Ⅰ 146**

   1. 기상위성서비스 ▪ 146

   2. 항행위성서비스 ▪ 148

제5절 **위성발사서비스 Ⅰ 151**

   1. 현황 ▪ 151

   2. 국제우주법상의 규제 ▪ 152

   3. 국내우주법상의 규제 ▪ 153

   4. 손해배상청구권의 상호포기원칙 ▪ 155

제6절 **태양발전위성 Ⅰ 155**

   1. 의의 ▪ 155

   2. SPS와 우주법 ▪ 157

제7절 **우주의 상업적 이용 Ⅰ 160**

   1. 상업적 이용의 현황 ▪ 160

   2. 우주의 상업적 이용을 위한 법체계 구축의 필요성 ▪ 162

제6장 우주항행

제1절 지구궤도 ┃ 171
1. 지구궤도의 분류 ▪ 171
2. 지구정지궤도 ▪ 172

제2절 우주운송 ┃ 176
1. 의의 ▪ 176
2. 항공우주비행기 ▪ 178
3. 상업우주운송 ▪ 180

제3절 국제우주정거장 ┃ 186
1. 개요 ▪ 186
2. 구성 및 기능 ▪ 187
3. 국제우주정거장 협정의 주요 기본원칙 ▪ 188
4. 국제우주정거장 협정의 법제도 ▪ 190

제7장 우주환경

제1절 우주잔해 ┃ 203
1. 의의 ▪ 203
2. 우주잔해의 분류 ▪ 205
3. 우주잔해의 우주물체에의 포함여부 ▪ 207
4. 우주잔해의 국제우주법상의 문제점 ▪ 209

제2절 NPS ┃ 212
1. NPS와 우주환경문제 ▪ 212
2. NPS 원칙의 연혁 ▪ 215

3. NPS 원칙의 주요 내용 ▪ 217

4. NPS 원칙의 효력 ▪ 219

5. NPS 원칙의 개정문제 ▪ 219

제8장 **우주사고**

제1절 **국제책임과 손해배상** Ⅰ 223

1. 서론 ▪ 223

2. 1967년 우주조약에서의 국제책임 ▪ 224

3. 1972년 우주손해 책임협약에서의 국제책임 ▪ 225

4. 손해배상청구절차 ▪ 230

제2절 **우주보험** Ⅰ 234

1. 의의 ▪ 234

2. 제3자손해에 대한 보험 ▪ 235

3. 자기 재산손해에 대한 보험 ▪ 238

4. 우주보험의 장래성 ▪ 239

제9장 **우주의 보존**

제1절 **우주의 군사화로부터의 보존** Ⅰ 243

1. 우주의 평화적 이용원칙과 비군사화 ▪ 243

2. 우주에서의 군사적 활동에 관한 조약 ▪ 245

3. 우주무기 ▪ 251

4. 검증 ▪ 255

5. 평화적 이용원칙의 한계와 법적 허용 범위 ▪ 257

제2절 우주의 환경피해로부터의 보존 ❙ 259

    1. 우주환경보호의 중요성 ▪ 259

    2. 우주환경보호에 관한 조약 ▪ 260

 부록　267

    1. 우주조약(Outer Space Treaty 1967) ▪ 269

    2. 우주구조반환협정(Rescue and Return Agreement 1968) ▪ 288

    3. 우주손해책임협약(Liability Convention 1972) ▪ 300

    4. 우주물체등록협약(Registration Convention 1975) ▪ 327

    5. 달 협정(Moon Agreement 1979) ▪ 341

 색인　371

서론

제1절 우주개발과 활동사

제2절 우주법의 연혁

제3절 우주법의 연원

제4절 우주법의 특성

서 론

제1절 우주개발과 활동사

인류와 우주의 관계는 인류의 역사가 시작된 시점으로 거슬러 올라간다. 아득한 먼 옛날부터 인류는 우주에 대한 막연한 경외감을 갖고 있었으며 별자리에 의해 인간의 운이 타고나는 것으로 보기까지 하였다. 항행과 항해술도 별의 위치를 찾아서 방향을 설정하기도 하였다.

이와 같은 지구 밖의 외계, 즉 우주에 대한 관심은 Domingo Gonzales의 <달에의 여행보고>, Jules Verne의 <지구로부터 달에>, H. G. Wells의 <달에의 최초의 인간> 등 문학작품으로 표현되기도 하였다. 이러한 인류의 관심은 우주에 대한 도전으로 이어지고 우주개발의 역사의 장이 펼쳐지게 된다.

1. 소련과 미국

본격적인 우주개발은 1957년 10월 4일 소련이 인류 최초의 인공위성인 Sputnik 1호를 발사하면서부터 시작된다. 동년 11월 3일에는 2번째 인공위성인 Sputnik 2호를 발사하게 된다. 이렇게 우주경쟁에서 소련에 선수를 빼앗긴 미국은 우주개발에 박차를 가하게 되는데 Eisenhower 대통령은 국립과학원(National Academy of Science: NAS)의 주도하에 Vanguard Project를 추진하게 되며 1958년 1월 31일 첫 인공위성인 Explorer 1호를 발사하여 성공한다. 1958년 7월 16일에는 국가항공우주법(National Aeronautical and Space

Act, Public Law 85~568)이 의회에서 의결되고 대통령의 서명을 거쳐 1958 10월 1일 국립항공우주국(National Aeronautical and Space Agency: NASA)을 창설함으로써 우주경쟁체제를 갖추게 된다. 한편 소련도 계속적인 우주개발을 추진하였으며 그 결과로 달 탐사선 Luna 1, 2, 3호를 발사하여 달 주위를 선회하고 달의 이면 사진을 찍어서 보내왔다.

그리고 1961년 4월 12일 최초의 유인우주선인 Vostok 1호를 발사한다. Vostok 1호에는 Yuri Gagarin이 탑승하여 1시간 48분간의 우주비행기록을 세우고 인류 최초의 우주비행사라는 칭호를 얻게 된다.

이에 또 한 번 큰 충격을 받은 미국은 달 착륙을 주 골자로 하는 Apollo 계획으로 대응한다. 달 착륙 계획은 3가지 기본계획으로 구성되었는데 궤도비행 및 궤도 아래 비행실험을 내용으로 하는 'Mercury 계획'과 2개의 우주선을 띄워 rendez-vous, docking 기술개발 및 우주선 밖에서의 활동기술개발을 내용으로 하는 'Gemini 계획' 그리고 인간의 달 착륙에 직접 관계되는 기술개발을 내용으로 하는 'Apollo 계획'이다. 이 계획들은 Kennedy 대통령에 의하여 주도되었는데 계획의 핵심은 Apollo 계획으로 1960년대 중반에 인간을 달에 착륙시킨다는 것이다.

우선 Mercury 계획은 7번의 유인우주비행이 실시되었는데 1961년 5월 5일 Alan Shepard가 15분 22초의 우주비행을 하여 미국의 첫 유인우주비행사가 되었다. Gemini 계획은 1962년 1월 발표되었는데 2회의 장비실험과 10회의 유인우주비행 등 모두 12회가 실시되었다. Apollo 계획은 1967년 1월 27일 Apollo 204의 비극적 사고로 조종사 3명이 목숨을 잃는 과정을 거치면서 Apollo 7호, 8호, 9호, 10호의 발사를 통하여 달 착륙을 위한 시험을 실시한다. 드디어 Apollo 11호를 발사하여 인간을 처음으로 달에 착륙시키는 우주활동의 역사상 가장 의의 있는 위업을 이루어 낸다. 1969년 7월 20일 Apollo 11호에 탑승한 3명의 우주비행사 중 Michael Collins는 Apollo 모선에 남아 있고 Neil Armstrong과 Edwin Aldrin은 달 표면의 고요한 바다에 착륙하였다. 이들은 달 표면에 21.6시간 머물면서 각종 실험 등 달 표면에서의 활동을 수행하였다. 또한 달 표면에서 20kg의 표본을 가져왔다. 그리고

"Here Men From Planet Earth First Set Foot Upon the Moon. July 1969 A.D. We Came In Peace For All Mankind"란 기념비적 말을 기록한 표지판을 달 표면에 남겼다. 이후 Apollo 계획은 17호까지 수행되었는데 Apollo 13호 발사 시에는 산소통이 폭발하여 달 착륙에는 실패하였으나 대신 우주비행사 구조 경험을 하게 된다. 이러한 미국의 달 착륙 성공은 소련에 의해 빼앗겼던 우주개발경쟁에서 미국이 앞서 가기 시작한 것을 의미한다.

한편, 소련도 우주개발활동을 계속적으로 추진하여 왔다. 1963년 6월 16일에는 Vostok 6호에 인류 최초의 여성우주비행사 Valentina Tereshkova가 탑승하여 71시간의 우주여행기록을 남기고 1965년 3월 18일에는 Alexei A. Leonov가 인류 최초로 우주유영(산책)에 성공한다. 또한 Venus 7호가 금성안착에 성공하였다. 1971년 인류 최초의 우주정거장 Salute 1호를 발사하고 Soyuz series를 계속 발사하여 우주정거장과 관련한 다목적 실험을 수행하였다.

Salute에 이어 Mir라는 우주정거장을 발사한다. 우주정거장 분야는 인간이 우주에 거주할 수 있는 공간을 확보한다는 의미에서 우주개발의 새로운 분야인데 1959년에는 미국의 우주왕복선과 러시아의 우주정거장 Mir가 위성궤도상에서 랑데부를 하기도 하였다. 시대적으로는 소련이 해체되고 러시아가 등장하는데 러시아는 미국이 주도한 국제우주정거장(International Space Station: ISS) 계획에 참여한다.

미국은 1973년 Apollo 계획을 종료하고 우주정거장 Skylab 계획을 실시했고 금성 및 화성탐사를 위한 Mariner series를 추진한다. 1981년 4월 12일에는 최초의 우주왕복선(Space Shuttle) Columbia호 발사에 성공한다. 우주왕복선은 우주선을 한 번 사용하고 버리는 것이 아니라 연료탱크만 바꾸어 계속 사용하는 점에서 우주운송수단의 획기적인 발전을 가져왔다. 이후 Challenger, Discovery, Atlantis 등의 우주왕복선이 개발되었다. 현재는 미국의 주도로 유럽, 일본, 캐나다, 러시아 등이 참여한 국제우주정거장 건설이 진행 중에 있다.

2. 유럽

유럽은 전체적으로는 거의 미국과 맞먹는 수준의 GDP를 갖고 있음에도 불구하고 우주개발활동은 별로 주목할 만한 성과가 없었다. 이는 우주활동에는 막대한 투자와 고도의 기술축적이 있어야 하는데 개별 국가들이 수행하기에는 어려운 데 기인한 것으로 생각된다. 그리하여 1962년 유럽 국가들의 우주활동기구인 유럽우주연구기구(European Space Research Organization: ESRO)와 유럽발사장비개발기구(European Launcher Development Organization: ELDO)를 창설한다. 그러나 이들 기구는 제대로 된 역할을 하지 못하여 좀 더 완전하고 강력한 단일기구를 만들어야 할 필요성에서 1975년 5월 31일 유럽우주기구(European Space Agency: ESA)가 탄생한다. ESA는 프랑스, 영국, 독일 등 유럽의 11개 국가를 회원국으로 하고 있으며 노르웨이는 준회원국, 캐나다와 오스트리아는 observer로 참여하고 있다. ESA의 주요 사업은 Ariane 계획과 Spacelab 사업이다. 우주개발에 필수적인 자체 발사장치의 개발에 성공하여 Ariane호를 발사하는 등 상업우주발사 부문에서 괄목할 만한 성과를 보이고 있다.

특히 민간우주위성산업에서는 미국보다 시장점유율에서 우위를 나타내기도 하였다. 최근에는 국제우주정거장(ISS) 사업에도 참여하고 있다.

3. 아시아

아시아 지역에서 우주개발활동을 본격적으로 수행하고 있는 국가는 일본, 중국, 인도와 우리나라를 들 수 있다.

일본은 막강한 경제력과 기술력을 바탕으로 우주개발에 있어서는 선진국의 대열에 이미 들어섰다. 1966년의 규슈 남쪽에 있는 Tanega Shima(다네가 섬)에 우주센터 건설을 시작하였고 인공위성 발사도 구소련, 미국, 프랑스에 이어 4번째 발사국이다. 1980년대 이후는 발사장치 개발에도 힘을 쏟아 H-Ⅰ,

H-Ⅱ 로켓을 개발하여 발사능력을 대폭적으로 끌어올렸다.

그러나 우주개발 경쟁에서 가장 괄목할 만한 성과를 보인 것은 중국이다. 중국은 1960년대 우주개발경쟁에 뛰어들었고 1970년대 첫 인공위성을 발사한다. 그 후 꾸준히 우주개발활동을 진행해 왔고 1999년 11월에는 첫 무인 우주선 '신의 배'라는 뜻의 선저우 1호의 발사에 성공하고 2003년 10월 15일에는 유인우주선 선저우 5호를 성공리에 귀환시켜 소련과 미국에 이어 세계에서 3번째 유인우주선 발사국이 되었다. 2007년 10월에는 달 탐사선 창어 1호 발사에도 성공한다. 2012년까지 달착륙선을, 2017년에는 달 왕복선을 띄운다는 야심찬 계획을 갖고 있다. 또한 2007년 1월에는 탄도미사일을 발사하여 위성요격실험에 성공하여 세상을 놀라게 하기도 하였다. 그동안 미국과 소련에 의하여 독점되다시피 한 우주개발활동에 중국이 미국과 러시아에 이어 제3의 우주강국으로 또는 러시아를 추월하는 위치로까지 부상하고 있다.

인도 또한 엄청난 과학기술을 기반으로 우주개발경쟁에 뛰어들고 있다. 아시아에서는 2007년 9월의 일본의 가구야, 2007년 10월의 중국의 창어 1호에 이어 세 번째로 2008년 10월에 무인 달 탐사 위성인 찬드라얀 1호 발사에 성공하였다. 2012년에는 화성에 무인탐사선을 발사할 계획을, 2016년에는 유인우주선을 발사할 계획을 갖고 있다.

우리나라는 미국이나 러시아 등 우주개발선진국에 비해 30년 이상 늦은 1990년대에 출발하였지만 발전의 속도는 대단히 빠르다. 1992년 8월에는 최초의 과학 실험용 인공위성인 우리별 1호를 발사하고 이어서 2호와 3호로 발사한다. 특히 1999년 발사된 우리별 3호는 설계부터 제작까지 순수 우리 기술진에 의해 만들어졌다. 1993년에는 과학관측 로켓인 과학 1호와 2호를 발사하였고 1995년 8월에는 상용방송통신위성인 무궁화 1호를 쏘아 올렸다. 1996년에는 무궁화 2호, 1999년에는 무궁화 3호의 발사로 통신 및 방송 분야에서 위성의 상업적 이용이 확대되었다. 1999년 12월에는 우리나라 최초의 지구관측 다목적 실용위성인 아리랑 1호 발사에 성공하였다. 이렇게 함으로써 우리나라는 단 기간에 세계 10위권의 인공위성 개발기술국가로 올라서게 된다.

한편 위성의 설계, 제작 등 개발에는 성공하였지만 위성을 쏘아 올리는 발사체 개발기술은 외국에 의존하고 있는 실정이어서 전남 고흥의 외나로도에 나로우주센터를 2009년에 완공하여 자력 로켓발사 시설을 갖춤으로써 세계에서 13번째로 우주센터 보유국이 되었다. 여기에서 2009년 8월 25일 KSLV-1 로켓으로 과학기술위성 2호인 나로호를 발사하였지만 페어링분리 실패로 절반의 성공으로 끝났다. 2008년 4월 8일에는 이소연 씨가 러시아 소유즈 TMA-12호를 타고 국제우주정거장(ISS)에서 우주실험을 성공적으로 수행하고 귀환함으로써 우리나라 최초의 우주인이 되었다. 이로써 우리나라는 세계에서 36번째 우주인 배출국, 7번째 여성우주인 배출국이 되었다. 2010년에는 2차 자력에 의한 로켓발사가 있었지만 실패로 끝났고 최초의 기상관측위성인 천리안의 발사가 있었다.

이와 같이 우리나라의 우주개발 활동역사는 짧지만 괄목할 만한 성과를 거두고 있고 강력한 우주개발정책을 추진하고 있기 때문에 머지않아 우주강국으로 부상할 것으로 본다.

제2절 우주법의 연혁

우주법의 개념은 갑자기 생긴 것은 아니다. 인간의 지구 밖의 또 다른 외계에 대한 동경이 발전한 결과라고 보면 된다. 이미 1903년에 우주공학의 창시자인 소련의 Konstantin Tsiolkovskii가 액체연료에 의한 로켓으로 대기권 외로의 비행가능성을 이론적으로 확립하고 대기권 외에서의 인간의 활동을 규제하는 법체계의 필요성을 생각했다고 한다. 1910년에는 Emile Laude가 항공법과 별개의 분야로서 우주법에 대해서 언급하고 대기권 외에서의 항행에 대한 일반론을 언급하였다. 1932년에는 Vladimir Mandl에 의해 우주법에 대한 비교적 상세한 연구가 행해졌다. 항공법의 우주물체에의 적용, 우주법의 자율성, 우주물체에 의한 손해에 대한 책임 등이 연구되었는데 그의 연구는 법적 사실이나 현실의 분석보다 기술적 고찰에 그 기본을 두고 있었고 당시의 기술발달의 수준보다 한참이나 멀리 앞서 나가 있었기 때문에 주목을 받지 못하였다. 이와 같이 선구자들에 의한 우주법에 대한 일부 연구는 있었지만 우주라는 공간은 대체적으로 관념적인 사유의 대상에 그쳤다.

그러나 1957년 10월 4일 소련이 인류 최초의 인공위성인 Sputnik 1호의 발사로 우주활동이 본격적으로 전개되자 우주라는 공간이 인간활동의 대상이 되었고 우주공간에서 일어나는 문제를 규율하기 위한 우주법의 문제가 현실화되었다. 이에 따라 Sputnik 1호가 발사된 지 1개월 후인 1957년 11월에 우주법 문제가 UN에 제기되고 1958년 UN총회는 18개국으로 구성된 "우주공간평화이용임시위원회"(Ad Hoc Committee on the Peaceful Uses of Outer Space)를 설립하여 우주의 평화적 이용을 위한 국제협력과 우주활동의 법률문제를 다룰 기구설립 문제를 검토하도록 하였다.[1] 그 결과 1959년 12월 12일 24개국으로 회원을 확대한 "유엔우주공간평화이용위원회"(Committee on the Peaceful Uses of Outer Space: UN COPUOS)를 상설기구로서 정식으로 발족하였다. 이 COPUOS에는 과학기술소위원회(Scientific and Technical Sub-Committee)와 법률소위원회(Legal Sub-Committee)라는 2개의 소위원회를 두었다. 특히 법률소위원회에는 우주법 제정의 실무가 맡겨져 우주법 제정의 중심적인 역할을 하게 된다. 이러한 우주법 제정 작업의 일환으로 1961년 UN총회는 UN헌장을 포함한 국제법은 우주와 천체에 적용되며 우주와 천체는 국제법에 따라 자유로이 탐사·이용할 수 있으나 국가의 전유의 대상이 아니라는 원칙에 따라 우주탐사와 이용을 하도록 권장하는 결의를 채택하였다.[2] 1963년 12월 13일에는 "외기권 우주의 탐사 및 이용에 관한 국가들의 활동을 규제하는 법원칙 선언"(Declaration of Legal Principles Governing the Activities of States in the Exploration and the of Outer Space)이라는 우주활동을 규제하는 법원칙을 채택하는데 이 결의는 우주활동에 관한 법원칙들을 포괄적으로 다루었다는 점에서 의의가 크다.[3] 그리고 이들 법원칙들은 1967년의 우주조

---

1) UNGA Resolution 1384(ⅩⅢ), 13 December 1958.
2) UNGA Resolution 1721(ⅩⅥ), 20 December 1961.

약에서 구체화된다.

1967년의 우주조약은 COPUOS가 1963년 12월 13일의 UN총회의 결의에 따라 조약안 마련에 착수하고 몇 년간의 준비작업과 교섭과정을 거쳐 조약이 완성되게 된다. 1966년 12월 19일 UN총회에서 완성된 조약안을 채택하고 1967년 1월 27일 60개국의 서명을 받아 정식조약으로 체결되었다.[4] 1967년 10월 10일에 발효되었다. 정식명칭이 "달과 다른 천체를 포함한 외기권 우주의 탐사 및 이용에 관한 원칙"(Treaty on Principles Governing the Activities of States in the Exploration and Use of Outer Space, including the Moon and Other Celestial Bodies)이며 우주법의 마그나 카르타(Magna Carta)라고 불릴 정도로 우주법의 가장 기본이 되는 조약이다.[5] 그리고 COPUOS는 우주조약 이외에 시급한 제정을 필요로 하는 4개의 조약안, 즉 (1) "우주비행사의 구조와 외기권 우주에 발사된 물체의 반환에 관한 협정"(Agreement on the Rescue of Astronauts, the Return of Astronauts and the Return of Objects Launched into Outer Space: 일명 "구조반환협정", 1967년 12월 19일 UN총회에서 결의로 채택되고 1968년 12월 3일 효력을 발행하였다),[6] (2) "우주물체로 인한 손해의 국제책임에 관한 협약"(Convention on International Liability for Damage Caused by Space Objects: 일명 "책임협약", 1972년 3월 29일 체결되었으며 1972년 9월 1일 효력을 발생하였다),[7] (3) "외기권 우주에 발사한 물체의 등록에 관한 협약" (Convention on Registration of Objects Launched into Outer Space: 일명 "등록협약", 1975년 1월 14일 체결되었으며 1976년 9월 15일에 효력을 발생하였다),[8] (4) "달과 다른 천체에 관한 국가 활동을 규율하는 협정"(Agreement Governing the Activities of States on the Moon and Outer Celestial Bodies: 일명 "달 협

3) UNGA Resolution 1962(ⅩⅧ), 13 December 1963.
4) UNGA Resolution 2222(ⅩⅩⅠ), 19 December 1966.
5) 1967년 우주조약은 '외기권 조약'이라고도 불린다. '외기권 조약'이 그 적용대상을 더 정확하게 표현하고 있다는 점에서 외기권조약으로 부르는 것이 맞다고 주장하는 학자도 있으나 본서에서는 우주조약이 우주에 관한 기본원칙을 규정한 조약이고 일반적으로 널리 통용되고 있는 점에서 우주조약으로 부르고자 한다.
6) UNGA Resolution 2345(ⅩⅩⅡ), 19 December 1967.
7) UNGA Resolution 2777(ⅩⅩⅥ), 29 November 1971.
8) UNGA Resolution 3235(ⅩⅪⅩ), 12 November 1974.

정", 1979년 12월 18일에 체결되었으며 1984년 7월 11일에 효력을 발생하였다)[9]을 UN총회의 채택과 서명을 거쳐 조약으로 확정하였다. 이와 같이 우주법은 조약의 형태로 제정되고 발전되어 왔다. 한편 조약으로 발전하지는 못하였으나 UN 결의를 통하여 법원칙으로 발전한 것도 있다. 이에는 (1) "국제 직접TV방영을 위한 국가들의 인공위성을 규율하는 원칙"(Principle Governing the Use by States of Artificial Earth Satellite for International Direct Television Broadcasting: 일명 "DBS원칙"),[10] (2) "우주로부터 지구의 원격탐사에 관한 원칙"(Principle Relating to Remote Sensing of the Earth from Space: 일명 "RS원칙", 1986년 4월 1일 UN 과학기술소위원회에서 설치한 작업그룹에서 결의를 통해 채택하였다),[11] (3) "우주에서의 핵 동력원 사용에 관한 원칙"(Principles Relevant to the Use of Nuclear Power Sources in Outer Space: 일명 "NPS 원칙", 1992년 12월 14일 UN총회에서 결의로 채택되었다),[12] (4) "개발도상국의 특별한 필요를 고려하면서 모든 국가의 이익과 이해를 위하여 우주의 탐사와 이용에 관한 국제협력에 관한 선언"(Declaration on International Cooperation in the Exploration and Use of Outer Space for the Benefit and Interest of All States, Taking into Particular Account the Needs of Developing Countries, 1996년 6월 COPUOS에서 채택되고 제51차 UN총회 결의의 부속서 형태로 되어 있다)[13]이 있다.

이와 같은 원칙이나 선언들은 협약상의 국가들이 법적으로 그들 자신에게 구속력을 원하지 않거나 국가들이 법으로 성립되기 전에 이러한 원칙을 채택하고 시험하고자 하는 경우에 생긴다. 그렇긴 하나 이와 같은 원칙이 법적 구속력이 없는 것이 명백하도록 작성되었더라도 실제 관행에 있어 국제행위를 조직화하는 힘을 가질 수 있다. 그리고 아직 우주법으로 형성되지 못하고 있는 분야로 우주상법을 들 수 있다. 최근 우주통신, 원격탐사, 우주제조업,

---

9) UNGA Resolution 34/68, 5 December 1979.

10) UNGA Resolution 37/92.

11) UNGA Resolution 41/65.

12) UNGA Resolution 47/68.

13) UNGA Resolution 51/122.

에너지생산 및 우주운송 등의 분야에서 우주활동의 급속한 상업화가 진행되고는 있으나 대부분 우주활동에 참여하고 있는 국가들이 개별적으로 국내 입법으로 규율하고 있는 실정이다.[14] 국제적으로 통일된 조약이나 원칙으로 성립된 것이 없다. 우주는 모든 인류의 이익을 위해서 개발되고 이용되어야 한다는 점에서 국제적으로 그리고 통일적으로 이를 규율할 수 있는 법체계의 확립이 필요하다고 할 것이다.

제3절 우주법의 법원

일반적으로 국제사법재판소(International Court of Justice: ICJ) 규약 제38조 제1항[15]은 국제법의 법원(法源)으로 설명되고 있으며 이는 우주법의 법원으로도 그대로 적용된다고 할 수 있다. 동 규약 제38조 제1항의 내용을 볼 것 같으면 법원(法院)은 제기된 분쟁을 국제법에 따라 결정함에 있어 다음 사항을 적용한다고 되어 있다.

a) 분쟁국이 명시적으로 인정한 규칙을 규정하는 일반 또는 특별 국제조약

b) 법으로 받아들여진 일반 관행으로서의 국제관습

c) 문명제국에 의하여 인정된 법의 일반원칙

d) 규약 제59조의 규정에 따른 법 규칙결정의 보조수단으로서 여러 국가의 사법적 결정 및 저명한 국제법학자의 학설

---

14) 우주상법(Commercial Space Law)이란 용어가 적절한지는 논란이 있을 수 있으나 우주의 상업적 활용에 관해 포괄적으로 규정하는 제반 법규를 우주상법의 범주로 보고자 한다. 김종복 외 2인 공저, 신국제항공우주법, 한국항공대 출판부(2006), 281 – 283면.

15) 국제사법재판소 규약 제38조 제1항 원문은 다음과 같다.
"The Court, whose function is to decide in accordance with international law such disputes as are submitted to it, shall apply: (a) international conventions, whether general or particular, establishing rules expressly recognized by contracting States: (b) international custom, as evidence of a general practice as law: (c) subject to the provision of Article 59, judicial decisions and teaching of the most highly qualified publicists of the various nations, a subsidiary means for the determination of rule of law."

이에 따라 우주법의 법원을 국제조약, 국제관습법, UN총회의 결의, 법의 일반원칙과 보조법원(法源)으로 나누어 살펴보고자 한다.

1. 국제조약

국가들이 명시적으로 인정하는 규칙을 규정하는 국제조약은 우주법의 가장 주요한 법원이라 할 수 있다. 우주조약을 포함한 우주법 관련 제 조약이 이에 해당한다. 우주법 관련 제 조약은 UN결의에 의하여 성립된 것으로 그것 자체로서 권리·의무관계를 창설하는 것이 아니라는 이유로 엄밀한 의미에서 국제법의 일부가 아니라는 주장이 있지만[16] 1969년 조약법에 관한 비엔나협약 제2조 제1항과 1986년 국가와 국제기구 간 또는 국제기구 상호간의 조약법에 관한 비엔나협약 제2조 제1항에 의하면 국제사법재판소 규약 제38조에서 규정하고 있는 조약은 그 명칭이 어떠하든, 조약문서가 단일의 문서로 되어 있든 복수의 관련 문서로 되어 있든 관계없이 국제법에 의해 규율되는 문서에 의한 국가 간의 국제적 합의를 말하므로 우주법 관련 제 조약은 국제법상의 조약이다.

이와 같이 우주법은 대부분 성문으로 된 조약에 의해서 성립되고 있다. 물론 국제관습법도 법원(法源)으로서의 역할을 하고 있지만 성문으로 된 조약에 의하고 있는 것은 우주활동에 대한 법적 규제를 관습이나 관행에 의존할 수 없을 정도로 우주의 탐사와 이용에 관한 기술발달의 속도가 놀라울 만큼 빠르게 진행되고 있고 이것을 규율하는 법규도 기술적이어서 관습법으로서는 이것을 충분히 감당할 수 없다는 점도 하나의 요인이다.[17] COPUOS에서도 우주규제 체제에 대한 성문화의 필요성을 일찍부터 인식하고 있었으며 이에 따라 1967년의 우주조약을 비롯하여 일련의 조약들을 제정하였고 기타 문제에 대해서도 계속적인 성문화 검토 작업을 진행 중에 있다.

---

16) G. C. M. Reijnen, Utilization of Outer Space and International Law, Elsevier, 1981, p.107.
17) 龍澤邦彦, '宇宙法システム', 中央學院大學 地方自治研究センター(2000), 8 - 9頁.

2. 국제관습법

우주법의 대표적 연원으로서 국제조약 다음으로 중요한 연원이다. 국제사법재판소 규약 제38조는 '법으로서 받아들여진 일반 관행으로서의 국제관습'을 국제법의 법원으로 인정하고 있는데 '법으로 받아들여진' 것이라 함은 국가들 간에 법으로서 지켜져야 한다는 법적 확신(opino juris)을 얻게 된 경우를 말한다. 우주공간 이용자유의 원칙이라든지 우주공간 전유금지의 원칙 등이 이에 해당한다고 할 것이다. 이러한 원칙들은 이미 우주조약 성립 이전에 국제관습법으로서 확립된 원칙이라 할 것이다.

예를 들어 인공위성의 발사행위를 볼 것 같으면 타국의 영토 상공에 위치한 궤도를 통과하므로 전통적인 국제법의 원칙에 따르면 전쟁행위를 구성하는 것으로 해석할 수도 있고 발사행위 자체를 국제적으로 사전동의를 요하는 행위로 해석할 수도 있다. 그러나 최초의 인공위성이 발사되고 그 이후에도 일련의 인공위성 발사행위가 반복되었음에도 불구하고 그 어느 국가도 이의를 제기하지 않았다는 것은 인공위성 발사행위가 국제관습법으로 인정된 것이라고 할 수 있다.

물론 전통적으로 국제관습법으로서의 형성에 필요하다고 일반적으로 인정되고 있는 기간에 비해서는 우주활동과 관련한 국제관습법의 경우는 비교적 단기간에 형성된 것이기는 하지만 제 국가의 묵시적 동의(acquiescence)가 있는 것으로 보아 이러한 기본적이고 중요한 원칙들이 관습법으로 형성되었다 할 것이다. 1969년 6월 12일자의 임시 COPUOS의 견해도 국제관습법으로서의 우주법의 존재를 인정하고 있다고 볼 것이다.[18]

---

18) UN Doc. A/AC. 98/2(1959), p.4. 내용은 다음과 같다.

"During the International Geographical Year 1957－8 and subsequently, countries throughout the world proceeded on the premise of the permissibility of the launching and flight of the space vehicles which were launched, regardless of what territory they passed 'over' during the course of their flight through outer space.

The Committee, bearing in mind that its terms of reference refer exclusively to the peaceful uses of outer space, believe that, with this practice, they may have been initiated the recognition or establishment of generally accepted rule to the effect that, in principle, outer space is, on conditions of equality, freely available for exploration and use by all in accordance with existing or future

3. UN총회의 결의

UN은 국제우주법의 발전에 있어서 근원적인 역할을 하고 있다고 할 정도로 그 역할이 크다. 그 역할 중 UN총회의 결의는 '선언'(Declaration)이라든지 '원칙'(Principle)과 같은 형식을 취하며 총회 대표 과반수의 찬성이나 컨센서스 방식에 의해 의결되고 동 결의에 찬성한 UN회원국은 신의성실의 원칙에 의거하여 동 결의에서 의결된 내용을 준수하여야 한다는 면에서 우주법의 법원으로 볼 수 있다고 본다.

이러한 결의들이 국제적으로 법적 확신을 얻으면 궁극적으로 국제관습법으로서의 지위를 얻게 되어 구속력을 갖게 되겠지만 현 상황만으로는 국제관습법의 지위를 확보하였다고 보기는 어렵다.

4. 법의 일반원칙

법의 일반원칙도 조약과 관습법보다는 중요도는 떨어지지만 법원으로 보는 것이 일반적인 견해이다. 따라서 일반적으로 국제재판에서 인정되고 있는 법의 일반원칙인 신의성실의 원칙, 권리남용 금지의 원칙, 금반언의 원칙 등은 우주법의 법원으로도 적용된다고 보며 국제우주정거장과 같은 국제협력사업에서 참가국 상호 간에 인정하고 있는 손해배상청구권의 상호포기원칙이라든지 데이터와 서비스에의 공평한 접근원칙 등도 우주법 적용에 있어서 일반원칙으로 적용될 수 있을 것으로 본다.[19]

---

international law or agreements."

19) 龍澤邦彦, 前揭書, 9頁.

5. 기타 보조법원

기타 보조법원(輔助法源)으로는 사법적 결정인 재판판결과 저명한 국제법학자의 학설이 있다. 여기서의 재판판결에는 국제사법재판소의 판결과 국내 법원의 판결도 포함된다. 국제사법재판소의 판결은 선례 구속력의 원칙이 적용되지 않아 문제가 있으나 국제법원의 판결은 국내우주법의 발달에 영향을 미치고 있다.[20] 저명한 국제법학자의 학설도 국제 및 국내 기구에서의 토론이나 법원에 의하여 인용될 때 법원(法源)으로서의 역할을 한다고 본다. 그러나 보조법원으로서의 재판판결이나 저명한 국제법학자의 학설은 우주법 분야에서는 아직까지는 그 적용이 미미한 실정이다.

제4절 우주법의 특성

우주법의 특성은 기본적으로 다음과 같이 정리할 수 있다고 본다.

첫째, 성문법의 형태를 들 수 있다. 우주기술의 급속한 발달에 부응하기 위하여 우주법의 형성은 일련의 우주조약체결이 주된 내용임은 당연하다. 외기권의 개발과 사용에 있어서 국가관계를 규제하기 위해서는 몇 개의 중요한 다자조약이 체결되었는데 그중 1967년의 우주조약(Outer Space Treaty of 1967)이 그 가장 중요한 예이다. 왜냐하면 이 조약은 외기권 활동에 대한 일반 원칙과 법규를 제공하기 때문이다. 국제우주법의 전통적인 분과로서 관습법의 형성은 대개 장기간의 시간을 요한다. 더구나 우주법이 국제법의 새로운 분야로서 관계 국가의 권리와 의무를 정하는 세부적인 규칙을 필요로 하는 새로운 문제들에 적용되는 반면, 관습법은 보다 일반적인 규칙에 국한되기 때문이다.

그러므로 국제조약만이 그러한 구체적인 상기 우주조약을 비롯하여 법원

---

20) 미국의 경우 다수의 우주사고 관련 판례가 축적되고 있다.

으로서 봉사할 수 있는 것이다. 이러한 조약의 대표적인 예로서 우주구조반환협정, 우주손해책임협약, 우주물체등록협약, 달 협정 등이 있다.

결국 우주법에 있어서 관습법은 대단히 작은 역할을 하고 있다고 할 수 있다. 그러나 전혀 우주관습법의 예가 없는 것은 아니다. 첫 인공위성 발사가 있기 전까지 어떤 주권국가가 타국 영토 상공에 위치한 궤도에 인공위성을 쏘아 올릴 경우 이는 기존 국제법의 원칙에 따라 전쟁행위를 구성하는 것이라고 논란하였을지도 모른다.

그렇지 않으면 모든 인공위성의 발사는 사전동의를 얻어야 한다고 주장하는 국가가 있었을지 모른다. 그런데 실제로는 인공위성의 발사가 시작되었을 때 그 어느 국가도 이에 항의하지 않았다. 따라서 일반적인 국가의 동의로 지구궤도에서 인공위성이 자유롭게 비행할 수 있다는 원칙이 수립된 것이다. 인공위성 발사에 대하여 적극적으로 찬성하지 않는 나라도 있었지만 이들이 적어도 어떤 종류의 항의도 하지 않았다는 사실에는 변함이 없는 것이다.

즉 물체를 우주로 발사하는 권리는 우주의 법적 특성과 우주로의 통과권과 관련한 문제와 분리될 수 없다고 하겠다. 자국 상공 우주에서 선회하는 타국 물체에 대하여 항의할 수 있었으나 실제 이를 항의한 나라는 없다. 이러한 묵인을 동의로 보는 데는 무리가 없는 것이다. 이는 성문의 조약이 체결되기 전 훨씬 이전에 중요한 원칙이 국제관습법으로서 이미 형성되었다는 것을 말한다.[21] 그러나 전체적으로 조약이 우주법에서 지배적인 지위를 형성하고 있음에 이론의 여지가 없다.

둘째, 우주의 비군사화 체제이다. 1967년 우주조약 제4조는 궤도상에 핵무기나 대량파괴의 어떤 무기도 설치하는 것을 금지하고 있다. 그러나 다른 무기에 대해서는 언급이 없는 것이다. 우주활동을 포함한 미국과 소련 사이에 맺어진 양자 간의 군비통제협정은 다음과 같은 규정을 포함하고 있다. 핵탄두 요격미사일체계의 제한에 관한 1972년의 조약(ABM Treaty)의 제5조

---

21) 국제사법재판소(ICJ)는 North Sea Continental Case에서 "⋯⋯짧은 시간의 경과가 반드시 또는 그 자체로서 새로운 국제관습법의 형성에 저해가 되지 않는다. ⋯⋯"라고 판결한 바 있다.

제1항은 "각 당사국은 바다, 우주 또는 육지에 기지를 둔 탄도탄 요격미사일 체계를 발전시키거나 시험하거나, 전개시키는 것을 금지한다"라고 하였다. 즉 우주공간에 탄도미사일 요격체제(ASAT)를 설치하는 행위는 이 조약에 위반될 것이다.

그러나 미국과 소련이 체결한 다수의 양자조약은 이들의 군사위성에 대하여 보호를 해 준다는 것이다. 미국과 소련 사이의 직접통신망을 개선하기 위한 조치에 관한 1971년의 조약은 각 당사국이 기존의 통신체계를 보완하는 데 적합하다고 판단되는 위성통신체계를 유지해야 한다고 규정하고 있다. 또 1971년의 사고대책에 관한 조약과 1973년의 핵전쟁방지협정에 의하면 미국과 소련이 상대방의 조기경보체계를 방해하거나 공격하는 것을 금지한다고 규정하고 있다.

다시 말하면 기존의 조약체제들은 우주의 군사화를 금지하는 노력을 했음에도 그 성과는 제한적이다. 따라서 모든 우주무기를 금지하는 국제조약 체결이 우주의 군사화 경향에 대한 법적 규제의 최우선 과제라고 볼 수 있겠다.

셋째, 공동이익의 원칙의 전개이다. 1967년의 우주조약 제1조 제1항은 우주의 탐사와 이용은 "그들의 경제적 또는 과학적 발달의 정도에 관계없이 모든 국가의 이익을 위하여 수행되어야 하며 모든 인류의 활동영역이어야 한다"고 언급하고 있다. 여기에서 '모두의 혜택과 이익을 위한'(for the benefit and in the interest of all)이라는 구절이 무엇을 뜻하느냐에 관하여 많은 논쟁이 되고 있다. 이에 관한 의견은 매우 다양하여 개인 업체가 모든 이익을 모든 인류와 함께 나누어 가질 것을 요한다는 의견에서부터 단순히 그러한 의도의 광범위한 선언에 불과하다는 것이라는 의견까지 있다.

이상과 같이 공동이익의 원칙은 표현상 구체성을 결여한 것은 사실이나 기술적으로 앞선 소수의 나라들이 자기들만의 이익을 위하여 우주를 개발하지 못하도록 하는 견해를 반영하는 것이라고 보겠다. 다시 말하면 대다수의 국가는 앞으로 상당 기간 동안 우주개발에 참여할 기술적 능력이 없기 때문에 우주강대국이 우주개발을 할 때 전체 국제사회를 감안하여 책임 있는 행동을 해야 한다는 견해를 반영한 것이라 볼 수 있다. 이처럼 이 원칙의 해석과 적용에 대하여 우주개발국과 대부분의 개발도상국들 입장과 견해는 기본적 차이를 나타내고 있다.

넷째, 국제협력의 증대이다. 오늘날의 국제사회는 상호의존(interdependence)의 국제관계이므로 경제적, 기술적 국제협력을 통하여 국가경제는 점차 커다란 하나의 유기적인 세계경제를 형성하고 있다. 특히 우주개발사업은 인류 역사상 가장 큰 계획이기도 하여 국가 간의 협력이 더 절실히 필요한 분야라고 보겠다. 우주의 탐사와 이용에 있어서 제 국가 간에 협력하는 원칙은 국제법 원칙으로서 새로운 것이 아니다. 유엔헌장은 제반 국제문제를 해결하는 방법으로서 UN헌장에 따른 "국가 간 우호관계 및 협력에 관한 국제법의 원칙선언"에서 모든 UN회원국이 만장일치로 확인한 국제법의 기본원칙의 하나가 되었다. 국제법상 협력의 전반적인 원칙용어는 평화적 목적을 위한 우주의 탐사와 이용에 관련된 국제관계에 전폭적으로 적용될 수 있겠다. 국제협력은 1959년 남극조약에서 강력히 추진되고 권장되었고 1967년 우주조약에서도 강조되었다. 즉 우주조약 제1조 제1항은 경제적, 과학적 발달의 정도에 관계없이 모든 국가의 이익이 감안되어야 하고 따라서 우주활동을 수행하는 제 국가는 개도국의 이익에 부응하는 동 활동으로부터 얻어지는 이익을 분배하는 국제협조체제를 마련하는 기본의무가 있다고 해석하고 강조하는 학자도 있다.[22] 이러한 국제협조체제가 성취되려면 그 구체적인 방법과 수단에 대하여 국가 간의 협력을 통한 합의가 이루어져야 하는 것이다. 우주기술의 발달은 모든 국가의 국내적 발전도 촉진하겠지만 국제적 협조와 국제우주법 발달에도 큰 영향을 미칠 것이다. 즉 개발도상국과 전 세계 공동체의 이익도 더한층 고려되는 국제협력체제가 필요한 것으로 본다.

---

22) N. M. Matte, Aerospace Law, 1982, pp.70 – 78.

우주공간

제1절 우주공간의 정의와 경계획정문제

제2절 우주공간의 법적 지위

제3절 우주공간의 범위

우주공간

제1절 우주공간의 정의와 경계획정문제

1967년의 우주조약은 우주공간(outer space)에 대한 어떠한 정의규정도 두고 있지 않다. 다만 '달과 천체를 포함한 우주공간'(outer space, including the moon and other celestial bodies)이라는 표현이 사용되고 있을 뿐이다. 그리고 이 우주공간의 탐사와 이용은 자유롭게 행해져야 하며 우주공간의 국가의 전유의 대상이 되지 않는다고 규정하고 있을 뿐 우주조약을 포함한 실정법상으로는 어떠한 정의규정도 두고 있지 않다. 여기서 우주공간을 어떻게 정의할 것인가의 문제가 발생한다.

한편 우주공간은 우주자유이용의 원칙이 적용되며 어떠한 국가도 전유권을 주장할 수 없는 공간이라는 점에서 하부국가의 주권이 강력하게 지배하는 대기권 공역(영공)과 구별된다. 이에 따라 우주공간과 대기권 공역은 적용되는 법원칙이 우선 다른데(전자는 우주법, 후자는 항공법) 문제는 두 공간을 구분하는 명확한 물리적·자연적 경계선이 존재하지 않는다는 데 있다. 그렇다면 인위적인 경계획정이 필요한데 이러한 경계획정이 문제는 우주활동이 없었던 시대에는 현실과 크게 관계없는 이론적인 문제에 불과했으나 1950년대 이후 인간의 우주활동이 본격화되면서 현실적인 문제가 되었다.

1976년 12월 3일 Bogota 선언에서 적도국가들이 제기한 지구정지궤도(geostationary orbit)문제라든지 영공과 우주공간을 넘나드는 우주왕복선(space shuttle)문제가 그 일례에 해당한다.

그러나 영공과 우주공간을 구분하는 경계획정의 문제에 대해서는 현재까지 일반적으로 인정되는 기준이 마련되어 있지 않다. 국가들 간에도 이를 필요하다는 입장과 반대하는 입장으로 입장에 따라 차이를 보이고 있고 학자들 간에도 견해가 대립되어 있다. 이들을 우주공간의 법적 지위에 대한 이해와 우주공간의 범위의 문제를 통하여 살펴보고자 한다.

제2절 우주공간의 법적 지위

1. 고전적 개념에 근거한 우주공간의 법적 지위

(1) 무주물(Res Nullis)론

무주물론은 우주공간을 지상의 새로 발견된 또는 아무도 살고 있지 않은 무주지와 동일시하면서 국제법의 원칙 중 선점원칙(res nullius cedit primo occupanti)을 우주공간에도 적용하려는 견해이다. 즉 우주공간에서의 국가의 물질적인 지배가 가능해지고 지구 대기권 밖에서의 운송수단 등이 발달함에 따라 국가들은 지구 영공 밖으로까지 그 주권을 확장할 수 있다는 것이다. 이 이론의 실정법적 근거로서 국제민간항공에 관한 국제민간항공협약 제1조가 원용된다. 동 협약 제1조는 체약국은 그 국가의 영역상공에 대하여 완전하고도 배타적인 영유권을 갖는 것을 인정하고 있으며 그러한 주권의 무한정한 수직확장이 법 이론적으로 타당하다는 것이다. 즉 동 협약에서 규정된 공역(air space)은 인간이 항공기술을 이용하건 아니면 우주 운송수단 등의 기술을 이용하는가에 상관없이 인간이 활동할 수 있는 공간으로까지 확장됨을 의미하는 것이다. 아울러 일부 학자들에 따르면 국제민간항공협약을 포함한 기타 항공 관련 조약의 작성자들은 공역의 개념이 무한한(Ad infinitum) 공간을 의미하는 것으로 이해하고 있으며, 국가의 주권은 적절한 의미에서의 공역 또는 대기권 밖의 공간이건 간에 인간에 의해 이용될 수 있는 모든 공간에 확장되어야 한다고 한다.

이 이론에 대해서는 로마법상에서 인용된 개념인 Res Nullius가 로마법상 사법상의 개념으로서 현재는 누구에 의해서도 소유되지 않았지만 장래에는 누구에 의해 소유될 수 있는 것, 즉 점령 또는 소유가 가능한 물체에 적용되는 것이지 우주와 같이 무한한 연속체에는 적용될 수 없으므로 우주공간에는 적용되기에는 부적절하다는 비판이 있다.

또한 이 이론은 우주공간의 이용에 있어서 서로 상반되는 두 가지 법적인 해석을 가능하게 한다는 지적이 있다. 즉 Res Nullius로 우주공간의 위상을 정의하는 경우, 우주공간 및 천체의 위성들은 첫째, 어느 국가에 의해서든지 선점될 수 있는 것이며 둘째, 동시에 국가들의 주권으로부터 벗어난 자유공간인 것으로 해석된다는 것이다. 첫 번째 해석에 의하면 어떠한 국가이든지 우주의 일부분을 점유하면 그것에 대해 영토주권을 주장할 수 있다는 것이다. 이때 선점에 의한 국가의 점유권 주장이 유효하기 위해서는 주권국가가 해당 영역의 취득의사라는 주관적 요소(Animus)와 국가권력에 의한 실효적 및 계속적 지배라는 객관적 요소(Corpus)의 양자가 충족되어야 한다는 국제법 원칙이 적용되게 된다. 그러나 어떠한 국가도 우주공간 및 천체위성에 대한 실효적이고 계속적인 지배가 허용되지 않을뿐더러 우주개발의 초기 당시 우주공간과 천체위성에 대해서 일반 국제법원칙들 외에는 어떠한 실정법상의 법질서도 유효하지 않았다는 점에서 우주공간은 어떠한 특정 국가의 주권에도 예속되지 않은 자유공간이라 할 것이다.

(2) 공유물(Res Communis)론

공유물론은 우주공간이 영유될 수 없는 성질의 것이라는 점에 근거하여 우주공간은 어떤 특정국가의 지배에도 예속되지 않고 모두에게 속하는 것이라고 주장하는 견해이다. 자연법상에서 공기·물 등이 공동의 소유물(Res Communis Omnium)인 것처럼 우주공간도 모두에게 속한다는 주장이다. 이러한 주장을 우주공간에 적용한 학자로는 국제연합의 법률고문을 역임한 바 있는 Oscar Schachter가 있다. 그는 우주는 '인류의 공동유산'이며 공해처럼 모두에게 열려 있어야 한다고 주장하였다. 많은 국제법 학자들도 이러한 시각에 찬동하였다. 이태리의 Ernest Fasan 교수는 우주공간을 국내주권으로부터 벗어나 있는 것으로서 모든 국가들에 의해 이용되고 개발될 수 있는 것이라고 하였다. 특히 아르헨티나의 Aldo Armando Cocca 교수는 우주공간을 'Res Communis Humanitatis'라고 간주하면서 인류를 우주공간으로부터의 혜택을 향유할 수 있는 국제법상의 주체라고 강조하였다.

우주공간을 Res Communis로 간주하려는 견해에 따르면 공기로 채워져 있는 공역과 대기권 밖의 우주공간에 적용되는 법체계가 구별되게 된다. 이 이론의 대표적 주창자의 하나인 이태리의 법학자 A. Ambrosini에 따르면 "대기가 지구의 구성요소이고 지구의 자전운동 시에도 지구로부터 분리되지 않기 때문에 공역(또는 대기로 채워진 공간)은 국가의 영역으로서 국가의 주권에 예속되는 것으로 간주되는 것이 논리적이다. 반면에 우주공간 등의 외기권에 대한 국가들의 주권확장이 정당화될 수 없는 한 우주공간은 Res Communis Omnimum, 즉 모든 국가들에 의해 이용될 수 있고 다른 행성의 생명체에 의해서도 이용될 수 있는 것으로 간주되어야 한다"고 하였다. 우주법의 초기발전단계에서 각국은 국제연합 등에서 그 입장과 정책을 표명하면서 이러한 견해를 지지하였다. 그러나 이러한 고전적 개념에 근거한 이론들은 각국의 정책 및 입장이 고려된 실정법으로의 성문화 단계에서는 인용되지 않았다. 개념의 기원에 연유한 본질적인 한계가 지적되었기 때문이다.

(3) 고전적 개념에 근거한 이론의 한계

Res Nullius와 Res Communis의 양 개념에 근거해서 우주공간의 지위를 정의하려는 법적인 시도의 한계는 그러한 개념들의 기원으로부터 비롯된다. 양 개념은 모두 로마법, 그중에서도 사유재산에 관한 법에서 기원한 것으로서 여기서 'Res'는 어떤 만질 수 있거나 없는 모든 사물을 가리키는 것이다. 또한 로마법에 있어서 'Res'는 사법의 관점에서 인간과 특정재산 간에 존재하는 특정한 관계를 상정하는 것이다. 아울러 로마법에 있어서의 그러한 개념은 자연인들의 재산에 관한 것이었으며 반면에 국가는 재산을 가질 수 있는 주체로서 고려되지 않았던 것이다.

이와 같이 그러한 개념들은 공법이 아닌 사법의 범주에 속하였던 것이기 때문에 우주공간의 이용에 관련된 국가들 간의 관계에 있어서 이론적으로나 실제적으로 충분한 연구가 동반되지 않으면서 그러한 개념을 우주공간에 적용하는 것은 부적절한 것이며 그러한 시도는 새로이 법적인 사고의 대상으로 등장한 우주공간을 보다 심도 있게 고찰하지 않고 단지 관념적으로 전통적인 기존의 개념들은 무리하게 우주공간에 적용하려는 시도라고 지적받았다.

이렇게 사법상의 개념을 우주공간에 무리하게 적용시키는 것은 사법상의 자연인과 재산과의 관계를 국가와 영토 간의 관계에 동일시하려는 오류를 범할 우려가 있다. 국가의 영토에 대한 지배와 통제는 공법의 범주에 속하며 국제법에 의해 인정된 자주적인 국가의 주권에 의해 그 관계가 설정되는 것으로 사법상의 소유개념과는 본질적으로 다르다.

이러한 점에서 'Res'의 개념을 우주공간에 도입하여 우주공간이 모든 국가에 속한다고 주장하는 논리는 적절하지 않으며 우주공간이 모든 국가를 위하여 이용될 것이라는 것을 논리적으로 함축하고 있지도 않다. 이와 같이 우주공간이라는 새로운 개념에 대한 법적 지위를 고전적 개념에 근거하여 논하는 것은 무리한 개념의 적용으로 인한 근본적인 한계가 있다고 할 것이다.

2. 실정법상의 우주공간의 법적 지위

(1) 우주공간에서의 주권제한론

고전적 법 개념에 근거하지 않고 국가들의 우주활동 자체에서 우주공간의 법적 지위를 찾고자 하는 시도로서 우주공간에서의 주권제한론이 주장되었다. 그러한 시도의 하나로서, 우주공간에서의 실제적·기술적 영유 가능성에 대한 논의를 기초로 우주공간의 법적 지위가 논의되었다. 즉 Res Nullis론에서 제기된 우주공간의 영유가능성에 대해서 물리적으로 우주공간상의 물체와 그 하부에 위치한 국가 간의 관계는 국제공법상의 영토개념으로 파악될 수 없다는 주장이다.

즉 지구의 자전과 태양을 중심으로 한 공전 및 각 행성들의 공전 때문에 지구 표면상의 각국의 주권이 대기권을 벗어난 우주공간에 대해 갖는 관련성은 결코 일정한 것이 아니며, 그러한 주권이 미치는 범위는 지구상의 한 국가로부터 우주공간으로 솟아난 원추형의 형태로 나타난다는 것이다. 따라서 우주공간에서의 주권은 인정되지 않으며 지구 표면상의 국가의 분할선에 따라 우주공간이 나뉠 수 없다는 주장이다. 그러나 주권의 범위가 원추형이기 때문에 인정되지 않는다는 주장은 현대의 기술발전 속에서 그 논거를 잃어 가고 있다. 즉 지구정지궤도상에서의 우주물체 또는 지구정지궤도상의 일정궤도는 지구의 자전속도와 동일하게 회전하기 때문에 원추형이 아닌 일직선으로 투영된다고 생각될 수 있기 때문이다.

또 다른 시도는 우주공간에서의 국가들의 주권이 제한되되 그것이 Res Communis론에 의하기보다는 국가들의 실제적인 필요에 의한 것이라는 주장이다. 즉 고전적 사법의 개념을 인용하기 이전에 각국이 우려한 것은 우주개발이 자국의 안전에 위해한 영향을 미칠 것인가에 대한 것이었으며, 각국의 안보를 위한 고려가 우주공간에서의 주권제한 원칙으로 발전하였다는 것이다. 우주공간에서의 어느 위치에서라도 국가안보를 위해할 수 있는 행동이 가능하게 된 기술발전의 추세 속에서 항공법에서 영공주권과 같이 우주공간에 주권을 투영하여 일정공간에서의 주권을 주장하는 것은 실효성이 없고 차라리 국가안보를 해칠 가능성이 있는 행동을 우주공간에서 배제하는 것이 더 효율적이라는 판단에 기초하여 각국이 우주공간에서의 주권주장을 포기하고 영토적 주권을 배제하는 데에 합의하였다는 주장이다.

이러한 주장에 담겨 있는 논리는 우주공간에서 주권이 제한되는 것은 정치적·전략적 판단에 의해 주권의 주장을 포기한 데서 기인한 것으로 그것은 법적인 차원의 논의가 아니라 정치적인 차원에서 이해되어야 한다는 것이다. 또한 일부 학자들이 우주공간을 Res Communis 또는 Res Comminis Omnium 으로 이해하려는 것은 우주공간의 법적 지위를 논의함에 있어서 고전적 개념들에 담겨 있는 의미를 무분별하게 전용하여 현실을 도외시하게 하는 위험성을 내포하고 있으며 우주공간의 법적 지위는 실정법으로 채택된 국제조약 등에서 논의되어야 한다는 현실주의적 논리가 이러한 주장에 담겨 있다.

(2) 우주공간에서의 주권배제원칙

우주법의 발전 초기에 UN 등을 중심으로 한 각국의 정책표명 과정과 총회 등에서 우주공간의 법적 지위에 대한 논의와 그 결론은 우주공간이라는 것은 법 이론에서 사용되는 개념인 Res Communis에 의한 것이 아니며 어떠한 국가주권에 의한 전유의 대상도 아니라는 것이다.

최초의 인공위성발사와 지구궤도의 선회 이후 단 1개국도 영공침범을 이유로 한 항의를 하지 않은 가운데, 우주의 평화적 이용에 관한 각국의 합의는 1957년의 UN총회결의안 1148(ⅩⅡ) 1조(f)항 "우주로 발사되는 물체는 오직 평화적이고 과학적 목적이어야 한다"는 원칙으로부터 시작된다. 그 뒤를 이어 1958년의 UN총회 결의안 1348(ⅩⅢ)은 그 전문에서 "우주에서의 인류의 공동이익"(Common interests of mankind)을 인정하면서 우주의 평화적 이용의 당위성을 천명하고 있으며, 그 뒤를 이은 결의안 1721은 "우주 및 천체 행성은 국제법에 따라 모든 국가에 의해 자유롭게 탐사되고 이용될 수 있으며 국가 전유의 대상이 되지 않는다"고 인정하여 우주공간에서의 주권배제를 선언하였다.

이러한 원칙은 1967년의 우주조약에서 그대로 인정되어, 우주공간은 어떠한 주권주장에 의한 국가 전유의 대상이 아니며, 모든 국가를 위해 모든 국가에 의해 자유롭게 탐사되고 이용될 수 있다는 원칙이 실정법상으로 확립되었다.

3. 우주공간의 정의문제

이러한 실정법상의 우주공간의 법적 지위를 앞에서 소개하였던 법 이론적인 시도들의 시각을 통해 검토하여 보면 실정법의 한계가 도출된다. 먼저 우주공간의 지위가 Res Communis 또는 Res Comminis Omnium론에 따른다면 우주공간은 집단주권 또는 주권의 집합체에 귀속되어야 할 것이나, 1967년의 우주조약을 비롯한 실정법은 그러한 근거를 제시하지 못하고 있다. 우주의 공동이용 개념에 있어서도 실정법상 우주의 모두를 위한 이용하기 위한 공동의 이용체제와 같은 특정한 체제수립은 전혀 명시되어 있지 않다. 1967년의 우주조약 및 UN결의안 등이 설정하고 있는 것은 우주공간에서의 주권의 배제이며 우주공간이 누구의 소유이냐는 논의에서 벗어나고 있다. 이것은 바로 앞서 지적되었던 것처럼 우주공간에서의 주권의 주장을 국가들이 포기한 것으로 해석될 수 있다.

그 결과 동 조약은 우주공간에서의 우주활동에 있어서 주권의 배제를 명시하고 있을 뿐이다. 즉 우주공간에서의 주권의 배제는 국가의 행동에 대한 제한이지 우주공간의 정의에 대한 것은 아니다. 영공주권이 인정되는 영공과 주권이 배제되는 우주공간 사이의 공간적인 경계선이 동 조약에서는 정의되지 않는다. 그렇기 때문에 우주공간의 법적 지위는 공해(公海) 또는 남극 등의 법적 지위와는 상이하다는 것이 드러난다. 남극 또는 대륙붕이 특정지역 또는 권역으로서 그를 둘러싼 동일한 의무와 권리가 모든 국가에 적용될 수 있는 객관적 지위를 향유하는 반면, 우주공간은 지리적으로 정의되지 않았다는 점에서 공해 또는 남극에 적용되는 법 논리의 무조건적인 적용이 의미를 잃게 된다.

즉 동 조약을 포함한 실정법은 사법상의 소유권의 객체로서 '유체물 및 기타 관리할 수 있는 자연력'이면서 동시에 다른 객체와 분리되어 특정될 수 있는 것으로서 우주공간을 정의하지 않고 있다. 또한 우주공간에서는 공법상의 국가의 주권이 미치는 영역과 그것이 배제되는 영역 또한 특정하게 정의되어 있지 않다. 이러한 이유 때문에 우주공간의 법적 지위는 실정법상 정의되어 있지 않다고 보아야 한다. 공해, 남극 또는 대륙붕의 경우에서와 같이 그 법적인 사고의 대상의 본질, 즉 그 위치와 존재형식 등에 따라 법적인 개념이 정의된 것이 아니라, 현재의 실정법상 우주공간은 그것을 매개로 한 인간활동의 장(場)으로서만 등장하고 있는 것이다. 이러한 점에서 우주공간에서의 우주활동 자유의 원칙을 규정하고 있는 우주조약 제1조와 우주공간의 국가에 의한 전유금지의 원칙을 규정하고 있는 제2조는 각별한 의미가 있다.

제3절 우주공간의 범위

1. 경계획정문제와 UN에서의 논의

우주공간의 범위의 문제의 핵심은 대기권 공역과 우주공간을 구분하는 경계획정의 문제이다. 이 문제에 대해서는 1959년 우주에 관한 초창기의 토의시 임시 COPUOS는 "대기권 공역과 우주의 정확한 경계는 현시점에서 법적 문제가 되지 않으며 여타 우선 토의대상 문제들의 해결은 여사한 경계의 수립에 의존하지 않는다"라고 언급하였다.[1]

이와 같이 UN에서의 토의에 있어서도 당시 시점에 있어서는 경계획정이 필요 없고 또한 불가능하다고 하였다. 그 근거로 경계를 획정할 과학적 기초가 되어 있지 않다는 것을 들었다.

그러나 1966년 UN총회 제1위원회에서 멕시코대표는 과거 영해를 확정하는 데서 경험한 것과 같은 어려움을 피하기 위해서도 우주가 정확히 어디서 시작하는지를 결정하는 것이 필수적이라는 견해를 피력하였다.[2] 1967년 이후는 COPUOS 산하의 과학기술소위원회와 법률소위원회에서 이 문제가 제의되어 토의가 계속되었다. 프랑스, 캐나다 등에 의한 경계선 제시가 있었지만 과학기술소위원회의 1967년 보고서는 분명하고 지속적인 가치가 있는 우주의 정의를 내릴 과학적·기술적 정의를 정하기 어렵다고 결론을 내렸다.[3]

---

1) UN Doc A/4141(1959), p.25.

2) UN Doc A/AC. 105/C. 2/SR.71(1966), p.1, 20.

3) UN Doc A/AC. 105/39(1967), p.7.

1968년과 1969년에는 법률소위원회에서 이탈리아 대표가 비록 확정된 과학적 기준이 없어도 하부국가의 주권이 미치는 고도가 결정되지 않으면 1967년의 우주조약은 제대로 시행되기 어렵다면서 120~150㎞의 우주경계선을 제의하였다. 비교적 고도의 경계선을 결정하면 항행의 오류를 상당한 폭까지 수용할 수 있다고 하였다.[4] 그러나 미국 등 상당수의 나라들이 먼저 과학적 기준 없이 결론을 내리는 것은 문제가 있다고 반대하여 1976년까지 10년 동안 토의만을 거듭하였다. 그런데 1976년의 보고타선언은 적도제국의 정지궤도에 대한 주권주장으로 우주공간의 경계획정문제를 재인식시키는 계기가 되었다. 이것이 계기가 되어 인위적 경계획정에 반대 입장을 보이던 소련이 태도를 바꾸어 1979년 3월 28일 '대기권 공역과 외기권 우주의 경계획정해결에 관한 방법'이라는 working paper를 제출하여 공간적 경계획정을 주장하기도 하였다. 소련은 경계선으로 해발 100~110㎞를 제의하였다.[5]

1980년대 이후도 원칙적으로 논의할 사안의 하나로서 논의는 계속되었지만 현재까지 별다른 진전이 없다. 논의는 접근하는 방법에 따라 기능론(Functional approach)과 공간론(Spatial approach)이 있다.

2. 기능론(Functional approach)

인간의 활동이 행해지는 장소를 기준으로 하는 것이 아니라 그 활동의 목적에 따라 적용되는 법체계를 결정한다는 것이 기능론의 요지이다. 이때 영공과 우주공간이 공간으로서 구별되는 것은 무의미한 것이며 인간의 각 활동의 본질 및 그 목적이 공역에 관한 것인가 아니면 우주에 관한 것인가로 구분됨에 따라서 그 활동에 적용되어야 할 법규범 체계가 정해진다는 것이다. 그 구분의 방식은 학자들에 따라 다양하다. Hombourg에 의하면 항공법은 지구 표면상의 두 지점 간의 이동하는 항공기의 항행에 적용되는 법규범

---

4) UN Doc A/AC. 105/C, 2/SR.(1969), p.25.

5) UN Doc A/AC. 105/C, 2/SR. (1969), p.25.

이며, 우주법은 지구와 다른 우주의 지점 간을 이동하는 우주항행에 적용된다고 한다. Ch. Chaumont 교수는 우주공간의 법적 지위는 국가들 간의 공동합의에 의해서 '우주공간'에 관한 것이라고 간주되는 활동들에 기초하여 결정되어야 하며 그것은 그러한 장소 또는 시간과는 무관한 것이라고 한다.[6] Nicolas M. Matte 교수는 우주법은 천체, 우주공간 또는 우주항행에 관한 목표를 위해 행해지는 활동들에 적용되는 것이며 항공법은 공역 또는 영공에서 부분적 또는 전체적으로 행해지며 지구상의 또는 국내로 제한된 목표를 가진 항행에 적용된다고 한다.

기능론자들은 우주법이 적용되는 경우의 국가가 향유할 수 있는 권리에 대해서 지구를 둘러싸고 있는 것은 대기권, 성층권 또는 상층권 등으로 나뉘는 것이 아니라 공간(Coelum)이라고 불리는 단일의 매체이며, 국제법 원칙으로서 국가들의 자위권 및 이동에 관한 권리에 기초하여 국가들은 그러한 공간에서 기능적 주권 및 기능적 자유를 향유한다고 한다. Matte 교수는 지구상의 목표를 위해 항행하는 비행체에 대해서만 국가주권의 효력이 미치며 우주선의 경우 그 항행이 자국의 안전보장에 유해한 영향을 미친다고 판단될 때에만 그러한 위험에 대해 주권을 행사할 수 있는 것이 기능적 주권이라고 한다. 또한 천체를 포함한 우주공간에의 접근권은 국가들의 고유의 권리이며 그 향유를 위하여 국가들이 그 우주선을 자유롭게 항행시킬 수 있다는 것이 기능적 자유라고 한다. 이때 기능적 자유권 행사가 기능적 주권과 상충될 수 있어 각국이 그 자유를 향유함에 있어서 부과되는 조건으로 타국의 안전에 대한 위협이 배제되어야 한다고 한다. 나아가 우주로의 접근의 자유권과 각국의 주권이 조화를 이루기 위해서는 각국의 경제적·정치적·문화적 이익이 모두 존중되어야 한다고 강조한다.

이러한 기능론에 입각한 접근방법은 1963년 국제법학회에 의해 채택된 결의안에서 부분적으로 수용되었다. 동 결의안은 우주공간의 비전유원칙, 우주공간의 평화적 이용 및 우주물체의 모든 관련 국제법규의 준수의무를 제창

---

6) Ch. Chaumont, Le droit de l'espace, 1970, Oue Sain Sje, p.51.

하면서 그러한 원칙들이 우주활동(space activities)에 적용된다고 제시하였다.

3. 공간론(Spatial approach)

공간론은 대기권 공역과 우주공간을 구분해야 한다는 견해로서 그 주장의 기초를 국제법상 많은 경우에 있어서 어떤 행위의 합법성 여부는 그 행위의 성격에 따르는 것이 아니라 그것이 행해지는 장소에 따르는 것이며 국경을 경계로 각각의 주권이 인정되고 있는 현대 국가구조하에서 영토주권의 개념이 담겨 있는 공간개념이 무시되어서는 적정한 법체계가 있을 수 없다는 데 두고 있다. 실정법상으로는 1967년의 우주조약이 우주공간의 법적 지위를 국가주권이 배제된 국제공역으로 규정하고 있고 1944년 국제민간항공협약 제1조와 국제관습법은 영공주권을 인정하고 있어 두 영역 간의 경계는 반드시 확정되어야 한다는 것이다. 또한 실질적 이유에서 날로 확대·발전하고 있는 상업우주활동을 위해서 법 적용의 안정성이 요구된다고 하면서 우주공간과 영공 간의 경계확정을 주장하기도 한다. 공간론자들은 대기권 공역과 우주공간을 구분해야 한다는 점에서는 견해가 일치하나 구분의 구체적 기준을 무엇으로 할 것인가에 대해서는 아래에서 보는 바와 같이 다양한 견해들이 제시되고 있다.

(1) 영공무한설

영공무한설은 로마법상의 "토지를 소유한 자의 권리는 위로는 천공까지 미친다"는 법 원리를 도입하여 우주공간에 대해서도 국가의 영공주권이 상방으로 무한하게 미친다는 설이다. 이 설은 대부분의 국가들이 영공주권에도 어느 정도 한계를 인정해야 한다는 점을 인정하고 있는 현실에서 설득력이 떨어지며 지구가 자전하면서 태양의 주위를 공전한다는 점에서 어떤 한 국가의 주권행사의 범위가 수시로 바뀌게 된다는 문제점이 있다.

(2) 대기권설

대기권설은 대기권 범위에 있어서 최상부까지 주권이 존재한다는 설이다. 이 설은 국가의 주권이 미치는 영공의 범위를 지나치게 넓게 보아 실제 우주활용상황과 맞지 않는다는 문제가 있다.

(3) 중력설

중력설은 지구의 중력(인력)작용이 끝나는 곳까지 영공의 한계라는 설이다. 이 설은 지구의 중력이 어디까지 작용하는지 정확한 한계를 알 수 없고 중력의 변화에 따라 영공의 한계가 변화하므로 안정성이 결여되었다는 비판이 있다.

(4) 실력설

실력설은 국가의 영공주권은 국가가 실력을 행사하여 다른 국가의 통제를 받지 않고 그 국가의 능력에 따라 실효적 통제가 가능한 상공까지 미친다는 설이다. 이 설은 각 국가의 실효적 통제가능성에 따라 영공의 범위가 달라지는 문제가 있어 약소국의 주권이 상대적으로 제한을 받게 되어 UN헌장에서 천명하고 있는 모든 국가의 주권평등이라는 대원칙에 반한다는 비판이 있다.

(5) 중간공간설

중간공간설은 대기권의 상한과 우주공간의 하한에 중간공간(mesospace)을 두어 이를 구분하는 설이다. C. de Jaeger 및 G. Reijen에 의해 주창된 설로서[7] 대기권(영공) 상한을 종래 항공기가 비행할 수 있는 높이까지인 지상 50㎞,

---

7) Dr. I. H. Ph. Diederisks－Verschoor와 Dr. V. Kopal은 그의 저서 An Introduction to Space Law에서 대기권 공역의 상한을 해발 150㎞, 우주공간의 하한을 해발 200㎞로 보고 있다. Dr. I. H. Ph. Diederisks－Verschoor & Dr. V. Kopal, An Introduction to Space Law(3rd rev. ed., 2008), p.18.

우주공간의 하한을 위성의 최저고도인 지상 130km로 보고 대기권의 상한과 우주공간의 하한 사이에 위치한 약 80km의 공간을 중간공간으로 보고[8] 중간공간에 대해서는 하위국의 부분적 관할권을 인정하고 있다.

중간공간에서는 모든 우주물체에 군사적 목적이 아닌 한 무해통항권이 주어진다. 중간공간설에 대해서는 하나의 경계선 대신에 두 개의 경계선을 정하여야 하기 때문에 문제를 더욱 복잡하게 만든다는 점과 비행의 상한선과 위성궤도의 최저점은 기술의 변화에 따라 달라질 수 있다는 문제점이 지적되고 있다. 또한 비군사적 목적의 무해통항권의 명확한 개념을 둘러싸고도 논란이 있다.

(6) 최고비행고도설

최고비행고도설은 종래의 항공기가 더 이상 비행할 수 없는 고도, 즉 항공역학상 부양력이 더 이상 존재하지 못하는 곳까지를 경계로 하여 영공과 우주공간을 구분하는 견해이다.

경계선을 Von Karaman Line이라고도 부르며 지상 83km 지점을 경계선으로 하고 있다. 이에 대해서는 더 이상 비행이 불가능한 지점이 어디인지에 대한 항공역학상의 일치된 견해가 없고, Von Karaman Line 자체가 부정확하고 가변적이라는 지적이 있다.

(7) 인공위성의 최저고도설

인공위성의 최저고도설은 인공위성의 궤도비행의 최저점(perigee)을 외기권 우주의 최하경계선으로 보자는 견해이다. 이 견해에 따르면 지금까지 발사된 모든 인공위성은 우주공간에 있는 것이 된다. 경계선에 대해서는 해발 90~110km 사이가 여러 국가에 의하여 주장되었다.

특히 소련은 1983년 4월 4일 COPUOS에 제출한 작업문서(working paper)

---

8) C de Jaeger & G. Reijnen, "Mesospace, the Region between Airspace and Outer Space", in the Proceedings of 18th Colloquium of the IISL.

에서 외기권 우주의 최저경계선을 해발 110㎞를 넘지 않는 고도에 설정하자고 제안한 바 있다.[9] 이에 대해서는 인공위성의 최저고도도 위성의 형태와 크기 등에 따라 가변적일 수 있으며 현재 설정한 하한선이 장래에 더 낮아질 수도 있다는 문제점이 지적되고 있다.

4. 각 이론의 검토

이상에서 기능론과 공간론의 주장을 살펴보았다. 기능론은 인간의 활동목적에 따라 각 활동의 본질 및 목적이 공역에 관한 것인가 아니면 우주에 관한 것인가에 의하여 항공활동과 우주활동으로 구분하여 그 활동에 적용되어야 할 법규범 체계가 정해진다는 것인데 어떤 것이 우주활동에 관한 것인지 명확한 기준의 설정이 어렵고 그 결과 항공활동과 우주활동의 구별이 모호하게 되어 법적 안정성을 해치게 된다. 또한 앞에서 본 바와 같이 우주조약 제2조가 주권배제의 원칙을 천명하고 있는데 이는 장소적 개념을 기초로 한 것이라는 점에서 실정법하고도 맞지 않는다. 그러한 점에서 기능론자들의 주장을 받아들이기 어려운 점이 있다. 공간론의 여러 주장들은 앞에서 본 바와 같이 각각의 문제점을 가지고 있다. 그렇지만 공간론의 주장 중 '인공위성의 최저고도설'은 현재 비교적 설득력이 있는 것으로 받아들여지고 있으며 COPUOS에서도 주로 논의되어 왔다. 그리고 이 견해에 따르면 지금까지 발사된 모든 인공위성과 우주물체가 우주공간에서 활동하고 있는 것으로 되어 우주활동의 현실과 우주조약 및 국제관습법의 취지에도 부합한다고 할 수 있다. 그 기준으로는 해발 100±10㎞가 적절한 것으로 제시되고 있다.[10]

---

9) UN Doc A/AC. 105/C. 2/L. 139(1983).
10) 龍澤邦産, 前揭書, 33頁.

5. 경계획정 관련 기타 문제

(1) 소련과 미국의 입장

대기권 공역과 우주공간의 경계획정 문제는 우주강대국인 소련과 미국의 입장을 살펴볼 필요가 있다. 소련은 처음에는 기능론을 지지하였지만 1979년 COPUOS 법률소위에 제출한 작업문서에서는 태도를 바꾸어 공간론(영역구분론)을 지지하였다. 소련의 입장은 다음과 같이 정리할 수 있다.

① 지구의 해면으로부터 100(110)km 이상은 우주이다.

② 대기권 공역과 우주의 경계는 국가 간의 합의에 따르고 해발 100(110)km를 초과하지 않는 고도를 조약으로 추후 확정한다.

③ 제국의 우주물체는 해발 100(110)km 이하의 고도에서 궤도에 진입하고 또는 발사국의 영토에 귀환하기 위한 목적으로 타국의 영토 위를 비행할 권리를 갖는다.

이러한 소련의 입장은 1983년에 법률소위원회에 제출한 작업문서에서 해발 110km를 초과하지 않는 고도에서 경계를 설정할 것을 촉구함으로써 재확인되었다.

이에 대하여 미국은 공간론에 반대하는 대표적인 국가이다. 그 이유로는

① 우주의 정의를 내려야 할 급박한 법적, 기술적 필요성이나 정당성이 없다.

② 인위적으로 경계선을 결정하면 관할권 다툼 등 국제적인 분쟁을 야기할 수 있다.

③ 인위적 경계선은 장래 우주활동을 탐사하고 이용하는 데 방해를 주든지 억제효과를 줄 가능성이 있다.

④ 인위적 경계선을 그어도 대다수 국가가 경계를 감시할 능력이 없다는 것을 들고 있다.

미국은 현재까지도 그 입장을 바꾸지 않고 있는데 그 주요한 이유의 하나가 경계획정으로 인하여 우주왕복선의 활동이 저지될 우려가 있기 때문이라고 한다.

이와 같이 대기권 공간과 우주공간의 경계획정문제는 소련과 미국이 입장을 달리하고 있고 기타 국가들도 자국이 처한 입장에 따라 태도를 달리하고 있기 때문에 각국이 합의를 통해 일정한 기준을 정하는 것은 당분간은 어려운 문제로 생각된다.

(2) 정지궤도문제

지구정지궤도(geostationary orbit: GSO)는 지구 적도상공 고도 약36,000㎞를 지나는 원형의 궤도다. 이 궤도에 인공위성을 배치하면 인공위성의 주기와 지구의 자전주기가 같기 때문에 지구에서 보면 항상 같은 곳에 정지하여 있는 것처럼 보이므로 지구정지궤도라고 부른다.

이 지구정지궤도는 통신, 방송, 기상위성 분야에서의 경제적 효용성 때문에 특히 문제가 되었다.[11] 즉 적도상에 위치한 국가들이 지구에서 36,000㎞나 떨어진 우주공간에 대하여 천연자원이란 명목으로 지구정지궤도에 대한 관할권 주장을 하고 나선 것이다. 이것을 보고타선언(Bogota Declaration)이라고 하는데 1976년 12월 3일에 적도에 위치한 8개국(브라질, 콜롬비아, 콩고, 에콰도르, 인도네시아, 케냐, 우간다, 자이르)이 지구정지궤도를 천연자원으로서 주권을 선언한 것이다. 이들은 지구정지궤도는 천연자원으로서 하부국가의 주권이 미치며 공해나 무주지 상공의 지구정지궤도는 국가의 관할권 밖에 있으므로 인류의 공동유산으로 보아야 한다고 한다. 그리고 1967년의 우주조약은 우주의 탐사와 이용에 있어 최종답변은 아니라고 주장하였다.

이 선언에 따르면 지구정지궤도에 인공위성을 배치하여 이용하려면 하부국가의 동의를 얻어야 한다는 결론이 된다.

이에 대해서 미국, 소련 등 대부분의 국가는 지구정지궤도는 위성의 우주비행통로이지 적도국가들의 관할에 속하는 천연자원은 아니며 또한 이 궤도

---

11) 일례로 위성방송의 경우 지구정지궤도상에 3개의 인공위성만 일정한 거리를 유지하여 배치하면 지구 전 지역을 수신범위에 둘 수 있다고 한다.

도 우주의 일부로서 우주조약상의 우주의 탐사와 이용에 있어 자유의 원칙이 당연히 적용된다는 반대 입장을 견지하고 있다. 또한 우주조약은 우주의 전유화를 금지하고 있으며 보고타선언에 의한 이의가 제기되기 전 이미 수십 개의 인공위성을 발사하여 이 분야에 대한 국제관습법이 형성되었다고 주장하였다.

이와 같이 지구정지궤도 문제는 우주전유금지원칙과 영공과 우주공간의 구별 및 법적 지위와 밀접한 관련이 있는 문제이다. 지구정지궤도를 다룰 때 별도로 살펴보기로 하겠다.

제 3 장

우주 관련 국제조약

제1절 우주조약

제2절 우주구조반환협정

제3절 우주손해책임협약

제4절 우주물체등록협약

제5절 달 협정

우주 관련 국제조약

제1절 우주조약

1. 성립경위

UN총회는 구소련의 Sputnik 1호 인공위성의 발사가 성공한 직후인 1957년 11월 14일 우주공간에서의 물체의 발사가 전적으로 평화적·과학적 목적으로 행해질 것을 확보하기 위한 사찰제도의 공동연구 규정을 장래의 군축협정에 두는 결의 1148(XⅡ)를 채택하였다. 그다음 해인 1958년 12월 13일에는 UN 총회결의 1348(XⅢ)를 채택하고 우주공간의 평화적 이용과 국제협력을 강조 하는 동시에 "우주공간의 평화적 이용에 관한 임시위원회"를 설치하였다. 이 위원회는 1959년 총회결의 1472(XⅣ)에 의해 상설위원회(COPUOS)로 되었고 위원회의 구성국 수도 18개국에서 24개국으로 확대되었다. 1963년 COPUOS 는 "외기권 우주의 탐사 및 이용에 관한 국가 활동을 규제하는 법원칙 선언" (Declaration of Legal Principles Governing the Activities of States in the Exploration and Use of Outer Space)이라는 결의문을 채택하였는데 이 선언이 우주조약의 기초가 되었다. 우주조약은 1966년 제정되어, 같은 해 12월 19일 UN 제21차 총회에서 채택되었다. 정식명칭이 "달과 기타 천체를 포함한 우주의 탐사와 이용에 있어서의 국가 활동을 규제하는 원칙에 관한 조약"(Treaty on Principles Governing the Activities of States in the Exploration and Use of Outer Space including the Moon and Other Celestial Bodies)이며 '우주법의 마그나 카르 타'(Magna Carta, 우주헌장)라고 불릴 정도로 우주법의 가장 기본이 되는 원칙들을 규정하고 있다. 1967년 1월에 구소련, 미국, 영국이 서명·승인하였으며 같은 해 10월 10일부로 발효되었다. 우리나라도 같은 해 1월 27일 서명하여 같은 해 10월 13일에 조약 제262호로 공포·발효되었다.

2. 내용

우주조약은 전문과 17개의 조문으로 구성되어 있는데 우주법의 가장 기본이 되는 원칙들을 규정하고 있다. 즉 ① 우주활동의 자유원칙, ② 우주공간 전유금지의 원칙, ③ 국가이익 존중의 원칙, ④ 우주의 평화적 이용원칙, ⑤ 우주활동에 대한 국가의 국제책임원칙의 5원칙을 기본으로 규정하고 있고 여기에 법질서의 창설과 우주활동상의 기본활동에 대한 국제협력을 규정하는 조항을 두고 있다.

제1조는 '우주활동의 자유의 원칙'을 밝히고 있다. 즉 "우주의 탐사와 이용은 어떠한 형태의 차별도 있어서는 아니 되며 모든 국가에 개방된다"고 규정하고 있다. 탐사와 이용은 개발의 의미를 포함하는 것으로 보고 있으며 우주활동은 경제나 과학발전의 정도에 관계없이 모든 국가의 이익을 위하여 수행되어야 하며 '모든 인류의 영역'(province of all mankind)이 되어야 한다고 한다. 또한 우주에 대한 과학적 조사의 자유를 규정하면서 국가들은 과학조사의 국제협력을 용이하게 하고 격려하도록 요구하고 있다.

제2조는 달과 천체를 포함한 외기권은 국가에 의한 전유의 대상이 되지 않는다고 선언하여 '우주공간 전유금지의 원칙'을 규정하고 있다. 우주공간 전유금지의 원칙은 우주를 마치 공해(公海)와 같이 누구나 자유롭게 접근하여 사용, 수익이 가능하나 점유할 수 없다는 원칙을 내포하는 국제법상 '국제공역'(res extra commercium)으로 파악하고 있으며 우주조약에 가입한 국가들은 물론 동 조약에 가입하지 않은 국가들에도 적용되는 국제관습법의 하나라고 할 수 있다.[1] 또한 이 조항은 우주법이 항공법과 차별화되는 것의

---

1) 김한택, 항공·우주법, 지인북스, 2007, 101면.

전형으로 받아들여지고 있다.[2]

제3조는 이 조약의 당사국은 우주의 탐사와 이용활동을 국제평화와 안전의 유지, 국제협력과 이해의 증진에 기여하도록 UN헌장 등 국제법에 따라 수행해야 한다고 규정하고 있다. 이것은 우주공간이라도 법적인 무질서 상태에 두어서는 안 된다는 것으로서 국제법 규칙을 우주에 적용한다는 것은 제1조와 관련 모든 인류의 이익을 국제법의 질서하에서 재보장한다는 의미로 해석할 수 있다.[3]

제4조는 우주의 탐사와 이용이 군사적 목적이 아닌 평화적 목적으로 수행되어야 한다는 것을 규정함으로써 '우주의 평화적 이용원칙'을 천명하고 있다. 제4조에 의하면 조약의 당사국은 지구 주변의 궤도에 핵무기 또는 기타 모든 종류의 대량파괴무기를 배치할 수 없고 또한 이러한 무기를 천체나 외기권에 어떠한 방법으로든지 배치하지 아니할 것을 약속하여야 한다. 그리고 달과 다른 천체는 오로지 평화적 목적을 위해서만 이용되어야 한다고 규정하고 있다. 이에 따라 군사기지나 시설의 설치, 무기실험, 군사 기동 훈련 등은 천체상에서 수행할 수 없다. 그러나 과학적 목적이나 다른 평화적 목적을 위하여 군인을 이용하거나 필요한 장비 및 시설을 사용하는 것은 금지되지 않는다. 평화적 목적의 해석을 둘러싸고 '비군사화'(non-military)로 해석하는 견해와 '비침략적'(non-aggressive)으로 해석하는 견해의 대립이 있다. 관계되는 곳에서 설명하기로 한다.

제5조는 조약의 당사국은 우주조종사를 인류가 우주에 보낸 사절로 보며 사고나 조난 또는 다른 당사국의 영역이나 공해에 비상착륙하는 경우 가능한 모든 원조를 제공하여야 한다. 또한 우주조종사가 비상착륙하는 경우, 우주선과 우주조종사는 우주선이 등록된 국가에 즉시 송환되어야 한다고 규정하고 있다. 또한 한 당사국의 우주조종사가 외기권과 천체에서의 활동을 수행함에 있어서 다른 당사국의 우주조종사가 조난을 당한 것을 발견한 경우에는 가능한 모든 도움을 주어야 하고 당사국들은 우주조종사의 건강 및 생

---

2) I. H. Ph. Diederiks-Verschoor & V. Kopal, op.cit,, p.26.

3) Carl Q. Christol, The Modern International Law of Outer Space, Permagon Press, 1982, pp.47-48.

명에 위험이 될 만한 현상을 발견하는 경우는 즉시 다른 당사국 및 UN사무총장에게 알려야 한다고 규정하고 있다. 이러한 문제에 구체적으로 적용하기 위하여 제정된 것이 "우주조종사의 구조, 송환 및 우주에 발사된 물체의 반환에 관한 협정"(Agreement on the Rescue Astronauts, the Return of Astronauts, and Return of Objects Launched into Outer Space)이다.

제6조와 제7조는 '우주활동에 대한 국가의 국제책임 원칙'을 규정하고 있다. 제6조에서는 조약의 당사국들은 달과 천체를 포함한 외기권에 있어서 그 활동을 정부기관이 행한 경우나 비정부기구(non-governmental entities)가 행한 경우를 막론하고 국가 활동에 관하여 국제책임을 부담한다고 규정하고 있다. 비정부기구가 우주활동을 수행하기 위해서는 관계 국가의 허가를 받아 그 감독하에 수행하여야 한다. 또한 이러한 우주활동을 국제기구에서 수행하는 경우에는 국제기구와 이 국제기구에 가입한 조약의 당사국들이 공동으로 책임을 부담한다. 여기서 국제기구란 국가가 당사국으로 있는 정부 간 국제기구(international intergovernmental organization)를 의미한다.[4]

제7조는 조약 당사국들이 달과 기타 천체를 포함한 외기권에 우주물체를 발사함에 있어서 발사를 행한 영토 및 시설의 소유국가는 이와 관련하여 발생한 손해에 대하여 국제책임을 진다고 규정하고 있다. 이러한 우주조약상의 국제책임원칙을 구체적으로 적용하기 위하여 제정된 것이 "우주물체에 의하여 발생한 손해에 대한 국제책임에 관한 협약"(Convention on International Liability for Damage Caused by Space Objects)이다.

제8조는 외기권에 우주물체를 발사하는 경우 해당 발사체가 등록된 국가에서 그 우주물체와 인원에 대한 관할권과 통제권을 가진다고 규정하고 있다. 그리고 우주에 발사된 우주물체의 소유권은 그것이 어디에 있는지에 따라서 어떠한 영향도 받지 않는다. 따라서 우주물체가 우주에 있거나, 천체에 있거나, 지구로 귀환하였거나 아무런 영향이 없다. 이러한 우주발사체는 조약 당사국이 영역 밖에서 발견된 것은 등록국가에 반환된다.

---

4) 정부 간 국제기구가 아닌 기구에 의한 우주활동의 경우는 관련 국가의 허가와 통제를 받으며 이러한 활동으로 인한 손해도 관련 국가가 배상하여야 한다고 한다. 김한택, 전게서, 105면.

우주물체의 등록과 관할권에 관한 문제를 구체적으로 적용하기 위하여 "외기권에 발사된 물체의 등록에 관한 협약"(Convention on Registration on Objects Launched into Outer Space)이 제정되었다.

제9조는 달과 기타 천체를 포함한 외기권의 탐사와 이용은 당사국들 간 협조와 상호원조의 원칙에 따라야 하며 상호 간의 이익을 위하여 수행되어야 한다고 하여 '국가의 이익 존중원칙'을 규정하고 있다. 이에 따라 우주를 개발함에 있어서 유해한 오염을 야기하거나 지구 환경에 악영향을 미치는 행동을 금하고 이를 방지하기 위하여 적절한 조치를 취할 것과 이를 위하여 국가 상호 간에 국제적인 협의를 거칠 것을 규정하고 있다.

이러한 주요 조항 이외에는 우주조약은 우주개발 및 탐사에 있어서 국제적인 협력을 추구하는 내용의 조항들을 두고 있다. 제11조는 조약 당사국은 국제적 협력을 증진하기 위하여 외기권에서의 활동의 성질, 수행, 위치 및 결과를 실현 가능한 최대한도로 일반 대중 및 국제과학단체뿐만 아니라 UN 사무총장에 대하여 통보하는 데 동의한다고 규정하고 있으며 제13조는 우주조약의 각 규정은 국제적 정부 간 기구에 의한 활동이나 다수 국가가 공동으로 행하는 활동에도 적용된다고 규정하고 있다. 기타 절차적 규정으로 제14조는 모든 국가가 이 조약에 가입할 수 있도록 개방한다고 규정하고 있으며, 제15조는 조약의 개정절차를, 제16조는 조약에서의 탈퇴절차를 규정하고 있다.

제2절 우주구조반환협정

1. 성립경위

우주공간의 평화적 이용에 관한 임시위원회는 1957년 7월 14일의 보고서 가운데 인간과 우주물체의 송환의 문제는 우선적으로 취급할 문제로서 국제조약으로 규율할 문제라고 언급하였다. 동 보고서는 조난항공기 및 조종사의 구조조치에 대해서는 1944년이 국제민간항공협약 및 그 부속서에 규정되어 있는데 우주물체와 우주조종사에 대해서도 항공법의 규정과 같은 보호조치가 필요하다고 기술하고 있다.

1963년 3월 미국의 케네디 대통령과 소련의 흐루시초프 의장과의 서신에서 소련 측으로부터 우주조종사의 원조와 송환에 관한 제안이 있었다. 이것을 수용하여 동년 5월 COPUOS 법률소위원회 제1회기에서 이 문제의 검토작업이 개시되었다. 동 회기에서는 이 문제의 최종적 형식 및 우주물체의 반환을 무조건 또는 조건부로 하는 문제에 대하여 미·소를 중심으로 하여 견해의 차가 나타났다. 1964년 및 1965년의 검토 작업에서는 우주조약의 최종 예비작업에 심의가 집중되어 이 건은 특별한 진전이 없었다. 그러나 1966년부터 1967년에 걸쳐서 미국과 소련에 있어서 우주실험에서 조종사의 사망사고가 이어져 조약안 작성의 긴급성이 인식되었다.

1967년의 비공식교섭에서 우주물체의 반환에 관한 심의에 난색을 표한 소련이 우주조종사의 구조문제의 심의를 우선하는 문제에 대해서 타협하여 동년 12월 법률소위원회의 특별회의에서 조약안의 최종안이 합의되어 UN결의 2345(XXⅡ)로서 채택되었다. 그다음 해인 4월 22일 "우주조종사의 구조, 송환 및 우주에 발사된 물체의 반환에 관한 협정"(Agreement on the Rescue Astronauts, the Return of Astronauts, and Return of Objects Launched into Outer Space)이 서명되고 같은 해 12월 3일 발효되어 이 협정이 탄생되었다. 우리나라도 같은 해 5월 9일 워싱턴에서 서명하여 1969년 4월 4일 조약 제296호로 공포·발효되었다.

2. 내용

본 협정은 전문과 10개의 조문으로 구성되어 있으며 그 주요 내용은 1963년 선언에서 정한 원칙을 구체화한 것이다.

제1조에서는 체약국의 통보의무를 규정하고 있다. 즉 체약국은 우주선원 (personnel of a spacecraft)이 사고, 조난 혹은 체약 당사국의 관할하에 있는 영역 또는 공해 또는 어느 국가의 관할에도 속하지 않는 기타 장소에 비상 또는 불시착을 했다는 정보를 입수하였거나 이러한 사실을 발견한 때에는 즉시 발사 당국과 UN사무총장에게 통보하여야 한다.

제2조 및 제3조는 우주선원이 사고, 조난, 비상착륙 또는 불시착으로 체약국의 영역에 착륙한 경우는 동 체약국은 즉시 우주선원의 구조를 위하여 '가능한 모든 조치'(all possible steps)를 다해야 하며 이러한 조치를 발사 당국과 UN사무총장에게 통보하여야 한다고 규정하고 있다. 우주선원이 공해 상 기타 체약국의 관할권 밖에 착륙한 경우에도 도움을 줄 수 있는 체약국은 신속한 구조를 위하여 필요한 수색 구조에 협조하여야 하며 발사 당국 및 UN사무총장에게 이런 사실을 통보하여야 한다고 규정하고 있다.

또한 발사 당국은 효과적인 탐색 및 구조 활동을 위하여 체약국과 협력하여야 하며 이러한 탐색 및 구조 활동은 체약국의 지시 및 통제에 따라야 하며 체약국도 발사 당국과 긴밀하고 계속적인 협의하에 행동하여야 한다고 규정하고 있다.

제4조는 우주선원들은 구조된 후 안전하고 신속하게 발사 당국으로 돌려보내야 한다고 하여 송환의무를 규정하고 있다. 이와 같이 1968년의 우주구조반환협정은 우주활동에 참여한 모든 선원을 보호한다는 점에서 1967년 우주조약 제5조에서보다 더 광범위한 보호를 규정하고 있다고 할 수 있다.[5]

그리고 동 협정은 우주조종사의 구조 외에 우주물체 및 구성부품의 반환에 관해서도 규정하고 있다. 1967년 우주조약 제8조는 우주물체는 등록국가의 관할권에 속하며 어디에 있건 상관없이 관할권이 유지되며 다른 곳에 비상착륙하거나 그 구성부품이 떨어진 경우, 이를 발견한 체약국은 발사 당국에 돌려주도록 규정하고 있다. 우주구조반환협정은 이 원칙규정을 구체화하여 제5조에서 상세히 규정하고 있다.

---

5) Christol, op.cit., p.183.

즉 제5조는 지구 표면에 낙하한 우주물체 및 구성부품은 조난우주선원의 경우와 같이 체약국의 통보, 회수 및 반환의무를 구체적으로 규정하고 있고 경비부담의 문제에 대해서도 언급하고 있다.

제6조는 '발사 당국'(launching authority)에 대하여 정의하고 있는데 발사 당국은 발사에 책임을 지는 국가 이외에 발사를 행한 정부 간 국제기구 (international inter-governmental organization)도 포함한다. 정부 간 국제기구가 포함되기 위해서는 동 국제기구가 협정의 권리와 의무의 수락을 선언하고 기구 가맹국의 과반수가 우주조약의 체약국임을 조건으로 하고 있다.

기타 제7조, 제8조, 제9조, 제10조는 가입, 기탁, 효력발생, 개정, 탈퇴 등에 관한 규정이다.

제3절 우주손해책임협약

1. 성립경위

1959년 7월 4일의 임시 COPUOS의 보고서에서는 책임의 문제가 우선 의제로 고려되었는데, 보호되는 법익의 종류, 책임발생의 행위유형, 손해발생지의 상위에 기한 적용원칙의 구별, 책임한도, 복수국가의 원인 행위에의 참가에 따른 경우의 책임 등의 문제점이 지적되었다.

COPUOS 법률소위원회 제1회기에 책임문제에 대해 제출된 최초의 공식제안은 미국의 안이었다. 미국의 안은 ① 우주물체의 발사상의 책임을 가지는 국가 및 국제기구가 국제책임을 질 것, ② 청구는 해당국 또는 국제기구의 과실의 증명을 필요로 하지 않지만 청구가 대리되는 사인, 법인이 합리적으로 기울였어야 마땅했던 주의의 정도가 적절히 고려될 것, ③ 청구는 사전의 국내적 구제에 관계없이 국제적으로 제기할 수 있는 것일 것, ④ 청구는 합리적인 기간 내에 행해질 것, ⑤ 청구에 관계되는 분쟁은 국제사법재판소에서 해결될 것을 원칙으로 하고 있었다. 미국의 안 이후에도 각국에서 많은 제안, 수정안, 작업문서가 제출되고 검토되었다. 법률소위원회에서의 준비 작업은 9년간에 걸쳐 이루어졌지만, 이 사이 국제기구의 책임, 원자력손해에 대한 협약의 적용범위, 배상을 결정하는 적용법, 책임한도, 중재재판의 강제적 성질 등의 몇 가지 쟁점에 대해서는 심각한 대립이 있었다. 1968년 1월 10일의 UN총회 결의 2345(ⅩⅩⅡ)에 의해 조약안 작성의 준비작업의 종결이 재촉된 뒤에도 각국의 제안이 계속되었지만, 1971년 6월 29일 법률소위원회는 "우주물체에 의하여 발생한 손해에 대한 국제책임에 관한 협약 초안"(Convention on International Liability for Damage Caused by Space Objects)을 채택하고 동년 11월 29일에 UN총회결의 2777(ⅩⅩⅥ)에 의하여 승인되었다. 그다음 해 72년 3월 29일 서명되어 같은 해 9월 1일부로 발효되었다. 우리나라도 1980년 1월 14일부로 조약 제702호로 공포·발효되었다.

2. 내용

이 협약은 전문과 28개의 조문으로 구성되어 있다. 전체적으로 피해자보호의 지향이 반영되어 있고 우주물체에 의한 지표손해와 비행 중의 항공기에 미친 손해에 대해서는 발사국에 절대책임을 부과하고 있다. 각 조항의 내용을 볼 것 같으면 다음과 같다.

제1조는 협약의 내용에 따른 용어의 정의규정이다. 이에 따르면 '손해'(damage)는 인명의 손실, 인체의 상해 또는 기타 건강의 손상 또는 국가나 개인의 재산, 자연인이나 법인의 재산 또는 정부 간 국제기구의 재산의 손실 또는 손해를 의미하고, '발사'는 발사시도를 포함하는 개념이며 '발사국'(launching states)은 우주물체를 발사하거나 또는 우주물체의 발사를 야기하는 국가와 우주물체가 발사되는 지역 또는 시설의 소속국을 의미하고, '우주물체'(space object)는 우주물체의 구성부분 및 우주선 발사기, 발사기의 구성부분을 포함한다고 정의하고 있다.

제2조는 "우주물체의 발사국은 그 우주물체가 지구 표면 또는 비행 중의 항공기에 끼친 손해에 대하여 절대적인 책임을 진다"고 규정하여 우주물체의 발사국에 절대책임(absolute liability)을 부과하고 있다.

이것은 우주활동이 고도의 위험을 내포하는 '초위험적 행위'(ultra-hazardous)로서 손해발생의 방지에 필요한 조치를 취하는 것이 어렵고 우주활동에 의해 이익을 얻는 발사국이 당해 활동에 관한 위험을 전적으로 부담하여야 한다는 '위험책임주의'의 사고로부터 나온 것이다.[6]

제3조는 과실책임을 부담하게 되는 경우를 규정하고 있는데 과실책임을 부담하는 것은 우주공간과 같이 지표 이외의 장소에서의 손해에 한한다고 한다.

제4조와 제5조는 연대책임에 대하여 규정하고 있다. 2개 또는 그 이상의 국가가 공동으로 우주물체를 발사할 때에는 발생한 손해에 대하여 공동으로 그리고 개별적으로(joint and several) 책임을 져야 한다고 하여 연대책임을 규정하고 있다.

제6조는 절대책임이 면제되는 경우를 규정하고 있는데 손해가 피해국의 중대한 과실에서 발생하였거나 피해국이나 그 국민의 고의적인 작위, 부작위에 의하여 발생한 것을 발사국이 증명한 때에는 그 입증하는 한도에서 절대책임이 면제된다. 다만 이러한 손해가 발사국의 국제법 위반행위에 의하여 발생한 경우에는 어떠한 책임의 면제도 생기지 않는다.

제7조는 발사국의 국민이나 그 우주물체의 발사작업에 참여하는 외국인이나 발사국의 초청을 받아 발사구역의 최인접지역에 있는 외국인이 입은 손해에 대해서는 책임협약의 적용에서 제외하고 있다. 그러나 이것이 국내법에 의한 구제를 방해하는 것은 아니므로 국내법에 의한 피해의 구제는 가능하다.

따라서 발사국은 자국민과 상기 외국인에 대한 피해는 발사국의 국내법에 따라 해결해야 한다는 것이 되며 책임협약의 보호대상은 이를 제외한 외국 국민과 재산에 대한 피해가 된다고 할 것이다.

---

6) 김종복 외 2인 공저, 전게서, 278 - 279면.

제8조는 손해배상청구권자에 대하여 규정하고 있는데 손해를 입은 국가 또는 자국의 자연인 또는 법인이 손해를 입은 국가는 발사국에 대하여 그러한 손해에 대한 배상을 청구할 수 있다고 규정하여 손해배상청구의 주체는 원칙적으로 피해국 및 피해자 영주국에 대해서도 손해배상청구를 인정하고 있다.

제9조는 손해배상청구는 외교경로를 통하여 발사국에 제기하는 것이 원칙이나 청구국과 발사국 사이에 외교관계가 없으면 제3국을 통하여 청구할 수 있고 청구국이나 발사국이 모두 UN회원국인 경우에는 UN사무총장을 통하여 청구할 수 있다고 규정하고 있다.

제10조는 손해배상의 청구는 손해의 발생일 또는 책임져야 할 발사국의 확인일로부터 1년 이내에 제기하여야 한다고 하여 손해배상의 청구기한을 정하고 있다. 그리고 청구국이 손해의 발생을 알지 못하거나 책임져야 할 발사국을 확인할 수 없는 경우는 이러한 사실을 안 때로부터 1년 이내에 제기하면 된다.

그러나 상당한 주의를 하였으면 알 수 있었으리라고 합리적으로 기대되는 날로부터 1년을 초과할 수 없다. 이 1년의 시한은 손해의 전체가 밝혀지지 않았다 하더라도 적용된다. 그러나 청구국은 청구를 수정할 수 있는 권리와 시한의 만료 이후라도 손해의 전체가 밝혀진 이후 1년까지 추가 자료를 제출할 수 있는 권리를 가진다고 규정하고 있다.

제11조는 협약상의 손해배상청구를 제기함에 있어서 '국내적 구제절차의 완료'(exhaustion of local remedies)를 요구하지 않는다고 규정하고 있다. 즉 국제책임을 추구하기 위하여 사전에 가해국가의 국내법에서 규정해 놓은 구제절차를 완료할 필요가 없다는 것이다. 이 점이 일반 국제법상의 국제책임 제도와 다른 특이한 점이다. 청구의 신속한 처리를 목적으로 하고 있는 점에서 피해자 보호의 입장에서 규정한 것이라 할 수 있다. 다만 발사국의 국내구제절차나 다른 조약상의 국제구제절차를 추구하는 동안에는 동일한 손해에 대하여 동시에 이 협약상의 손해배상청구를 제기할 수 없다.

제12조는 발사국의 손해에 대한 배상은 원상회복을 위한 보상이 행해지도록 국제법과 정의와 형평의 원칙에 따른다고 규정하고 있다.

제13조는 배상액의 지불통화에 대하여 규정하고 있는데 배상책임국과 청구국과의 특별한 합의가 있는 경우를 제외하고는 청구국의 통화로 지불하는 것으로 하고 있다. 만일 청구국의 요청이 있는 경우는 배상책임국의 통화로 지불한다.

제14조에서 제20조는 피해국의 배상청구가 원만하게 해결되지 않을 경우 배상청구위원회(Claims Commission)에 관한 규정들이다. 이에 따르면 손해배상문제가 발사국에 통고를 한 후 1년 이내에 원만히 해결되지 않는 경우 관련 당사국은 어느 한 상대국의 요청에 따라 배상청구위원회를 설치하도록 하고 있다. 배상청구위원회는 3인으로 구성되며 청구국과 발사국 양 당사자 대표와 이들이 합의하여 선임한 제3국 대표로 구성된다. 양 당사자는 위원회 설치요구 2개월 이내에 그 대표를 임명하여야 한다. 위원회 설치요구 4개월 이내에 의장 선정에 관하여 합의에 이르지 못할 경우 어느 당사국도 UN사무총장에게 2개월 이내에 의장을 임명하도록 요청할 수 있다.

배상청구위원회는 손해배상청구의 타당성 여부를 결정하고 배상을 인정한 경우에는 배상액을 결정한다. 배상청구위원회의 결정은 다수결에 의하는데 위원회의 결정은 당사자들이 합의하는 경우에는 최종적이고 구속력이 있게 되나, 당사자들이 동의하지 않는 경우에는 권고적 효력을 갖게 되고 당사국들은 그것을 선의로 고려하여야 한다고 규정하고 있다. 그리고 그 결정 또는 판정에 대해서 이유를 설명하여야 한다. 위원회의 결정은 기간의 연장을 위원회에서 결정하지 않는 한 설치일로부터 1년 이내에 하여야 하고 위원회의 비용은 위원회가 달리 결정하지 않는 한 당사국들이 균등하게 부담한다고 규정하고 있다.

이상에서 설명한 것 이외에 기타 조문은 제21조가 우주물체에 의하여 발생한 손해가 대규모적인 위험을 가져오는 것과 같은 경우에 있어서의 원조 가능성 검토를 규정하고 있고 제22조는 협약의 정부 간 국제기구에의 적용 문제를, 제23조는 다른 국제조약과의 관계를, 제24조에서 제28조는 서명, 가입, 효력발생, 기탁, 개정, 재검토, 탈퇴, 정본 등 절차관계를 규정하고 있다.

제4절 우주물체등록협약

1. 성립경위

우주물체의 식별의 필요성이 처음으로 제기된 것은 1959년의 임시 COPUOS에서였다. 이곳에서 우주기기에 호출하는 신호의 배분에 관한 합의뿐만 아니라 궤도성질에 의하여 식별하는 방법이 제안되었다. 그 밖에 우주기기의 발사에 대한 등록 및 기호표시에 관해서도 검토되었다. 1961년 UN총회결의 1721B(ⅩⅥ)에서 궤도 또는 궤도이원(軌道以遠)에 우주기기를 발사하는 나라에 대하여 UN사무총장을 통하여 COPUOS에 그 등록에 관한 정보를 속히 제공할 것이 요청되었고 동시에 제공된 정보의 공식적인 등록부를 사무총장이 보관하도록 하였다.

1963년의 법원칙선언(UN총회결의 1962(ⅩⅧ))에서 국내등록부가 필요하다는 전제하에 우주물체와 그 선언에 대한 관할권·관리권을 등록국에 부여하는 것과 병행하여 우주물체 및 우주조종사를 등록국으로 송환시킬 것을 규정하였다. 이러한 규정들은 거의 그대로 1967년의 우주조약에 인계되었고 동시에 본 협약에서는 우주활동의 성질, 실시상황, 장소, 결과에 관한 정보를 UN사무총장 및 국제과학계에 제공하는 국제협력에 관한 항목이 새로이 추가되었다. 이미 우주활동국은 전기 UN결의 1721B에 기초하여 UN에 대한 발사등록은 자발적으로 행하여지고 있었고 우주조약이 정보제공에 관하여 '실행가능한 최대한도로 제공한다'라고 한 적도 있었지만 통보항목은 특정되어 있지 않았으며 각국들이 통일되지 않은 채로 UN에 등록이 되고 있었다.

이리하여 우주조약의 결함을 보완하고자 COPUOS는 1972년 이후 3회기에 걸쳐 우주물체등록협약안을 심의한 결과 1974년 10월 18일의 UN총회 제1위원회에서 협약안이 승인되어 동년 11월 12일의 UN총회 결의 3235(ⅩⅩⅨ)로 채택되었다. 협약의 정식명칭은 "외기권에 발사된 물체의 등록에 관한 협약"(Convention on Registration of Objects Launched into Outer Space)이며 이 협약은 1975년 1월 14일에 서명되어 1976년 9월 15일부로 발효되었다.

우리나라는 1981년 10월 15일부로 조약 761호로 공포·발효되었다.

2. 내용

본 협약은 전문과 12개의 조문으로 구성되어 있는데, 이는 우주조약 제8조에서 우주물체가 우주공간이나 천체에 있을 동안에는 등록국의 관할권의 관리에 따른다는 규정만 하고 있을 뿐 등록의 요건·효과·수속 등에 대해서는 그 이상의 규정이 없어 이를 보충하기 위해 체결된 것이라 할 수 있다.

제1조는 용어의 정의규정으로 '발사국'과 '우주물체', '등록국'에 대한 정의를 하고 있는데 발사국과 우주물체에 대한 정의는 우주손해책임협약과 동일하다. 다시 한 번 언급하면 '발사국'이란 우주물체를 발사하거나 발사를 의뢰한 국가, 발사설비나 영토를 제공한 국가를 의미하고, '우주물체'는 구성부분, 발사체 및 그 부분을 모두 포함하는 것으로 정의하고 있다.

제2조는 우주물체를 지구궤도나 그 이상에 발사한 모든 조약 당사국과 정부 간 국제기구를 적절한 등록부를 마련하여 발사한 우주물체의 등록을 하도록 의무화하고, 각 발사국은 등록의 확정을 UN사무총장에게 통보하도록 규정하고 있다.

제3조는 UN은 제4조에 따라 제공된 정보에 대한 기록을 유지하고 등록부상의 정보에 대한 완전하고도 개방된 접근이 가능할 것을 규정하고 있다.

제4조는 제1항에서 등록국은 등록부상에 등재된 우주물체에 관해 발사국명, 우주물체의 표지, 등록번호, 발사일자, 지역, 위치, 궤도요소(노들주기, 궤도 경사각, 원지점, 근지점)와 우주물체에 관한 일반적 기능 등에 관한 정보를 UN사무총장에게 제공하도록 규정하고 있고, 제2항은 등록한 우주물체에 대한 추가정보를, 제3항은 등록한 우주물체가 지구궤도상에서 존재가 없어지게 된 경우의 통보에 대하여 규정하고 있다.

제5조는 우주물체의 기탁자와 등록번호는 우주물체를 지구궤도 또는 그

이원에 발사할 때마다 우주물체에 관한 정보를 제출할 때 UN사무총장에게 통지하여야 한다고 규정하고 있다.

제6조는 우주물체의 식별 및 원조에 관한 조항으로 본 협약의 적용으로 당사국이 그 자연인 또는 법인에 손해를 야기하거나 또는 위험하거나 해로운 성질일지도 모르는 우주물체를 식별할 수 없을 경우에는 우주탐지 및 추적시설을 소유한 특정 국가를 포함하여 여타 당사국은 그 당사국의 요청에 따라 그 물체의 정체파악에 상응하고 합리적인 조건하에 가능한 최대한도로 원조를 하여야 한다고 규정하고 있다. 이러한 경우 요청을 한 당사국은 그러한 요청을 발생케 한 사건의 일시, 성격 및 정황에 관한 정보를 가능한 한 최대한 제출하여야 하고 그러한 원조가 부여되어야 하는 약정을 관계당사국 사이의 합의에 의한다고 규정하고 있다.

제7조는 정부 간 국제기구에의 적용문제를 규정하고 있고 제8조에서 제12조는 가입·기탁·개정·탈퇴·정본 등에 대해서 규정하고 있다.

제5절 **달 협정**

1. 성립경위

1970년 7월 3일 아르헨티나가 COPUOS의 법률소위원회에 "달과 기타 천체의 천연자원의 이용에 있어 활동을 규제하는 원칙에 관한 협정안"을 제출하였다.[7] 이 협정안을 받아 1971년 11월 29일 UN사무총장은 COPUOS와 동 위원회 법률소위원회에 대하여 이 문제를 우선 의제로 취급하여 1972년 회기에 보고서를 제출하도록 요청하였다. 상기 법률소위원회에 의하여 협정 초안의 작성 작업이 진행되었지만 법률 조항에서 합의가 이루어지지 못하였

---

7) Committee on the Peaceful Uses of Outer Space, Legal Subcommittee, 9th Session, UN Doc. A/AC 105/C. 2/L

다. 1973년부터 79년에 걸쳐 열렸던 동 소위원회 각 회기를 통하여 조약의 적용범위, 달에의 사절에 관한 정보, 달의 천연자원의 문제에 대한 견해가 분명히 대립되고 있어 풀리지 않는 근본적인 문제가 되었다. 특히 구소련은 조약의 적용범위를 달 이외의 천체로 확대하는 것과 달의 천연자원도 포함시키는 것, 임무를 완료한 사절에 대하여 사전에 정보를 제공하는 것 등을 포함시키는 것에 대하여 강하게 반대하였다. 천연자원의 개발에 관한 문제는 주로 '인류의 공동유산' 개념의 법적 내용과 국제적인 제도가 확립되기 전에 천연자원의 개발에 모라토리움(유예)을 할 것인가 아닌가에 있었다.

1978년 법률소위원회 제17회기에 제출되었던 오스트리아의 협정초안을 포함한 작업문서[8]가 일반적으로 유력시되었지만 그 이상의 진전은 없었다. 그러나 1979년 6월 18일 COPUOS에서 의장 자신이 타협달성을 위한 정치적 의지를 강하게 호소함으로써 사태가 타결되어 7년간에 걸쳐 정체되고 있었던 심의가 급속히 진행하게 되었다. 그 결과 1979년 7월 3일 달 협정안이 UN특별정치위원회에 회부되어 미국과 구소련을 포함한 38개국에 의한 결의안이 동년 11월 2일에 채택되었다. 더욱이 동 위원회의 보고서가 UN총회에 회부되어 동년 12월 5일 제34회 UN총회에서 채택되어 동년 12월 18일 각국에 의한 서명을 위하여 개방되었다. 협정의 정식명칭은 "달 기타 천체에 있어 국가 활동을 규제하는 협정"(Agreement Governing the Activities of States on the Moon and Other Celestial Bodies)이며 보통 달 협정(Moon Agreement)이라고 약칭되고 있다. 달 협정은 COPUOS에 의하여 제정된 5개의 우주 관련 조약 중 가장 합의를 이루어 내지 못한 협정인데[9] 협정 체결 후 5년이 되어서야 칠레, 필리핀, 우루과이, 네덜란드에 이어 다섯 번째 비준국인 오스트리아가 UN사무총장에게 비준서를 기탁함으로써 1984년 7월 11일 발효되었다. 2010년 말 기준으로 비준국이 13개국에 불과하고 특히 가입국 대부분이 비우주개발국이고 미국, 영국, 러시아, 일본, 중국 등 우주

---

8) A/AC 105/C, 2/G1(1978) WP.2. of April 3/1978; see A/AC, 105/218. Annex 1. p.2.

9) Stephen E. Doyle, "Using Extra Terrestrial Resources under the Moon Agreement of 1979", 26 Journal of Space Law, 1998, p.117.

선진국은 가입하지 않고 있다. 현재 우리나라도 가입하지 않고 있다.

2. 내용

달 협정은 전문과 21개의 조문으로 구성되어 있다.

제1조는 협정의 적용범위에 대해서 규정하고 있는데 이 협정의 달에 관한 규정은 그 천체에 관한 특별한 법규범의 발효를 제외하고는 지구 이외의 태양계의 다른 천체에도 적용된다. 다만 이 협정의 적용상 달에는 달을 선회하는 궤도(Orbits)와 달 또는 달의 선회궤도에 도달하는 궤적(Trajectories)도 포함된다.

제2조는 달에서의 모든 활동의 국제법의 준수 및 국제협력을 규정하고 있다.

제3조는 달의 평화적 사용목적원칙을 규정하고 있다. 제1항에서 달은 오로지 평화적 목적을 위하여 당사국에 의하여 이용되어야 한다고 하여 1967년 우주조약 제4조를 재확인하고 있다. 제2항은 달에 있어 무력에 의한 위협 또는 무력의 행사 및 그 밖의 적대행위 또는 적대행위에 의한 위협은 금지하며 제3항은 핵무기 또는 다른 대량파괴무기를 운반하는 물체를 달의 선회궤도나 달에 이르는 기타의 궤적에 선회해서는 안 되며 달 표면 또는 달 내부에 배치하는 것도 금하고 있다. 제4항은 달 표면에서는 군사기지나 시설을 설치할 수 없고 무기의 실험 및 군사훈련의 실시도 금하고 있다. 그러나 과학적 연구 또는 기타 평화적 목적을 위하여 달에 군 요원을 파견하는 것은 금지되지 않고 있으며 달의 평화적 탐사·이용을 위하여 필요로 하는 모든 장비와 시설을 사용하는 것은 금지하지 않는다고 규정하고 있다.

제4조는 달의 탐사와 이용은 모든 인류의 영역이 되어야 하고 또한 이것은 모든 국가의 이익을 위하여 그들의 경제적 또는 과학적 발전의 정도에 관계없이 수행되어야 한다고 하여 달과 그 천연자원이 그것을 개발할 수 있는 수단을 지닌 국가만이 아니고 모든 인류의 개선을 위하여 사용되어야 함을 규정하고 있다. 그리고 달의 탐사와 이용의 모든 활동은 협력 및 상호원

조의 원칙하에서 행해져야 한다고 한다.

제5조는 당사국들에 UN사무총장, 공중 및 국제과학계의 실행 가능한 최대한도까지 달의 탐사와 이용에 관한 정보를 제공할 것을 규정하고 있다.

제6조는 달에서의 과학적 조사의 자유를 규정하고 있는데 달에서의 과학적 조사는 당사국이 어떠한 종류의 차별도 받음이 없이 평등의 원칙과 국제법에 따라 그 자유가 보장되며 과학적 조사를 수행함에 있어서 또는 과학적 조사 중에 견본을 수집할 권리와 달의 천연자원을 이용할 권리를 갖는다고 규정하고 있다.

제7조는 달에서의 환경의 보전 문제를 규정하고 있다. 즉 당사국은 달에 환경악화를 가져오게 하는 것 또는 환경외물질(extra-environmental matter)의 도입에 의하여 달에 유해한 오염(harmful contamination)이 되는 것 또는 기타 방법에 의하여 오염될 우려성이 있는 것을 구애받지 않고 달 환경이 현존하는 균형의 파괴를 방지하기 위한 조치를 취하여야 한다. 그리고 당사국은 자국이 취한 조치를 UN사무총장에게 통지하여야 하며 실행 가능한 최대한도까지 달 위에서의 자국의 모든 방사성 물질의 설치장소 및 설치목적을 사전에 UN사무총장에게 통지하여야 한다고 규정하고 있다. 이는 달에서의 천연자원의 개발을 금지할 의도가 있는 것은 아니고 '환경의 현존하는 균형'에 대한 파괴 또는 악영향을 최소한으로 하여 개발 활동의 수행을 확보하는 데 그 목적이 있다고 위원회 보고서는 밝히고 있다.

이것은 1967년 우주조약 제9조에 명시된 환경보전조항보다 좀 더 구체화된 규정으로 볼 수 있다.[10]

제8조는 당사국들에 의한 달의 탐사 및 이용의 달 표면의 상하의 어떠한 장소에서도 행할 수 있다고 규정하고 있으며 이를 위하여 달에 우주물체의 착륙, 달로부터의 발사, 요원, 우주차량, 장비, 시설물, 기지 및 설비의 배치와 이동의 자유를 규정하고 있다. 이러한 활동을 수행함에 있어 당사국은 타국의 활동을 간섭하는 것은 금지되며 간섭이 발생할 수 있는 경우에는 관

---

10) 김한택, 전게서, 113면.

계 당사국 간 협의해야 한다.

제9조는 당사국들은 달에 유인 또는 무인의 기지를 설치할 수 있다고 규정하고 있다. 이 경우 당사국은 당해 기지의 필요상 요구되는 지역만을 이용해야 한다고 지역을 한정하고 있으며 기지의 위치 및 목적을 신속하게 UN사무총장에게 통보하여야 한다고 규정하고 있다.

제10조는 당사국들에 달 위에 머무르고 있는 사람들의 생명 및 건강을 보호하기 위한 실행 가능한 모든 조치를 취할 것을 규정하고 있다. 달 위의 조난자에게는 자국의 기지, 설비, 차량, 기타 시설물 등의 피난처 등을 제공해야 한다.

제11조는 달과 달의 천연자원은 '인류의 공동유산'(Common Heritage of Mankind)이라고 제1항에서 규정하고 있다. 이 조문이 달 조약의 핵심이라고 할 수 있는데 달과 달의 천연자원은 인류의 공동유산이며 따라서 주권의 주장에 의한 어느 국가의 전유물이 될 수 없다. 이를 제2항에서 확인하고 있다. 즉 제2항은 1967년 우주조약 제2조와 동일하게 달을 주권의 주장이나, 사용이나 점령, 기타 어떠한 수단에 의해서도 국가의 전유대상이 될 수 없다고 하여 '전유금지의 원칙'을 재확인하고 있다. 제3항은 달의 표면 또는 그 지하, 달의 어느 부분이나 달에 위치한 천연자원은 어느 국가, 정부 간 또는 비정부 간 국제기구, 국가기관, 비정부 간 기관 또는 어떠한 자연인의 재산이 될 수 없으며 달의 표면이나 그 지하에 사람, 우주차량, 장비, 시설물, 기지 및 군사시설은 달의 표면이나 지하를 연결한 구조물과 함께 달의 표면이나 지하 또는 어느 지역에 대한 소유권을 창설하지 않는다고 하면서, 이는 제5항에 언급된 '국제제도'(International Regime)를 손상하지 않는다고 규정하고 있다. 제4항은 당사국은 어떤 차별도 없이 평등한 지위에 있으며 국제법과 이 협정의 규정에 따라 달의 탐사와 이용의 권리를 갖는다고 규정하고 있다. 제5항은 제3항에서 언급된 국제제도는 당사국이 달의 천연자원의 개발이 확실히 가능하게 되는 시기에 수립할 의무를 지우고 있다. 제6항은 이와 같은 국제제도의 수립을 용이하게 하기 위하여 당사국은 달에서 발견되는 모든 천연자원에 대하여 최대로 가능한 범위 내에서 UN사무총장,

공중 및 국제 과학계에 통지하여야 한다고 규정하고 있다. 제7항은 제정할 국제제도의 목적으로 ① 달 천연자원의 질서 있고 안전한 개발, ② 달 천연자원의 합리적 경영, ③ 달 천연자원의 사용기회의 확장, ④ 달의 천연자원으로부터 파생하는 이익을 모든 당사국에 공평하게 분배하되 달의 개발에 직접 또는 간접적으로 공헌한 국가의 노력은 물론 개발도상국의 이익과 필요에 대한 특별한 고려가 있어야 한다고 규정하고 있다.

제12조는 당사국은 달 위에서의 자국의 요원, 장비, 시설물, 기지 및 설비에 대한 관할권 및 관리권을 보유한다고 규정하고 있다.

제13조는 당사국은 자국이 발사한 것이 아닌 우주물체 또는 그 구성부분이 달 위에서 충돌착륙, 불시착륙, 기타 예정 외의 착륙을 안 때에는 발사국 및 UN사무총장에게 신속히 통지해야 한다고 규정하고 있다.

제14조는 당사국은 달에 있어서의 자국의 활동(national activities)에 관하여 그것이 정부기관에 의한 것인가 비정부기관에 의한 것인가에 상관없이 국제적 책임을 지며 자국의 활동이 달 협정 준수하에 행해지도록 하는 것에 대해서도 국제적 책임을 진다고 규정하고 있다. 당사국은 자국의 관할하에 있는 비정부기관이 당사국의 허가 및 계속적 감독하에서만 달의 활동에 종사할 것을 보증하여야 한다.

제15조는 각 당사국은 다른 당사국의 달의 탐사 또는 이용행위가 이 조약에 위반하는 것인가를 확인할 수 있고 이를 위해 발사국은 모든 우주차량, 장비, 시설물, 기지 및 설비를 다른 당사국에 개방하여야 한다고 규정하고 있다. 이는 당사국 상호 간에 서로 시설 등을 자유롭게 사찰할 수 있다는 것을 의미하는 것이며 이 경우 적당한 협의가 행하여져 방문하는 시설에 있어 안전을 확보하고 더욱이 정상적인 운용에 대한 간섭을 피하는 최대한의 운용조치를 취할 수 있도록 계획된 방문에 관하여 합리적인 사전통고를 하여야 한다. 그리고 각 당사국을 타 당사국이 조약상의 의무를 이행하지 않거나 타 당사국이 협정상 부여된 일방 당사국의 권리를 간섭하고 있다고 믿을 만한 이유가 있는 경우 그 국가는 타 당사국에 협상을 요구할 수 있도록 하여 협상에 의한 당사국 간의 분쟁해결을 규정하고 있다.

제16조는 정부 간 국제기구에의 적용문제를 규정하고 있고, 제17조에서는 제21조는 개정, 효력, 가입, 탈퇴, 정본 등에 대해 규정하고 있다.

3. 달 협정과 우주조약과의 관계

달 협정의 성립에 의하여 달 및 기타의 천체에 관해서는 1967년 우주조약을 대신하여 달 협정이 적용되게 된다. 이 때문에 우주헌장이라고 말할 수 있는 우주조약을 보완하게 되는 세부협정이 실질적으로 우주조약의 효력을 달에 관해서는 일부 배제시키는 결과가 된다. 또한 달 협정의 적용 범위가 달에 국한하지 않고 기타의 천체도 커버하게 된다면 우주조약의 적용범위는 실질적으로 우주공간만이 되므로 우주조약은 달 협정의 성립에 의하여 적용범위가 좁아지게 된다. 결과적으로 달 협정은 우주공간을 제외한 달과 기타 천체를 적용범위로 하는 제2의 우주조약이라는 성격이 되므로 현행의 우주국제법질서를 뒤집게 되지 않느냐는 지적과 함께 이와 같은 사태를 피하기 위해 달 협정의 상세한 규정을 우주주약 내에 포함시켜야 한다는 견해와 달 협정을 독립한 조약으로 하지 않고 우주조약의 추가의정서로 하자는 견해가 달 협정의 심의과정에서 제시된 바도 있었다.[11]

그러나 우주조약과 달 협정과의 관계는 우주조약이 달 및 기타 천체의 탐사 및 이용에 관한 일반원칙을 선언한 조약으로 달 협정은 달과 기타 천체의 천연자원에 관한 특별규정을 규정하고 있는 것으로 보아[12] 이 양 조약의 관계는 일반법과 특별법의 관계로 이해하면 법적용의 해석상 무리가 없을 것으로 본다.[13]

---

11) 栗林忠男(編輯代表), 解說 宇宙法資料集,慶應通信(平成7年), 47頁.

12) Carl Q. Christol, "The Common Heritage of Mankind Provision in the 1979 Agreement Governing the Activities of States on the Moon and Other Celestial Bodies", 14 International Lawyer, 1980, pp.429 – 430.

13) H, A. Wassenbergh, "Speculations on the Law Governing Space Resources", 5 Annals of Air & Space Law, 1980, p.62.

제 4 장

우주법의 기본원칙

제1절 우주활동의 자유원칙

제2절 우주공간 전유금지의 원칙

제3절 국가이익존중의 원칙

제4절 우주의 평화적 이용원칙

제5절 국가의 국제책임 부담원칙

우주법의 기본원칙

제1절 **우주활동의 자유원칙**

1. 원칙의 성립배경

우주활동의 자유원칙은 1957년 인류 최초의 인공위성 발사와 그 항행에 대하여 어느 한 국가도 영공주권을 근거로 한 이의를 제기하지 않았다는 것에서 기원한다. 그러한 국가들의 침묵은 그 항행에 대한 '묵시적 동의'로 법 이론가들은 해석하였다.

묵시적 동의에 의한 '항행의 자유'는 제2장에서 논의되었던 우주공간의 법적 지위에 대한 법 이론들과 1967년 우주조약에서 성문화된 우주공간의 전유금지원칙의 수립과 함께 보다 구체적으로 법적인 원칙의 지위를 갖게 된다. 우주조약 제2조에 명시된 우주공간 전유금지의 원칙은 바로 우주공간에서의 영공주권의 배제를 뜻하는 것이며 그것은 바로 우주항행의 자유가 허구적인 개념이 아니라 법적인 논리를 담은 원칙으로 성립하기 위한 기초적인 조건이라고 할 것이다.

2. 원칙의 보편성

우주활동의 자유원칙이 이와 같이 관습법적인 연원에서 기원하는 만큼, 이 원칙은 국제조약에 의한 성문화 이전에 이미 일반 보편적으로 인정되고 수립된 원칙으로 간주되기도 한다.[1] 일반 국제법 이론상 국가들 간의 관습이 보편성을 갖기 위해서는 일부 국가들에 의한 지역적으로 수립된 관습이더라도 그 관습이 다루는 내용이 전 국가들에 해당하는 것이어야 함이 인정되고 있다.

우주활동이 그 활동범위상 전 지구 내 모든 국가에 영향을 줄 수 있는 것이라는 점에서 또한 그것이 각국의 안전보장에 관련되는 것인 점에서, 우주개발 초기에 국가들의 묵시적 동의를 전 국제공동체의 동의로 간주될 수도 있다고 본다. 또한 국가들의 묵시적 동의는 우주물체를 발사할 능력이 없는 국가들과 그렇지 않은 국가들 모두에 의한 것이었기 때문에 이 원칙의 성립이 일부 우주물체를 발사할 수 있는 국가들에만 유효한 것이라는 주장은 타당하지 않다고 할 것이다.

3. 원칙의 내용

우주활동의 자유원칙에 대해서는 1967년 우주조약 제1조에서 규정하고 있다. 우주조약 제1조는 '우주공간의 탐사 및 이용에 있어서의 자유'와 '접근의 자유'를 명시함으로써 우주활동의 자유는 크게 탐사, 이용 및 접근 등 세 분류로 나눌 수 있음을 제시하고 있다.

(1) 우주탐사의 자유

1) 의의

우주개발의 초기 단계에 있어서 우주활동의 주목적은 우주공간의 탐사였다. 여기서 주목하여야 할 사실은 당시로서는 미국과 소련 단 2개국만이 그러한 탐사활동을 수행하였다는 것이며 그러한 상황에서 모든 국가들의 평등한 조건하에서 탐사의 자유향유권이 법적인 원칙으로 천명되었다는 점에서 이 원칙의 특성이 연원한다. 이 점에서 이 원칙은 어느 정도 미래를 향한

---

1) 우주활동의 자유의 원칙의 관습법적인 법원성을 부인하고 UN총회의 결의의 채택 및 우주조약의 체결에 의해서 형성되었다고 보는 견해가 있다. 龍澤邦彦, 前揭書, 58頁.

원칙 지향적이기도 하다. 또한 바로 그러한 특성에 기초하여 본 원칙의 실제적 의미도 상황의 발전에 따라 다양해지게 되기도 한다.

2) 자유권의 실제적 의미

우주공간의 탐사의 자유원칙이 주창되면서 실제적으로 향유된 것은 우주활동의 초기, 우주공간의 탐사를 목적으로 발사되어 단순히 지구궤도를 수차례 선회한 후 귀환한 인공위성들의 자유항행의 경우였다. 이때의 우주탐사의 자유는 우주공간을 탐사할 목적으로 발사되는 항행의 자유였던 것이다. 그 물체들이 그러한 자유항행을 할 수 있었던 배경에는 제2장에서 서술한 바와 같이 우주물체의 법적인 규율에 있어서 기능주의적 관점이 우세했던 데 기인한다고 할 수 있다. 반면에 우주공간의 탐사 및 그 결과의 용도가 우주개발 초기와는 달리 다양해지면서 그러한 활동에 부여되는 자유의 의미도 보다 다양해지는 경향을 보이고 있다. 즉 우주공간의 탐사는 단순한 과학적 지식의 습득과 개발에 그친다기보다는 그것이 기초가 되어 상업적·군사적 활동의 발전이 꾀해질 수 있기 때문이다. 뿐만 아니라 현재와 같이 각국이 자국산 발사체를 보유하지 않더라도 상업용 발사서비스를 이용하여 우주공간 탐사용 우주물체를 발사할 수 있는 상황에서 자유탐사원칙은 미래지향적인 것으로만 그치는 것이 아니라 실제 많은 국가들에 의해 향유되기도 하는 것이다. 우주기술의 발전으로 도래된 이러한 상황의 변화에서 제기되는 문제는 우주탐사권의 자유가 우주공간의 탐사를 목적으로 하는 우주물체들의 항행의 자유만을 의미하는 것인지 아니면 그러한 탐사활동의 결과가 상업적·군사적으로 이용할 수도 있다는 것까지를 의미하는 것인지에 관해서이다. 우주탐사 결과의 상업적·군사적 이용은 우주개발국의 수가 늘어남으로써 더욱더 경쟁적 국면을 맞이하는 것이 현실이다. 따라서 이러한 논의는 앞으로 본격화될 것으로 예상된다.

(2) 우주이용의 자유

1) 의의

우주활동의 자유의 원칙의 일부를 구성하는 것으로서 우주이용의 자유는 우주탐사의 자유다. 마찬가지로 1967년 우주조약 제1조를 통해 성문화되었다.

2) 이용의 의미

1967년 우주조약의 협상과정에서의 기록이나 조약문 자체에서도 본 원칙이 담고 있는 '이용'의 개념에 대한 정의가 없는 가운데에 그 의미의 해석은 법 이론가들의 논의를 불러일으켜 왔다. 첫 번째 '달 및 기타 천체를 포함한 우주'의 이용개념에 있어서 탐사와 이용이 동일한 개념인지 아니면 이용의 대표적인 예로서 탐사가 지칭된 것인지 또는 두 용어가 서로 구별되는 몇 개의 활동을 가리키는 것인지에 대한 것이다.

두 번째로 제기되는 문제는 '이용'의 개념이 우주의 이용을 위하여 우주를 대상으로 하는 활동만을 의미하는 것인지, 아니면 위성통신, 자연의 탐사, 기상의 관측 등과 같이 지구 표면을 지향하고 이루어지는 활동을 포함한 의미인지에 대한 의문이다.

이 문제는 제2장에서 논의되었던 우주법의 적용대상에 관한 것으로서 '우주의 이용' 개념에 대한 정의 자체가 바로 우주법의 적용대상의 정의에 따른다고 보아야 할 것이다. 우주의 이용이 모든 국가의 이익을 위한 활동임이 인정되면 그것은 우주활동으로 인정되고 자유항행의 지위를 향유할 수 있는 만큼, 그러한 이용들이 그와 같은 우주공간의 이용목적에 부합하는가가 고려되어야 하는 것이다. 즉 그러한 형태의 이용이 그 목적에 부합한다면 그것은 우주활동으로서 동 조항에서 의미하는 이용의 개념에 속하는 것이고 그렇지 않다면 그것은 동 조항에서 의미하는 자유가 부여되지 않는 이용행위, 다시 말하면 우주법의 규율을 받지 않는 행위로서 간주되어야 할 것이다.

여기서 본 원칙의 해석에 있어서 세 번째 논의사항인 '이용'의 형태에 대한 논의가 제기된다. 즉 어떠한 이용이 그와 같은 목적에 부합하는 것인가하는 것이다. 그러한 맥락에서 이용의 개념으로부터 우주의 전유가 배제된다. 1967년 우주조약에 관한 UN토의에서 벨기에 대표는 우주조약 제2조에서 이미 우주의 전유금지원칙이 명시된 만큼, 이용의 개념은 주권의 개념을 설정하는 것도 아니고 또한 사법개념에서의 소유권의 개념을 설정하는 효과가 있는 것도 아니라고 주장하였다. 또 다른 의문은 이용의 개념이 '개발'(또는 사적 이익을 위한 이용, Exploitation)의 의미를 내포하고 있는가에 관해서이다. 1967년 우주조약에 관한 UN COPUOS에서의 토의에서 프랑스 대표는 이용의 개념이 인공위성의 발사와 같은 탐사목적을 위한 것을 의미하는지 아니면 보다 더 복잡한 문제를 불러일으키는 의미에서의 이용을 의미하는가에 대한 질문을 제기한 바 있다. 아울러 프랑스 대표는 기상관측 및 위성통신 등을 그러한 '개발'의 형태로 제시하면서 이용의 개념을 그러한 개발활동을 의미한다고 주장하였다.

여기서 지적되어야 할 것은 이러한 조약상의 문구에 대한 논의가 진행되기 이전에 이미 미국을 중심으로 한 최초의 국제위성통신시스템인 INTELSAT 통신위성시스템이 이미 운용을 개시하였고 그 운용체제 및 기본조약 등을 공공서비스개념을 바탕으로 위성통신서비스의 판매를 규정하고 있었다. 따라서 '이용'의 개념에 대해서 프랑스대표가 지적하는 것은 그러한 해석과 일치되는 것으로 인정되어야 한다. 아울러 1967년 우주조약의 체결 이후, 그 체결 이전에 행해졌던 그러한 활동들이 본 원칙상의 자유를 함유할 수 있는가에 대한 법적인 시비가 논의되지 않은 것이 사실인 만큼 그러한 활동들은 본 원칙상의 이용의 범주에 속하는 것으로 간주되어야 한다. 그렇기에 동 조약상의 이용의 개념은 탐사 이외의 특정목적을 향한 개발의 개념을 함축하고 있다고 해석되어야 할 것이다.

(3) 우주접근의 자유

1) 의의

우주접근의 자유는 적당한 인공의 우주물체에 의해 자유롭게 달 및 기타 천체를 포함한 우주공간을 출입하며 접근할 수 있는 권리를 말한다. 우주활동에 종사하는 국가 및 국제기구에 주어진 것으로 우주공간을 자유롭게 탐사, 이용하기 위해서는 자유롭게 접근할 수 있는 자유가 전제되어야 한다.

2) 접근권의 의미

천체의 모든 영역에 대한 출입을 개방하는 것을 내용으로 하는 우주공간에의 자유접근권은 우주공간이 전 인류의 이익을 위하여 자유롭게 탐사, 이용되어야 하는 것처럼 탐사·이용 활동의 전제조건으로서 모든 국가들에 의해서 당연시되어 온 개념이라 할 수 있다. 어느 국가든지 자유롭게 우주공간에 접근할 수 있다는 개념을 우주개발 초기에 사실상 미국과 소련 양국만이 우주공간에 접근할 수 있는 능력을 갖고 있었음에도 불구하고 문제가 되지 않았다. 이 접근권은 모든 국가가 평등하게 공유하는 것으로 이해되어 왔으며 이에 대한 조약법으로 규정하기 이전부터 일반 국제 관습법으로서 발달되어 온 것으로 우주조약의 당사국이 아닐지라도 적용된다고 할 것이다. 우주물체가 자유롭게 우주로 가고 오고 하는 것은 이 권리에 기한 것이다.

제2절 우주공간 전유금지의 원칙

우주조약 제2조는 달 및 기타 천체를 포함한 우주공간은 주권의 주장, 이용 또는 점유 기타 여하한 수단에 의하여 국가에 의한 전유의 대상이 되지 않는다고 하여 우주공간 전유금지의 원칙을 규정하고 있다.

이것을 일반적으로 국제관습법상 인정되어 왔던 무주지(Terre nullius)의 선점 및 실효적 지배에 의한 영역권능의 취득을 항구적으로 부인한 것으로 우주활동 자유의 원칙과 함께 우주개발 및 이용의 국제화를 도모했다는 점에서 획기적인 것이라 할 것이다. 여기서 문제가 되는 것이 '공역'(Air space)과 '우주공간'(Outer space)의 경계획정 문제이다. 제2장에서 본 바와 같이 여기에 대해서는 영역구분을 부인하는 기능론과 구분을 주장하는 공간론이 있고 공간론에도 다양한 학설이 있다. 학설로서는 해발 100±10㎞를 경계로 하자는 인공위성 최저고도설이 가장 유력하긴 하나 이 경계획정의 문제는 미해결 상태로 남아 있다.[2]

또한 이 원칙과 관련하여 문제되는 것은 우주공간 및 천체에 대해 '국가에 의한 전유'(national appropriation)가 금지된다는 규정에서 국가에 의한 전유가 구체적으로 의미하는 바가 무엇인가 하는 점이다.

이에 대해서는 국가주권의 표명을 인정하지 않는 것 또는 선점, 시효, 기타 권원에 기하여 국가에 의한 주권의 주장을 인정하지 않은 것으로 구체화하자는 제안이 동 조약의 심의과정에서 제기되었으나, 미국과 소련의 타협에 의해 현재의 조문과 같이 되었다. 그러나 여전히 애매한 점을 내포하고 있다고 볼 수 있다. 이와 관련하여 사인(私人)에 의한 점유는 달의 천연자원의 사인에 의한 점유를 금지하고 있는 점에 비추어 볼 때 명확한 규정은 없으나 국가에 의한 전유와 마찬가지로 당연히 금지되어야 할 것으로 본다.

그 다음 문제가 되는 것이 전유의 금지와 이용과의 관계인데, 앞에서 우주활동의 자유의 원칙이 제한 없이 자유로운 이용을 의미한다고 한다면, 이것이 우주공간이나 천체의 항구적 전유를 의미하여 일종의 전유가 되지 않을까 하는 우려가 있다. 이러한 전유의 금지·이용의 관계는 우주공간이나 천체에 있는 천연자원의 취급문제와 관련하여 심각한 문제가 될 가능성이 있다. 실제 이 문제를 달 조약의 심의과정에서 문제가 되었는데, 달의 천연자원을 인류의 공동유산(CHM: Common Heritage of Mankind)으로 규정하고 이의 공동개발과 공동사용을 위한 국제적 체제(International Regime)를 구축하는 것으로 하였다.

---

2) Jasentuliyana, N., International Space Law and The United Nations, Kluwer, The Hague, 1999, pp.50 – 56.

제3절 국가이익존중의 원칙

1. 원칙의 천명

우주의 탐사와 이용에 있어서의 자유에 대한 가장 중요한 제한 중의 하나는 그것이 모든 국가들의 이익을 위해서 수행되어야 한다는 것이다. 이 국가이익 존중의 원칙은 크게 두 가지 차원에서 제시되어 왔다. 먼저 우주공간의 법적인 지위를 정의하기 위한 법 이론적 시도들에서 이 원칙은 여러 가지 표현을 통해 제시되어 왔다. 다른 한편으로는 국가들의 관행에서의 원칙의 천명으로서 최초의 인공위성의 발사 이후의 우주개발의 초기에 우주개발국들이 다양한 방식으로 이 원칙을 제창하였으며 인공위성을 발사하지 않은 다른 국가들도 그러한 선언 등에 담긴 원칙을 지지하였다.

많은 우주법 이론가들에게 있어서 이 원칙을 우주공간의 법적인 지위 자체에 기초를 두고 당연히 인정되어야 하는 것처럼 인식되기도 하였다. 그것은 제2장에서 지적된 바와 같이 우주공간을 공동의 소유의 개념으로 파악하는 법이론 등의 영향을 받은 잘못된 통념이기도 하다. 또 한편으로는 우주공간의 법적인 지위의 정의를 시도하지 않고 우주활동의 정의 및 규율을 시도하였던 기능주의론 관점에서 볼 때, 각국의 안전보장에 위해한 영향을 안주는 것으로서 자유항행권이 인정되어야 하는 우주물체가 마땅히 추구하여야 할 목표가 바로 모든 국가의 이익을 존중하는 것이기도 하다. 즉 우주이용에 있어서의 자유를 향유하기 위한 조건으로서 이 원칙은 인식되기도 한 것이다.

반면에 우주이용의 자유를 향유하는 국가들, 즉 자국의 우주물체를 발사하여 운용하는 국가들에 의해서도 이 원칙은 천명되었다. 그러한 원직이 공개적으로 제시된 가장 중요한 무대는 UN이었다. 우주공간이 전 인류의 이익을 위해서만 이용되어야 한다는 것을 UN에서의 각국 대표의 공식 발언 및 제출된 문서 등에서 주장되었다. 이것은 법적인 의무 또는 권리를 창출하는 법적인 성격의 것이라기보다는 정치적 선언의 것으로 간주됨이 타당할 것이다. 그러나 이러한 정치적 선언들은 UN총회에 의한 결의안 채택으로 이어지게 되었으며, 각 결의안들은 다양한 표현으로 이 원칙을 포함하고 있다. UN총회 결의안 1472 및 1721호는 그 전문에서 "우주의 평화적 이용을 도모함에 있어서의 인류의 공동의 이익"을 인정하고 있으며, 1963년의 UN 총리 결의안 1962호는 전문뿐만 아니라 그 본문 제1조에서 "우주의 이용을 인류 전체의 이익과 혜택을 위해 수행되어야 한다"고 규정하고 있다.

이와 같이 이 원칙은 법 이론가들에 의해서는 우주이용의 혜택을 함유하기 위한 조건으로서 제시되기도 하였고, 우주이용의 자유를 향유하는 국가들에 의해서는 정치적 선언을 통해서 그리고 UN총회의 결의안을 통해서는 각국의 합의안으로서 천명되어 온 것이다. 즉 이 원칙은 피상적으로는 법이론 및 국가들의 관행 및 합의 모두에 의해서 지지되어 왔다. 문제는 이 원칙이 이론상 제시되었던 것과 같이 실제적으로 국가들에 의해 준수되고 있는 것인지, 아니면 실제적인 원칙의 구현은 이론과 동떨어진 것인가이다.

이는 이 원칙의 법적 구속력 여부에 대한 문제와 결부된다.

2. 원칙의 법적 구속력

원칙의 법적 구속력에 대한 논의는 동 원칙을 성문화한 1967년 우주조약 제1조에 대해 진행되어 왔다. 법적 구속력에 대한 문제는 동 원칙이 그와 같이 성문화됨으로써 실제로 구속력을 갖게 되는가의 여부, 아니면 다른 국제법 또는 우주법 규범의 관련하에서만 적용이 가능한 것인가, 아니면 본 원칙은 각국의 우주개발계획에 일반적인 지침으로서 적용되는 것인가 등이다.

(1) 비구속성 주장

1967년 우주조약 제1조가 법적인 구속력을 갖고 있지 않다는 주장은 동 조항이 단순히 추상적인 목표를 선언한 것에 불과하다는 해석에 근거한다.

이러한 해석은 동 조약의 비준을 위한 미국 상원에서의 토의과정에서 제기되었다. 미국 상원 외무위원회에 제출된 보고서는 '동 조항은 모두가 받아들이고 모두가 신뢰하는 목표와 목적을 선언한 것'이라고 간주하였다. 즉 우주를 모두를 위해서 탐사하고 이용한다는 목적은 단순히 '일반적인 목표를 기술한 것'(statement of general purpose)이고 모든 국가의 이익을 위해 우주를 이용하는 것을 구체적으로 법적인 의무로 성립시키기 위해서는 향후의 실제적인 차원에서의 검토와 노력이 필요하다는 주장이다.

이러한 해석이 제기되는 가운데, 미국 상원은 본 조항에 대한 미국 정부로서의 유보를 조건으로 동 조약을 비준하자는 의견도 대두되었으나, 이는 부결되고 동 조항을 포함한 전 조약이 비준되었다. 그러나 그 비준에도 불구하고 동 조항에 대한 묵시적인 유보가 그 비준의 조건이라 할 수 있는 비망록 등에 비추어 볼 때 행해졌다고 지적되기도 한다. 또한 미 국무성은 의회에서의 보고를 통해서 "제1조는 우주개발국가들이 우주에서의 활동 및 개발 사업을 발전시킴에 있어서 하나의 지침으로서 적용되는 것이며", "동 조항은 국제협력이 이루어져야 한다는 아무런 규정 또는 조건을 수립하는 것은 아니다"라고 밝히고 있다. Carl Q. Christol 교수는 1967년 우주조약 자체가 일반적인 원칙을 수립하기 위한 것인 만큼 또한 동 조약의 다른 조항들에 비해서도 동 조항을 본질적으로 '총괄적'인 것이라고 주장하였다. 그는 이 조항은 조약의 다른 주장들을 해석하는 데 참조되는 것이고 특정한 우주 활동의 결과를 공유하여야 할 의무를 부과하는 것은 아니라는 견해를 제시하고 있다.

(2) 구속성 주장

1) 일방선언에 의한 의무의 설정

전체를 위한 우주의 이용원칙의 법적인 구속력은 최초의 우주개발국가들의 정책선언에 근거하였다고 볼 수 있다. 먼저 그러한 선언은 선언국가에 법적인 의무를 부과하는 것이다. 그 선언들은 국가들의 의사를 공식화한 행위로서 선언의 접수 국가들은 그에 따라서 나름대로 입장을 정하게 된다. 우주활동의 초기 단계에 있어서 그러한 선언들은 각국으로 하여금 우주활동이 모두의 이익에 부합하는 것이라고 판단하게 하는 기초가 되었던 것이다.

이러한 점에서 이 선언들은 일반 국제법 이론에서 인정된 금반언(禁反言) 원칙에 따라 철회될 수 없는 것이다. 또한 그러한 선언들의 내용이 우주법뿐만 아니라 국제평화를 도모한다는 점에서 일반 국제법들의 원칙에 부합하기에 이 선언들은 법적인 의무를 그 국가들에 부과하는 법적인 단속행위인 것이다.

2) 1967년 우주조약 제1조에서의 원칙

동 조항의 일반성 또는 비특정성에 근거한 비구속성 주장에 대해 Marcoff 교수는 그러한 해석은 주관적인 해석으로 인정될 수 없는 것이라고 주장한다. 그의 견해에 따르면 동 조항이 조약에 포함됨으로써 다른 체약국들은 그로 인한 의무의 발생을 인지하고 그에 따른 체결 등의 행위를 한 것이며, 일단 서명이 되고 난 이상, 성문화된 조약에 대해 객관적인 해석이 이루어져야 한다는 것이다. 그러한 해석은 조약문의 작성자의 의도와는 상관없이 독립된 법적인 존재가치를 그 조약에 부여하는 것이기도 하다. 그는 또한 미국 의회의 그러한 '유보적인 이해'에 대해 '국제조약에 관한 비엔나 협정 제23조'에 의해 체약 당사국 또는 체약 당사국의 자격을 갖춘 국가에 서면으로 통보되지 않은 '묵시적 유보'는 인정될 수 없는 것이라고 주장한다. 따라서 동 조항은 체약국들 간에 계약적인 의무를 설정하는 것이라고 한다.

동 교수는 또한 1967년 우주조약의 체결 당시에 동 조항을 본문이 아닌 전문에 싣자는 이태리, 프랑스 및 인도의 제안이 거절된 바 있고 그 이유는 이 조항에 담겨 있는 원칙이 이미 인정되고 있는 국제법적 원칙이었다는 점을 대부분의 국가들이 주장하였다는 것을 상기시킨다. 그는 동 조항이 특정성을 결여하고 비교적 총괄적으로 원칙을 명시하고 있어 그 효율성이 감소되기는 하지만 그렇다고 하여 그 조항의 구속성이 없는 것은 아니라고 주장한다. 즉 이 조항이 미의회보고서에서 지적되었듯이 '직접적인 적용'(direct executing)을 통해 구현된 성격의 것은 아니지만, 이 조항은 다른 조항들과 마찬가지로 분명히 국가들의 활동에 적용되어야 하는 구속력을 갖는다는 것이다. 그리고 이러한 적용의 내용은 한 국가의 우주활동, 다른 국가들의 우주활동의 자유에 방해가 되어서는 안 된다는 소극적인 것에서부터 모든 종류의 우주탐사 및 이용활동에 있어서 모든 국가들의 평등이 보장되는 적극적인 것까지 담고 있다고 그는 밝히고 있다. 즉 '전 국가의 이익을 위해서'라는 표현은 바로 '우주활동은 물질적 또는 경쟁적, 과학적 발달에 기초한 차별 없이 국제법에 의해서 당연히 보호되어야 하는 모든 국가들의 이익에 부합하면서 행해져야 함'을 의미하는 것이다.

이와 같은 동 조항이 설정하는 계약적 의무에 대한 주장에도 불구하고 여기서 지적되어야 할 것은 그것의 비특정성이다. 즉 동 조항은 다른 조항들과 달리 특정한 활동 등의 금지를 규정하고 있는 것은 아니며 또한 특정한 활동 범위 및 방식 등을 제시하고 있지도 않다. 바로 그러한 점은 Marcoff 교수도 동의하고 있다. 그는 새로운 조약 등을 통해서 동 조항에서 말하는 '전 국가의 이익을 위한 것'이 무엇인가를 결정하는 기준을 정의하여야 할 필요가 있다는 데에 동의한다. 아울러 그러한 정의는 특정행위의 금지를 내용으로 함으로써 보다 더 동 조항의 구속력을 강화할 수 있을 것이라고 동 교수는 지적한다.

바로 이러한 점에서 동 조항에서 성문화된 전 국가의 이익을 위한 우주의 이용원칙은 많은 우주법 관련 이론가들에게 De Lege Ferenda의 범주에 속하는 것으로 간주되어 온 것이다.

제4절 우주의 평화적 이용원칙

국제공법의 어느 일부분도 시대에 따라 긴장에서 화해로 또는 힘의 대결에서 대화의 무대로 수시로 변동하는 국제정치 환경으로부터 분리될 수 없

을 것이다. 우주개발의 초기로부터 최근까지의 우주의 이용을 둘러싼 국제
정치 환경은 결코 예상할 수 없는 상황의 전개뿐 아니라, 동서 간의 긴장관
계가 다른 어느 부분보다도 역동적으로 변화하는 모습을 보여 주어 왔다.
우주의 평화적 이용원칙에 대한 검토는 그러한 정치 · 외교적인 현실에 대
한 검토를 아울러 필요로 한다.

우주공간을 둘러싼 법적인 논의 이전에 국제정치의 현실은 바로 힘의 정
당한 이용이기도 하며 또한 국가들의 계속적인 군비제한 노력으로 특징지어
진다. 제2차 세계대전 이후의 국제공동체는 무력사용을 제한하는 노력과 군
비를 제한하는 노력 모두를 보여 주어 왔다. 그 결과로서 대표적인 것은 대
기권에서의 핵실험금지 등이다. 이때 우주개발의 시작은 아주 새로운 무대
를 열어 주는 것이었다. 1957년 11월 14일 Sputnik 1호가 지구를 선회한 지
6주일 후에 UN총회는 결의안 1148 - ⅩⅡ를 채택하면서 우주로 발사되는
물체들이 평화적 목적인지 확인하기 위한 '검증'(Verification)체제를 수립할
것을 제안하였다. 우주의 이용은 평화적 목적이어야만 한다는 원칙은 그 뒤
를 이은 1958년 UN총회 결의안 1348 - ⅩⅢ에서도 강조되었다. UN총회
결의안들은 우주의 평화적 이용이 전 국가들의 이익에 부합하는 것이라는
점을 제시하였다. 그러나 그러한 평화적 이용의 원칙은 다양한 표현으로 유
지되면서 점차 그 본질의 퇴색을 보여 주게 된다.

1. 우주의 평화적 이용원칙의 천명과 그 의의

우주의 평화적 이용을 1963년에 채택된 UN총회 결의안 1884 - ⅩⅧ 및
1962 - ⅩⅧ에서 재차 천명되었다. 그러나 그 방식은 그보다 앞서 채택되었
던 결의안들에 비해 덜 포괄적인 것이었다. 즉 결의안 1148 - ⅩⅡ 및 결의
안 1348 - ⅩⅢ가 우주의 평화적 이용이 전 인류의 공동의 이익을 강조한
반면에 결의안 1884 - ⅩⅧ는 그 제1조에서 우주공간에 핵무기 및 기타 대
량파괴무기의 설치를 금지하자고 제안하였다. 이와 같이 포괄적인 우주의

평화적 이용원칙은 우주공간에 핵무기 또는 대량파괴무기의 배치금지로 구체화된 것이다. 그러한 경향을 같은 해인 1963년에 모스크바에서 미국, 영국 및 소련 간에 체결된 "대기권, 우주공간 및 해저에서의 핵실험금지조약"(Treaty Banning Nuclear Weapon Tests In The Atmosphere, In Outer Space and Under Water)에서도 나타난다. 동 조약 제1조에서는 대기권 및 그 영역을 벗어난 우주공간에서의 핵실험을 금지할 것을 규정하고 있다. 실정법상으로 우주공간에서의 특정무기의 실험 및 사용이 금지된 것은 이것이 최초였다. 그 뒤를 이은 1967년 우주조약에서의 우주공간을 다루는 조약으로서는 처음으로 우주공간에서의 비군사화가 다루어졌다.

2. 1967년 우주조약의 내용 및 의의

1967년 우주조약은 우주의 개념을 우주공간, 달 및 기타 천체를 포함한 것으로 설정하면서 특히 우주의 평화적 이용에 관해서는 지구궤도의 개념을 추가하고 있다. 즉 동 조약은 앞서의 결의안 등과 마찬가지로 우주의 평화적 이용이 전 인류의 공통된 이익임을 되풀이하면서 그 제4조에서 지구궤도에는 핵무기 또는 어떠한 종류의 대량파괴무기를 실은 물체의 배치를 금지하고 있다. 아울러 달 및 기타 천체는 오직 평화적 목적을 위해서만 이용되어야 함을 동 조항의 두 번째 문단에서 규정하고 있다.

이와 같이 우주를 지구궤도, 달 및 기타 천체로 분류하면서 각각의 비군사화의 정도를 달리하고 있다. 즉 지구궤도의 경우 우선적으로 핵무기의 배치가 금지되고, 두 번째로 대량파괴무기의 배치가 금지된 것이다. 대량파괴무기는 생화학무기 및 방사능무기 등을 포함한 것이다. 그 정확한 의미는 현재의 무기발달의 단계에 따라 변하고 있음이 인정되어야 할 것이다. 한편 1976년 군축위원회에 의하여 초안이 작성되어 1977년 5월 18일 제네바에서 서명되고 1978년 10월 5일 발효된 "환경변화기술의 군사적 또는 기타 일체의 적대적 사용금지에 관한 협약"(Convention on the Prohibition of Military or Any Other Hostile Use of Environmental Modification Techniques)은 제1조에서 "자연적 과정을 의도적으로 수정함으로써 지구의 역학, 구성 및 구조를 의도적으로 변동시킴을 목적으로 하는 모든 기술"의 이용을 금지하면서 국가들이 우주공간에서도 그러한 기술을 이용하여서는 안 됨을 명시하고 있다. 이 협약도 대량파괴무기의 금지를 다루고 있고 우주공간에서의 사용금지를 규정한 만큼, 1967년의 우주조약 제4조를 보완하는 역할을 한다고 간주할 수 있을 것이다.

반면에 달 및 기타 천체에 대해서는 특정 무기체계의 배치 금지가 아니라 오직 평화적 목적을 위해서 이용되어야 함이 분명히 규정되어 있다. 지구궤도에 대한 규정과는 달리, 달 및 천체행성에 대해서는 금지된 것과 허용된 것이 열거되어 있다. 동 조약 제4조의 두 번째 문단은 평화적 목적에 해당하지 않는 활동으로서 군사기지, 군사시설 및 요새화, 여하한 종류의 무기의 실험 및 군사훈련 등을 금지하고 있다. 반면에 과학탐사 또는 평화적 목적을 위한 군 인력의 사용은 금지되지 않는다.

3. 우주의 평화적 이용의 의미의 제한

이와 같이 우주의 인위적인 분류에 따라 각각의 비군사화의 정도가 다르고 또한 지구궤도의 경우 특정 무기체계의 배치가 금지된 것은 실제적으로 우주의 군사화가 제한된 것이라는 것이 다수설이다. 그러한 입장은 일반 국제법 이론상의 해석에 대한 원칙에 의해서도 뒷받침된다. 즉 반대되는 증거가 명확해지기 전에는 모든 금지되지 않은 것은 합법적인 것이며 조약에서 명시된 금지는 제한적으로 해석되어야 한다는 원칙이 원용될 수 있다.

그러한 관점에 근거해서, 우주조약에서의 '평화적 이용'의 개념은 '비침략적'(non-aggressive)이라는 주장이 제기된다. 그러한 주장이 제시하는 이유는 모든 우주활동은 사실상 군사시설 및 군 인력을 이용해서 이루어져 왔으며 1967년 우주조약은 어느 부분에서도 평화적 이용의 개념을 정의하지 않앉고 동 조약에서 군사적인 이용 등이 포괄적으로 금지된 달 및 천체행성 위에서의 활동에 국한된 것이라는 것이다. 바로 그러한 이유에서 우주에서의 모든 군사 활동은 침략적인 것이 아니라 평화적인 이용이라는 주장이다.

이러한 주장에 대해 반론을 제기하는 학자들은 '평화적 이용'의 개념은 군사적 이용과는 반대되는 것이며 모든 군사적 이용은 부분적으로나마 침략적인 것이고 따라서 금지된 것이라고 주장한다. 또한 일반 국제법상의 해석의 원칙이 원용되는 것에는 무리가 없더라도, 우주법은 해양법 또는 항공법과는 구별되어야 하며, 그 이유는 바로 우주법은 우주의 이용이 모든 국가의 이익에 부합하여야 함을 규정하고 있기 때문이라고 주장한다. 즉 특정 활동이 명백히 금지되지 않았기 때문에 그 활동의 적법성을 인정하기 이전에 그러한 활동에 관련하여 국가 등의 행동방식 등에 의무를 부과하는 성격의 규정 또는 규범이 있는가를 모색하는 것이 올바른 법 적용의 자세이며 우주법에 있어서 그것은 바로 '모든 국가의 이익을 위한 원칙'이라는 주장이 제기된다.

따라서 지구궤도상에서 핵무기 및 대량파괴무기만이 명백한 금지의 대상이고 보다 포괄적인 조항을 통해 기타 활동이 금지되지 않았더라도 모든 국가의 이익이 고려되고 또한 동 조약 제3조가 규정하고 있듯이 일반 국제법 및 UN헌장이 준수가 요구된다. 그 결과는 바로 우주의 '비군사적'(non-military) 이용이라는 주장인 것이다. 그러나 그와 같은 반론은 앞서 지적한 바와 같이 모든 국가의 이익에 부합하는 이용이 어떤 것인가에 대한 법적인 정의가 없고 결과적으로 그에 대한 각 국가마다의 주관적인 해석이 허용되어 있는 한, 실제적으로 국가들에 우주공간을 군사적 목적에 이용하지 않도록 강제할 수 있는 법적인 논리를 제시하지는 못하고 있다.

이와 같이 우주의 평화적 이용원칙은 현재와 같은 실정법상의 규정 또는 관행에 비추어 볼 때, 우주의 군사적 이용을 전적으로 배제하고 있지 않다고 보아야 할 것이다. 이것은 국제공법으로서의 우주법의 하나의 결함으로 지적되기도 한다. 그 이유는 우주법의 법체계가 우주공간의 법적인 지위를 규정하지 않았고 또한 우주활동의 법적인 개념을 정의하지 않은 상태에서 국가들의 자유로운 활동이 수행된 것은 국가들의 활동이 국제평화에 위해한 영향을 미치지 않을 것이라는 확신에 기초하였다는 것은 이미 지적한 바 있다. 그와 같은 우주이용 자유의 원칙이 관습법적으로 수립됨에 있어서 국가들이 받아들인 것은 우주활동을 수행하는 국가들이 우주가 모든 국가의 이익을 위해 이용된다는 원칙을 준수한다는 것이었다. 그러나 그러한 원칙들이 실정법상으로 성문화되면서 현실적으로 나타난 것은 무엇이 모든 국가를 위한 이용의 원칙에 부합하는 것인지가 불분명하여 각국의 개별적 판단이 개입할 여지가 상존하고 있다는 것이다. 이에 덧붙여서 우주에서의 군사적 활동이 실질적으로 전적으로 배제되지 않았다는 것은 우주를 모든 국가를 위해 이용한다는 원칙의 의미를 각국이 판단함에 있어서 군사적 이용을 허용하는 의미로 해석할 수 있는 재량권을 향유하고 있음을 의미하기도 한다. 그런 의미에서 일부 학자들은 우주의 모든 국가를 위한 이용 원칙의 법적인 구속력뿐 아니라 법원칙으로의 존재가치도 그와 같은 우주의 군사적 이용가능성이 인정되는 한 무의미한 것으로 해석될 수 있다고 주장한다.

M. M. Matte 교수는 이러한 견해에 동조하면서 현재의 국제공법으로서 우주법은 지구궤도를 둘러싼 국가들의 활동을 규율하는 것으로서 각국의 우주활동이 전 국가를 위하고 평화적 목적으로 이용될 것이라는 조건하에 우주이용의 자유원칙을 수립하면서 사실상 강대국들의 우주의 군사적 이용을 정당화하는 역할을 수행하여 왔다고 주장하기도 한다.

그러나 1967년 우주조약 제3조는 "국가들이 우주의 탐사 및 이용을 위한 활동을 함에 있어서 국제평화 및 안정을 도모하고 유지하기 위해 UN헌장을 포함한 국제법을 준수한다"라고 규정함으로써 우주의 군사적 이용에 대한 포괄적인 제한을 시도하고 있다.

따라서 우주의 군사적 이용이 사실상 절대적으로 배제되어 있지 않더라도 UN헌장 등에서 부인되고 있는 침략적 전쟁을 위한 우주의 군사적 이용은 배제되어 있다고 보아야 할 것이다. 우주의 군사화 문제는 별도로 고찰한다.

제5절 국가의 국제책임 부담원칙

법적인 권리 또는 의무의 부담화가 그의 행사에 있어서 책임을 부담하는 것은 인간의 모든 행동에 대한 법적인 논리의 귀결이다. 책임이란 것은 모든 권리의 필연적인 결과이며 모든 국제질서로부터 기원하는 권리들을 국제책임을 발생시킨다. 국제관계의 활동주체로서 국가는 그 행동에 대해 법적인 책임을 지는 것이며 그러한 의미에서 책임의 원칙을 국가들의 활동의 자유에 필연적으로 수반되는 것이기도 하다.

그러나 국가들의 그러한 책임에 대한 법규범을 UN International Law Commission의 20여 년간에 걸친 노력에도 불구하고 아직까지 책임부담의 법리는 관습법적인 차원에서 논의되는 경우가 대부분이다. 그러나 국제법이 적용되는 일부 분야에서 국가들의 국제책임부담이 국제조약을 통해 성문화되었으며 그중의 하나가 우주의 이용에 관한 것이다. 우주의 이용에 관한 책임의 발생은 우주물체에 의해 일어나는 손해에 대한 책임과 우주의 이용에 있어서 국제법 및 우주법 등의 원칙을 위반한 것에 대한 책임의 두 유형으로 나뉜다.

1. 1967년 우주조약에서의 손해에 대한 책임

우주활동이 필요로 하는 기술의 고도성 및 우주활동 중 다른 국가의 재산 또는 인명에 일어날 수 있는 손해에 대한 우려는 우주활동을 다른 인간의 활동들과 구별되게 하는 것이었다. 그러한 손해의 발생에 대해 일부 학자들은 국가 등의 국제법 주체가 다른 국제법 주체에 책임을 물을 수 있는 손해를 입었을 경우, 그러한 책임을 물을 수 있는 여하한 근거에 대한 의문 없이 책임이 발생한다는 입장을 취한다.

이러한 주장은 국제 판례에서 연원한 국제관습법에서도 이미 제기되고 있었던 것이다. 이러한 견해는 우주의 이용에 관한 책임은 국제법상의 규범 또는 의무를 위반한 경우에만 성립하는 것이 아니라 합법적인 행동이었으나 타 국가에 손해를 끼친 경우에도 발생한다는 것을 의미하기도 한다. 이러한 책임의 발생에 대한 법리는 특히 새로운 기술을 위해 필요하지만 환경 또는 다른 국가들에 위험을 내포하고 있는 분야들이었으며, 특히 국경을 넘어서 그 위험을 미칠 수 있는 분야들이다. 우주도 이에 해당된다 할 것이다.

1967년 우주조약 제7조는 "달과 기타 천체를 포함한 외기권에 물체를 발사하거나 또는 그 물체를 발사하여 궤도에 진입하게 한 본 조약이 각 당사국과 그 영역 또는 시설로부터 물체를 발사한 각 당사국은 대기권 공간 또는 달과 기타 천체를 포함한 외기권에 있는 이러한 물체 또는 동 물체의 구성부분에 의하여 본 조약의 다른 당사국 또는 그 자연인 또는 법인에 가한 손해에 대하여 국제적 책임을 진다"고 규정하고 있다.

이 조항에 따르면, 그러한 국제적 책임이 발생되는 공간적 범위는 대기권 공역과 달과 기타 천체를 포함한 외기권(우주)으로 정의된다. 반면에 여러 가지 우주의 이용을 위한 활동 중에서 그러한 손해에 의한 책임을 발생시키는 활동은 오직 물체의 발사에 관한 것으로 좁혀진다. 이를 보완하고 구체화한 것이 "우주물체에 의하여 발생한 손해에 대한 국제책임에 관한 협약" (책임협약)이다.

2. 1972년의 책임협약에서의 손해에 대한 책임

본 협약은 손해가 일어난 장소에 따라서 두 가지 책임형식을 규정하고 있다. 하나는 지표상에서 또는 비행 중인 항공기에 손해가 일어나는 경우이고, 다른 하나는 지표상 외에서 손해가 일어나는 경우 및 한 국가의 우주물체에 의해 다른 국가의 우주물체 또는 그에 탑승하고 있는 인명 또는 재산에 손해가 일어나는 경우를 포함한다. 후자의 경우는 사실상 우주공간에서 손해가 일어나는 경우를 가리키는 것으로서 이와 같이 복잡하게 규정된 이유는 바로 우주공간의 정의가 없기 때문인 것으로 풀이된다. 본 협약은 전자의 경우에는 절대책임제를 적용하고 후자의 경우에는 과실책임제를 적용한다. 이에 대해서는 우주사고의 국제책임 부분에서 상세히 고찰한다.

우주의 탐사와 이용

제1절 원격탐사

제2절 위성통신서비스

제3절 직접위성방송

제4절 위성에 의한 기상 및 항행서비스

제5절 위성발사서비스

제6절 태양발전위성

제7절 우주의 상업적 이용

우주의 탐사와 이용

제1절 **원격탐사(Remote Sensing)**

1. 서론

원격탐사활동은 크게 두 가지 방법으로 수행된다고 할 수 있다. 하나는 항공기와 기구를 이용하여 지상에서 수행하는 경우인데 이 경우는 소위 공역(airspace)에서 수행되는 것으로 항공법이 적용된다. 다른 하나는 우주에서 인공위성을 통하여 수행하는 경우인데 1960년대부터 지금까지 수행되어 오고 있으며 현재는 그 규모와 효율성 측면에서 전자를 크게 앞지르고 있고 우주법상에서 원격탐사라고 하면 우주에서 위성을 통한 지구의 원격탐사를 의미한다. 이 원격탐사는 우주에서 지구를 탐사한다는 특성 때문에 많은 법적 문제를 야기한다. 우선 우주공간에서의 탐사이기 때문에 공간적으로 아무런 제한이 없어 자국뿐만 아니라 다른 국가에 대한 정보도 제한 없이 수집할 수 있고 또한 국가의 주권이 미치지 않기 때문에 이에 대한 적절한 통제나 제재수단이 없다는 점에서 문제가 있다. 또한 원격탐사의 일반화와 상용화로 인하여 더욱 복잡한 법적 문제가 야기되고 있으며 원격탐사기술의 군사화 적용으로 인해 각국의 안보문제도 제기되는 등 원격탐사 문제는 우주법의 중요한 쟁점으로 부각되고 있다.

2. 원격탐사의 정의

원격탐사의 정의에 대해서는 "원격탐사에 관한 원칙"(Principles on Remote Sensing) 중 제1원칙에서 규정하고 있다. 이에 의할 것 같으면 '원격탐사'란 "우주로부터 전자파를 지구 표면에 발사하여 그 반사, 회전하는 특성을 이용하여 천연자원 경영의 개선, 토지이용, 환경의 보호를 목적으로 지구 표면을 탐사하는 것을 말한다"라고 규정하고 있다.

원격탐사에 관한 이와 같은 정의가 내려지기까지는 원격탐사에 대한 적합한 정의를 모색하기 위한 다양한 시도들이 있었다. 연혁적으로는 1970년 6월 아르헨티나가 원격탐사에 대한 공식제안을 제출한 이래 COPUOS 법률소위원회에서 17년간 우주개발선진국과 개발도상국 사이에 격렬한 조정과정을 거쳐 1986년 UN의 승인을 받아 상기와 같은 정의 규정이 채택된 것이다. 이 정의 규정은 1984년 프랑스의 안에 약간의 변경을 가한 것이다. 법적인 측면에서도 다수의 시도들이 행해졌는바 Dr. I. H. Ph. Diederiks-Verschoor와 Dr. V. Kopal은 저서에서 다음과 같이 소개하고 있다.[1]

① 원격탐사라 함은 정보수집 장치가 조사의 대상과 접촉함이 없이 특정한 물체나 현상에 관한 정보를 수집하는 것이다.

② 우주로부터 지구에 대한 원격탐사는 우주플랫폼으로부터의 관찰과 측정의 방법에 의하여 지구의 표면 또는 그 상하부의 현상의 성질과 조건을 특징짓는 데 도움을 주는 방법론이다. 특히 현재 이 방법론은 전자기복사선의 방출과 반사에 의존하고 있다.

③ 원격탐사라 함은 항공기 및 우주선이 탑재한 센서에 의한 지구자원을 탐지하고 분석하는 것을 말한다.

④ 원격탐사는 a) 육지, 해상, 공역 또는 우주에서 고속 비행체에 탑재된 센서에 의해 지구상의 물체, 물질 및 상황에 관한 데이터를 수집하는 것과 b) 그러한 자료를 정량화(quantification), 가치화(qualification) 및

---

1) I. H. Ph. Diederiks-Verschoor & V. Kopal, op.cit., pp.71-72.

지도화(Mapping)의 목적을 위하여 처리하는 과정으로 구성된다.

이상의 정의들에 대해서는 첫 번째 정의는 극단적으로 광범위하여 항공에 의한 원격탐사뿐 아니라 X선 조사나 선박활동에 따른 전파탐지까지도 포함될 수 있다. 두 번째 정의는 좀 더 기능주의적이며 우주에서의 작업을 염두에 두고 있다. 세 번째 정의는 간결하다는 장점은 있지만 '센서'라는 용어의 해석에 너무 의존하고 있다. 네 번째 정의는 다소 기능주의적이며 모니터링(Monitoring)이나 데이터 처리(Data Processing) 기능이 현저히 강조된 측면이 있다는 비판이 있다.

그러나 원격탐사에 관한 정의에서 공통되는 핵심요소는 원격탐사가 감시 하에 있는 대상과는 일체의 물리적인 실제 접촉이 없이 이루어진다는 점이다. 많은 학자들은 모니터링과 데이터 처리를 원격탐사 기능 수행을 위한 불가결한 부분으로 보고 있다.

한편 원격 탐사에 관한 제 원칙 중 제1원칙은 원격탐사에 대한 정의뿐만 아니라 원격탐사와 관련된 자료와 정보를 '기초자료'(Primary Data), '처리자료'(Processed Data), '분석정보'(Analysed Information)로 3가지 유형으로 데이터를 분류하여 정의하고 있다. 동 분류에 따르면 '기초자료'(Primary Data)란 "우주 물체에 탑재된 원격탐사 장비에 의해 획득된 그리고 원격측정에 의해 전자신호의 형태, 사진필름, 자기 테이프 또는 다른 데이터 수단에 의해 우주공간에서 지상으로 전송 또는 전달된 원천 데이터"를 말한다고 정의하고 있다. '처리자료'(Processed Data)란 "기초자료를 이용 가능하도록 하기 위해 필요한 자료의 처리 결과로부터 얻어진 산출물"을 말한다고 정의하고 있다. 간단히 정의하면 기초자료가 해석 가능한 정도로 처리된 것을 말한다.

'분석정보'(Analysed Information)란 "처리자료의 해석이나, 다른 출처로부터의 데이터나 지식의 입력으로 얻어진 정보"를 말한다고 정의하고 있다.

3. 원격탐사에 관한 국제적 논의

(1) COPUOS에서의 논의

원격탐사에 관해 UN에서 처음으로 공식적으로 언급된 것은 1969년 12월 16일의 총회결의 2600(ⅩⅩⅣ)에서였다. 동 결의는 위성에 의한 지구자원의 탐사계획은 세계 공동체 전체에 정보를 제공하는 것이어야 하고 그렇게 하기 위해서는 자유롭게 원격탐사활동을 할 수 있어야 함을 언급하고 원격 지구자원 탐사 분야에 경험이 있는 가맹국은 경험이 없는 가맹국에 경험을 나누어 주고 원격탐사 분야를 조장할 것을 촉구하고 있다.

1970년에는 과학기술소위원회 소속으로 특별 실무그룹을 설치하고 법률소위원회의 원격탐사와 관련된 법적 문제들을 다루는 것을 돕도록 하였다. 1972년부터 1974년 사이에 특별실무그룹을 3회의 회합을 가졌지만 법적문제에 대한 심도 있는 논의는 하지 않았다. 1974년 5월에 들어서 법률소위원회는 원격탐사문제를 처음으로 다루었는데 이는 1974년 11월 12일의 UN총회결의 3234(ⅩⅩⅨ)가 국제조약 초안을 포함하여 우주로부터 지구의 원격탐사에 관한 국가들의 다양한 입장을 고려한 법적 문제를 제14기 회의에서 우선적으로 토의해 줄 것을 법률소위원회에 요구하였기 때문이다. 1975년에 법률소위원회는 원격탐사문제를 다룰 새로운 제3실무그룹을 설치하였고 1975년 11월 11일의 UN총리 결의 3388(ⅩⅩⅩ)은 제3실무그룹에 대하여 우주로부터 지구의 원격탐사에 관한 각국 견해의 공통된 요소를 포함한 원칙만을 작성할 것을 권고하였다. 이에 따라 실무그룹은 1976년 5월에 다섯 가지 원칙안의 작성에 성공하였다.[2]

1976년 11월 8일의 UN총회 결의 3118은 법률소위원회가 원격탐사를 규율하는 원칙안에 중점을 둘 것을 요구하여 1977년 회기에서 6가지 추가원칙을 작성하였다.[3] 1978년 회기에서는 법률소위원회는 원격탐사 정의에 관

---

2) A/AC. 105/171, AnnexⅢ, para.5, 28May 1976.

3) A/AC, 105/196, AnnexⅡ.

한 제1원칙을 포함한 17개의 원칙초안을 작성하였다. 이러한 원칙에 관한 제안들은 아르헨티나, 브라질, 프랑스, 소련 및 미국이 제출하였으며 그중 일부는 공동제안의 형식으로 제출되기도 하였다. 17개 원칙안에 대해서는 철저한 분석이 행해졌다.

1978년에 다소의 진전은 있었지만 국가주권과 원격탐사 데이터와 정보에의 자유접근권과 같은 민감한 주제에 대해서는 합의를 이루어 내지 못했다. 미국은 자유접근권을 주장한 반면 대부분의 국가들은 국가주권을 고수하는 입장을 취하였기 때문이다.

1978년부터 1983년 사이에는 원칙의 내용에 다소의 변화는 있었지만 17개 원칙의 수에는 변화가 없었다. 한편 동 기간 동안 다수의 비공식 협의가 진행되었다.

1985년 3월에는 법률소위원회의 원칙초안에 대하여 타협을 이루어 내기 위한 의장을 중심으로 한 그룹(Group of Friends of the Chairman)이 결성되어 그 결과로 동년 4월 제24회기에 원격탐사에 관한 의장안이 제출되었다.

1986년에는 의장안에 기초한 원격탐사에 관한 원칙초안이 마련되어 동년 12월 3일 UN총회에서 컨센서스 방식에 의해 15개 원칙들로 구성된 "우주로부터 지구의 원격탐사에 관한 제 원칙"(Principles relating to Remote Sensing of the Earth from Space)을 채택하였다.

최종채택에 이르기까지는 대부분이 피탐사국인 개발도상국의 타협이 가장 중요한 역할을 하였는데, 15개 원칙들은 원격탐사를 할 수 있는 능력을 보유한 국가의 이익과 피탐사국의 필요성이 적절한 균형을 이룬 것으로 평가받고 있다.[4]

(2) UNISPACE II 에서의 논의

UNISPACE는 "우주의 탐사와 평화적 이용에 관한 국제연합회의"(UN

---

4) Prof. D. Kopal, "Some Issue of the Next Progressive Development of International Space Law", Proceeding 31st colloquium(Bangalore, 1988), p.299.

Conference on the Exploration and Peaceful Uses of Outer Space: UNISPACE)
를 일컫는 것으로서 1968년에 제1차 회의, 1982년에 제2차 회의, 1999년에
제3차 회의가 개최되었다.

세 차례의 회의 중 제2차 회의가 중요시되는 것은 총회는 1968년의 1차
회의 이래 우주탐사 및 기술의 급속한 발전에 따라 UN총회는 당사자들의
최대한의 혜택을 얻을 수 있는 개발상황과 방법을 재평가할 필요가 있었기
때문이다. 2차 회의는 1982년 8월 비엔나에서 개최되었는데 COPUOS는 선
진국과 개발도상국을 막론하고 우주활동에 참여하는 국가가 증가하고 있는
현실을 반영하고자 하였다. 즉 기술적 상호협력이라든지, UN의 활동과 평
화의 증진과 같은 사안들에 대한 결정이 취해졌다.

UN Space Information Directory의 설립에 대해서도 컨센서스가 이루어졌
는데 이는 정보와 데이터서비스의 제공원을 요구하는 국가에 데이터뱅크를
통하여 제공하는 것이다.

회의에서는 구체적인 원격탐사에 대한 권고안도 공표되었는데 회의에서
표명된 견해 중 주목할 만한 것은 소위 77그룹으로 대표되는 개발도상국의
견해였다. 그들은 우주에서의 군비경쟁과 직접 텔레비전 방송의 관련 문제
에 대한 우려를 표명함과 동시에 데이터를 피탐사국은 이용할 수 없는 반면
에 다른 국가들이 상업 및 기타 형태의 자원개발을 위하여 이용할 수 있는
상황이 발생할 수 있다는 점을 지적하였다. 따라서 COPUOS로 하여금 원격
탐사를 규율하는 제 원칙에 관한 국제적 합의를 조속히 완료하도록 촉구하
였다. 그리고 원격탐사를 통하여 획득한 자국 영토에 관한 기초자료(Primary
Data)에 대한 적시의 무차별적인 접근권을 주장하였다. 동 회의의 보고서는
운영우주부문에 있어 시스템 상호 간 보완성과 호환성에 대해 관심을 가질
것과 기존 시설에 의한 위성 데이터의 장시간 이용가능성과 최대한의 이용
이 보장되어야 할 것임을 지적하고 있다. 또한 원격탐사의 장기적인 전망을
재생 가능 자원의 관리와 환경의 모니터링을 위한 그 활용에 달려 있다고
판단하고 원격탐사의 이러한 잠재력은 충분히 이용되지 못하고 있다고 지적
하였다.

이 외에도 원격탐사를 효율적으로 활용하기 위한 자국 영토에 관한 데이터에의 신속하고 직접적인 접근의 필요성과 저렴하고 단순한 지상 장비 개발의 필요성에 대해서 언급하고 있다. 특히 개발도상국을 위한 권고사항으로 개발도상국이 가능한 최저비용으로 최대의 혜택을 얻을 수 있도록 지역적 또는 국제적 센터의 설립에 긴밀한 공동협력을 할 것과 자국의 농업에서의 성공이 기상예보 서비스에 의존하고 있는 개발도상국에 원격탐사로부터 기상데이터에 대한 접근은 무료일 것을 내용으로 하고 있다. 요컨대 제2차 UNISPACE 회의는 원격탐사의 혜택에 대한 개발도상국의 이익을 크게 강조하였다.

제3차 UNISPACE는 1999년 7월 오스트리아 비엔나에서 개최되었는데 참석자들과 대표들은 당시의 사적, 상업적 및 기타 우주활동과 관련하여 기존의 우주 관련 조약들이 여전히 적절한지 여부를 논의하고 COPUOS 법률소위원회의 안건에 포함되어야 할 다수의 중요한 주제들을 제안하였다.

4. 원격탐사의 현황

현재 본격적인 원격탐사를 수행하는 국가는 미국, 러시아, 구주, 중국, 일본 등을 들 수 있으며 우리나라도 1990년대 후반부터 참여하고 있다. 미국은 1960년 4월 1일 최초의 기상관측위성인 TIROS – 1을 발사하고 1961년에는 Mercury 무인우주선에 의한 우주촬영을 시작하여 원격탐사의 길을 열었지만 본격적인 원격탐사는 LANDSAT 계획이 등장하면서 시작되었다고 할 것이다.

LANDSAT 계획은 1972년 미국의 USGS(United States Geological Survey), NOAA(National Oceanic and Atmospheric Administration), Space Image 등과 공동으로 NASA에서 개발하여 ETRS(Earth Technology Resource Satellite: 지구자원 기술위성)란 이름으로 발사되기 시작한 지구 최초의 탐사위성 발사 계획으로 우주공간으로부터의 원격탐사 기술의 진보를 이루는 데 지대한 공헌을

하였다. 이 후 LANDSAT(Land Satellite)라는 이름으로 개명되어 현재 7호까지 발사되었으며 기본적으로 30m의 공간해상도를 가진 TM(Thematic Mapper)센서가 탑재되어 있다. 또한 가장 최근에 발사된 LANDSAT-7(1999년 4월 발사)은 공간해상도 30m를 지원하는 다중분광모드와 공간해상도 15m를 지원하는 전정색 모드가 포함된 ETM+(Enhanced Thematic Mapper+)센서가 추가 탑재되어 있다. 1984년 7월 17일 지상원격탐사 상용화법(Land Remote Sensing Commercialization Act)이 제정됨에 따라 LANDSAT System의 민간화가 추진되었다. 그 결과로 Hughes, RCA, Computer Science Corp로 구성된 컨소시엄 회사인 EOSAT에 LANDSAT를 매각하였다. 현재 LANDSAT는 14개국에 설치된 수신지구국을 통해 탐사사진자료를 판매하고 있으나 자체수입으로는 경영이 안 되어 미국 정부의 재정보조를 받고 있다.

1992년에는 새로운 지상원격탐사 정책법(Land Remote Sensing Policy Act)이 제정되어 시행되게 되었고 종전의 지상원격탐사 상용화법은 폐지되었다. 지상원격탐사법을 위성영상유통에 불필요한 제재의 철폐와 지상원격탐사 허가 절차의 간소화, 지상원격탐사 자료시장의 성장촉진에 그 주안점을 두고 있다. 동법은 상무장관에게 상업적 원격탐사위성의 허가권을 주고 있다.[5]

민간기업에 의한 원격탐사위성사업도 활성화되어 1999년 9월 미국의 Space Imaging사에 의해 세계 최초의 상업용 1m급 초고해상도 탐사위성인 IKONOS가 발사에 성공하였다. 이 IKONOS 위성은 해상도의 한계로 대축적지도 제작이 불가능했던 위성영상지도 제작 분야의 비약적인 발전과 응용을 가져왔다. 미국의 Digital Globe 사는 2001년 10월에 Quickbird-2 위성을 성공적으로 쏘아 올렸는데 이 Quickbird-2는 지구상공 450km에서 직경 61cm의 물체까지 식별이 가능한 위성사진을 전송하고 있다고 한다. 이와 같이 미국의 지상원격탐사는 사기업에 의한 상업적 분야로 급속히 확산·이용되고 있다.

러시아(구소련)는 1969년 1호가 발사된 Meteor 시리즈를 시발점으로 원격

---

5) Land Remote Sensing Policy Act. 15USC. §§ 5602(5), 5611, 5621-5622, 1992.

탐사를 시작하였다. Meteor 시리즈는 본래 기상관측용이었으나 고해상도의 탐사기가 장비됨에 따라 그 자료가 점차 원격탐사에 유용하게 이용되게 되었다. 1975년에는 아폴로-소유즈 공동미션으로 미국과 공동으로 원격탐사 실험을 하기도 하였다. 1976년에는 동독과 공동 개발한 MKF-6 다대역 카메라가 Soyuz-22에 처음 설치된 후 개량되면서 Salyut-6과 7에 사용되었다. 이는 350km 고도에서 125mm 렌즈를 사용하여 150×220km 구획별로 해상도 18m의 영상을 얻을 수 있는 것으로 알려져 있다. Salyut-6은 1977년 발사되어 1982년까지 가동하며 불가리아, 쿠바, 체코, 폴란드, 루마니아, 베트남 지역을 탐사한 바 있다. 2000년에는 해상도 0.7m급의 군사위성 COSMOS를 발사하였다. 러시아의 원격탐사기술은 기술 그 자체가 군사용으로부터 전용된 것이기 때문에 데이터의 배포 등에 관하여 상당한 제약이 있다.

유럽에서는 ESA를 중심으로 EARTHNET이라고 불리는 원격탐사위성데이터의 획득, 예비처리, 기록보관 및 배급을 목적으로 하는 계획을 실시하였다. 또한 ESA회원국인 서독, 벨기에, 스페인, 프랑스, 영국, 이탈리아, 노르웨이, 네덜란드, 스웨덴, 스위스와 역외국인 캐나다가 참가하여 ESA의 독자적인 원격탐사위성 ERS(Earth Remote Sensing Satellite) 개발계획을 결정하였다. 동 계획에 따라 1991년에 ERS-1호가 발사되었고 1995년에는 ERS-2호가 발사되었다.

유럽 국가 중 프랑스는 SPOT(Satellite Pour I'Oservation de la Terre)를 성공적으로 운용하고 있다. SPOT 위성은 벨기에, 스웨덴과 프랑스가 공동연구로 개발한 원격탐사 시스템이다. 최초의 SPOT 위성은 1986년 2월 22에 발사되었으며 현재는 해상도 2.5m급의 SPOT-5까지 발사되었다. 처음부터 SPOT 위성은 실험적 연구목적이 아닌 상업적 목적으로 발사된 것으로 현재 SPOT 위성은 범세계적인 프로그램으로 자리를 잡았으며 50여 개국에 위성자료 보급망을 가지고 있다.

일본은 1987년에 MOS(Marine Observation Satellite)을 발사하였는데 이는 주로 바다의 표면을 탐사하기 위한 것이었다. 1992년에는 해상도 18m급의 지구자원 관측위성 JERS-1(Japanese Research Satellite-1)을 발사하였고 1996년과 2002년에는 해양환경 및 지구환경관측을 위하여 지구관측플랫폼 기술위성 ADEOS(Advanced Earth Observing Satellite) 2기를 발사하였다. 2003년에는 자체개발한 H-2A 로켓을 이용하여 해상도 1m급의 정보수집위성을 발사하는 등 독자적인 원격탐사활동을 활발히 전개하고 있다.

이들 국가 이외에 중국, 인도 등이 미국과 러시아에는 뒤진 상대적 후발 주자로서 원격탐사 인공위성개발에 활발히 참여하고 있다. 특히 중국은 우주개발 분야에서 미국과 러시아에 이어 세계 3위의 지위를 차지할 만큼 비약적인 발전을 보이고 있다.

우리나라의 경우는 1990년대 이후 인공위성시스템 분야에서 괄목할 만한 발전을 보이고 있는데 1999년에는 다목적 실용위성인 아리랑 1호를 발사하고 2006년에는 1m급 고해상도 카메라(MSC)를 탑재한 아리랑 2호를 개발·발사하였다. 아리랑 2호가 촬영하는 고해상도 영상은 자연재해감시, 자원이용실태조사, 지리정보시스템, 지도제작 등 다양한 용도로 이용되고 있다. 또한 2010년에는 기상 및 해양 관측용 정지궤도 통신위성 천리안을 발사하기도 하는 등 원격탐사 분야에서 괄목할 만한 성과를 보이고 있다.

5. 원격탐사에 관한 제 원칙의 내용

앞에서도 언급한 바와 같이 원격탐사에 관한 15개의 원칙은 UN총회에서 만장일치로 채택된 것이긴 하지만 복잡한 타협의 산물이라고 할 수 있다. 이하 15개 원칙의 내용을 살펴보기로 한다.

제1원칙은 용어의 정의규정이다. 이에 대해서는 이미 기술하였다. 제2원칙은 "원격탐사활동은 경제적, 사회적, 과학적 및 기술직 발진의 정도에 관계없이 특히 개발도상국의 필요를 특별히 고려하여 모든 국가의 혜택과 이익을 위하여 수행되어야 한다"고 규정하고 있다. 이것은 우주조약 제1조의 공동이익의 원칙에 기초하고 있다고 할 것이다.

제3원칙은 "원격탐사활동은 UN헌장, 우주조약 및 ITU의 관련 문서를 포함한 국제법에 따라 수행되지 않으면 안 된다"고 규정하고 있다. 이 원칙은 우주조약 제3조에 기초한 것으로 새로운 의무를 부과하는 것은 아니다.

제4원칙은 전반부에서 원격탐사활동의 공동이익의 원칙과 동시에 우주공간자유의 원칙에 기하여야 할 것임을 규정하고 있다. 후반부에서는 원격탐사활동은 다른 국가와 그 관찰하에 있는 단체의 권리와 이익을 국제법에 따라 정당하게 고려하고 모든 국가와 국민들의 부와 천연자원에 대한 완전하고도 영구적인 주권에 입각하여 수행되어야 한다고 규정하고 있다. 그리고 "그러한 활동은 피탐사국의 합법적인 권리와 이익을 손상하지 아니하는 방법으로 수행되어야 한다"고 규정하고 있다.

제5원칙은 원격탐사활동을 수행하는 국가는 그러한 활동에 대한 국제협력을 촉진하도록 하여야 한다고 하면서 이를 위하여 다른 국가들이 공평하고 상호 수락할 수 있는 조건으로 그 활동에 참여할 수 있는 기회를 부여하여야 한다고 규정하고 있다. 이는 우주법상의 일반원칙인 국제협력의 원칙을 적용한 것으로 개발도상국이 원격탐사활동의 일부에 대한 책임을 안으면서 그 활동으로부터 혜택을 얻을 수 있도록 하는 국제협력을 규정한 것으로 해석된다.

제6원칙은 "국가는 원격탐사활동으로부터 최대한의 수혜를 가능하기 위해 협정이나 기타 협의를 통하여, 특히 실현 가능한 지역적 협정이나 기타 협의의 범위 내에서 데이터 수신처리소와 처리 및 해석 시설의 설치 및 운영을 장려하여야 한다"고 규정하고 있다.

제7원칙은 "원격탐사활동에 참가하는 국가는 상호 합의된 조건으로 다른 관계국가에 기술원조가 가능하도록 하여야 한다"고 규정하고 있다.

제8원칙은 UN과 UN시스템의 관련 기관으로 하여금 원격탐사 분야의 기술원조와 조정을 포함한 국제협력을 촉진할 것을 규정하고 있다.

제9원칙은 원격탐사계획을 실시하는 국가는 우주물체등록조약 제4조 및 우주조약 제11조에 따라 UN사무총장에게 통지하여야 한다고 규정하고 있다. 이에 따라 해당국은 요청에 응하여 실행 가능한 최대한도에서 다른 국가, 특히 계획에 의하여 영향을 받는 개발도상국에 관련 정보를 통지하여야 한다고 규정하고 있다. 이 제9원칙은 앞의 제8원칙과 상호 관련이 있다.

제10원칙은 원격탐사는 지구의 자연환경의 보호를 촉진하는 것이어야 한다고 규정하고 있다. 이는 우주조약 제9조의 규정을 강화한 것으로 평가할 수 있다. 그리고 이러한 목적을 위하여 원격탐사에 참여하는 국가들은 자국이 소유하는 정보가 지구의 자연환경에 유해한 현상을 방지하는 것이 가능한 것으로 확인한 경우는 그 정보를 관계국에 공표하여야 한다고 규정하고 있다.

제11원칙은 자연재해로부터 인류의 보호를 촉진할 것을 촉구하면서 소유하는 처리자료화된 분석정보는 자연재해로 영향을 받는 국가에 즉각 전달할 것을 규정하고 있다.

제12원칙은 "피탐사국은 자국의 관할하에 있는 영역에 관한 기초자료와 처리자료가 생산되는 즉시 비차별 원칙과 합리적인 비용조건으로 그러한 자료들에 대한 접근권을 가진다. 또한 피탐사국은 원격탐사활동에 참여한 국가가 보유한 이용 가능한 분석정보에 대하여 개발도상국의 필요와 이익을 특별히 고려하여 동일한 원칙과 조건하에 접근권을 가진다"고 규정하고 있다. 피탐사국이 차별대우를 받지 않고 합리적인 비용조건으로 데이터에 접근할 수 있다는 것은 대단히 중요한 사항이라 할 것이다. 그러나 차별을 받지 않는다고 하여 피탐사국의 데이터와 정보에의 접근권이 우선권을 가지는 것은 아니라고 본다. 후반에서는 개발도상국의 필요와 이익을 특별히 고려하고 있는바 이는 개발도상국에 유리한 방향으로 전환되고 있음을 보여 주는 것이라고 할 것이다.

제13원칙은 "국제협력을 촉진하고 강화하기 위하여, 특히 개발도상국의 필요와 관련하여, 우주로부터 지구의 원격탐사를 실시하는 국가는 요청이 있는 경우 피탐사국에 참가기회를 부여하고 그로부터 생기는 상호혜택을 증진시키기 위하여 피탐사국과 협의하여야 한다"고 규정하고 있다. 여기서 협의(Consultation)의 의미와 관련하여 원격탐사를 수행하는 국가가 피탐사국의 사전동의(prior consent)를 얻어야 하는 것인가에 대해서는 이는 필요치 않다고 본다. 그리고 자신의 영토가 외국의 원격탐사를 받은 것이라고 판단하는 국가는 협의를 요청할 권리가 있고 요청받은 국가는 반드시 협의를 하여야한다.[6] 그렇다면 그러한 협의는 원격탐사가 실시되기 전에 이루어져야 하는가 그리고 협의의 결과는 구속력을 갖는가가 의문일 수 있다. 조문상 요청이 있는 경우(upon request)라고 표현하고 있으므로 반드시 사전에 협의하여야 한다고 해석하기는 어렵다고 본다. 또한 협의는 어디까지나 협의인 점에서 협의의 법적성질상 구속력을 갖기는 않는다고 본다. 그리고 협의의 대상은 원격탐사활동 전반에 걸치는 것이 아니고 '우주로부터 지구의 원격탐사'에 국한된다고 해석된다.[7]

제14원칙은 원격탐사위성을 운용하는 국가에 국제책임을 부여하고 있다.

제15원칙은 분쟁의 해결을 평화적 절차에 따라 해결할 것을 규정하고 있다.

이상의 제 원칙에 대해서는 동 원칙이 UN총회의 결의 형식으로 채택된 것이므로 원격탐사를 실시하는 국가에 제대로 된 국제책임을 부과하기 위해서는 국제협정이나 조약의 형식으로 만들어져야 할 것이라는 지적이 있다.[8]

6. 원격탐사의 법적 쟁점

(1) 원격탐사의 합법성 문제

원격탐사활동은 우주에서 지구의 자원탐사를 목적으로 하므로 피탐사국의 영토주권과의 충돌 문제가 발생한다. 영토의 범위에는 영토에 내재된 천연자원도 포함되고 이들에 대해서는 국제법상 영구주권이 인정되기 때문이다.

그러나 원격탐사활동에 국가주권 침해를 이유로 피탐사국의 사전동의가 전제가 된다면 이는 우주활동자유의 원칙을 규정한 우주조약 제1조에 배치되며 우주에서의 탐사활동이 중대한 제한을 받을 수 있다.

---

6) C. Q. Christol, "Remote Sensing and International Space Law", Journal of Space Law, Vol.16(1998), pp.21－44.

7) 龍澤邦彦, 前揭書, 290頁.

8) 龍澤邦彦, 前揭書, 291頁.

이에 대해서는 이를 긍정하는 개발도상국의 입장과 부정하는 우주선진국들의 입장이 대립하고 있다. 긍정하는 입장을 주장하는 국가로는 아르헨티나와 브라질을 들 수 있는데 이들 국가는 모든 국가와 국민은 자신들의 부와 천연자원에 대한 영구주권을 가지며 이러한 영구주권이 그러한 부에 관한 정보에도 연장적용됨을 선언하고 무제한의 탐사를 통하여 영토자원에 관한 자료를 획득하는 것은 하나의 주권침해라고 주장하였다.[9] 반면 미국을 위시한 우주선진국은 부정적 입장을 취하고 있는데 이들 국가들은 우주조약 및 국제관습법에 근거하여 모든 국가는 원격탐사활동을 자유롭게 수행할 수 있으며 그로부터 파생된 정보를 자유롭게 이용하거나 공표할 수 있고 우주공간에서의 원격탐사활동에 대해서는 피탐사국의 사전동의가 필요치 않다고 주장하였다.[10] 구소련 등 사회주의 국가들은 일부 데이터는 자유롭게 이용할 수 있으나 일부는 반드시 제한되어야 한다는 입장을 취하고 있다.

그러나 자료취득을 위한 사전동의를 필요로 하는가에 대한 입장은 명확하지 않다. 학설은 견해가 나뉘어 있으나 대부분의 학자들은 우주활동자유의 원칙에 입각하여 우주에서부터의 지구의 원격탐사는 합법적인 것으로 보고 있다.

UN의 입장도 원격탐사활동에 따르는 유일한 제한을 국제법과 UN헌장에 따라 우주활동을 하여야 할 의무, 협력과 상호원칙에 의하여 모든 체약국의 관련 이익을 존중할 의무 및 국가 우주활동의 성질, 수행방법, 장소 및 결과를 최대 가능한 범위 내에서 UN사무총장 및 공중에게 알릴 의무가 있다는 것이고 우주에서의 지구원격탐사활동이 국제법에 따르는 것이라는 입장이다.

현실에 있어서도 LANDSAT와 SPOT 계획에 의한 원격탐사활동에 대해서 아무런 이의나 항의 제기가 없다는 것은 국제법에 배치되지 않는다는 반증으로 보기도 한다.

이와 같이 원격탐사활동의 합법성 문제는 우주활동 자유의 원칙에 입각하여 합법하다는 결론이다.

---

9) UN Doc A/AC. 105/C. 2/SR. 220(1974).

10) Stephen Gorove, "Current Issues of Space Law Before the United Nations", 11 JSL(1983), p.7.

(2) 정보에 대한 접근권

원격탐사에 관한 국가들의 관심사는 탐사활동 자체의 합법성 여부 문제보다는 이로부터 얻어진 정보의 처리 문제라고 할 수 있다. 이에 대해서는 주로 개발도상국들인 피탐사국은 원격탐사로 취득한 자료와 정보의 이용은 피탐사국의 동의를 얻어야 한다고 주장하는 반면 우주선진국인 탐사국들은 이들 정보의 완전하고 자유로운 이용을 주장하였다. 피탐사국의 동의를 주장하는 측은 자료와 정보에 대한 비차별적(non-discriminatory)인 접근권을 주장한다.

이들 국가들이 우려하는 것은 자국의 천연자원에 관한 자료와 정보가 자국에 불리하게 이용될 수 있다는 것과 아무런 제한 없이 배포될 수 있다는 점이다. 따라서 이들 국가들은 원격탐사활동으로부터 나온 자국의 자료와 정보에 대해서는 당연히 알고 있어야 하며 그렇게 하기 위해 동 자료와 정보에의 접근권이 차별 없이 또는 우선적으로 보장되어야 한다고 주장한다. 나아가 국가주권원칙의 연장선상에서 원격탐사활동으로 획득한 자료와 정보의 이용은 피탐사국의 동의를 요한다는 것이다.

이러한 주장은 브라질, 아르헨티나 등 개발도상국이 주로 주장하였는데 소련과 프랑스도 이에 동조하고 있다. 1974년에 제출된 소련과 프랑스의 공동제안은 자국의 국가자원과 동 자원에 관한 정보를 처분할 수 있는 제 국가의 불가양의 권리를 언급하고 있다.[11] 이러한 주장에 대해 미국은 원격탐사의 자료와 정보의 완전 개방을 주장하였다. 미국의 기본입장은 국가주권을 원격탐사활동으로 나온 자료와 정보에 연장 적용하는 것을 반대하고 있으며 자료와 정보의 자유이용을 제한하는 것을 완강히 거부한다. 실질적으로도 국경에 따라 자료와 정보를 나누고 운영하는 기술적인 문제는 재정적으로 불가하며 과학적으로 무익한 일이라는 것이다. 심지어 미국은 자료의 비차별적 배포가 개발도상국에는 상당한 이익이 된다고 주장한다. 미국의 이러한 주장은 우주선진국인 영국, 일본, 이탈리아 등에 의하여 지지되고 있다. 이렇게 원격탐사로부터 얻어진 자료와 정보의 이용에 대해서 우주선진

---

11) UN Doc. A/AC. 105/C. 2/L. 99(1974).

국과 개발도상국이 이해관계에 따라 입장을 달리하고 있는바, 이러한 이익을 조화하려는 오랜 논쟁과 타협의 결과로 나온 것이 1986년의 "우주로부터 지구의 원격탐사에 관한 제 원칙"이다.

원격탐사에 관한 제 원칙은 기초자료 및 처리자료에 대해서는 비차별적으로 합리적인 비용을 조건으로(on a non-discriminatory basis and on reasonable cost) 접근하며 이용할 수 있는 분석정보(Available Analysed Information)에 대해서는 원격탐사활동에 참여한 국가는 어느 국가의 소유이든지 같은 기초와 조건으로 접근할 수 있도록 규정하였다.

그러나 "원격탐사에 관한 제 원칙"이 다소 추상적이고 법적 구속력도 없어 금일에 있어서도 개발도상국들에 의하여 문제 제기가 계속되고 있는 실정이다.

제2절 위성통신서비스

1. 의의

위성통신서비스는 통신위성을 이용하여 통신서비스를 제공하는 것을 말한다. 통신위성은 1960년 NASA가 발사한 ECHO가 시초다. 이러한 통신위성은 지구 상공 일정궤도(주로 지구정지궤도)에서 지구 주위를 회전하면서 지상통신국으로부터 송신하는 신호를 수신하여 그 신호를 증폭·변환한 후 다시 상대 지구국에 재송신하는 우주전자중개소 역할을 한다.

통신위성의 일례로 1986년에 발사된 INTELSAT V-1은 송수신 전화회선 33,000개와 4개의 TV회선을 처리할 수 있는 성능을 가지고 있다. 이와 같이 통신위성은 수용능력이 방대하고 오차가 적으며 비용이 저렴하여 오늘날에는 각종 통신, TV방영에 필수적 존재가 되었다. 또한 범세계적 통신네트워크 구축에도 통신위성을 이용한 위성통신서비스가 필수적이다.

이 위성통신서비스 분야는 인류의 우주상업활동 중 다른 어떤 분야보다 인류의 생활에 경제적·사회적·정치적·문화적으로 혁명적이라 할 만큼 큰 영향을 끼친 분야라고 할 수 있으며 오늘날 인류가 가장 많은 혜택을 받고 있는 분야이기도 하다. 한편 위성통신서비스와 관련된 우주기술도 넓은 범위에 걸쳐 대단히 빠른 속도로 발전하고 있다. 이에 따라 국제사회는 이 우주기술 발전 속도에 보조를 맞추어 법적 및 제도적으로 보완해 줄 필요성이 있게 된다.

법적 측면에서의 위성통신서비스의 특성은 그 활동이 국내에만 국한되지 않고 일국의 국경을 초월하여 활동이 이루어지는 점에서 일반국제법의 적용을 받고 통신위성의 발사와 궤도진입, 운용 등은 우주활동이어서 원칙적으로 우주조약의 적용을 받는다는 점이다. 위성통신서비스에 대한 법적 규제는 전체적으로는 우주조약의 적용을 받는 테두리 안에서 크게 두 개 부분으로 나누어 볼 수 있다. 하나는 무선주파수 사용에 관한 것과 지구정지궤도상의 위치배정을 규제하는 일련의 법 규정들이다. 주로 국제통신기구인 ITU가 규제하는 영역이 이에 해당한다. 다른 하나는 위성통신서비스를 제공하는 기구들의 헌장, 협정 및 규칙 등을 들 수 있다. INTELSAT 협정과 같은 것이 대표적이다.

이와 같은 위성통신서비스에 관한 법적 규제사항들은 우주조약의 큰 틀 속에 있으므로 우주조약의 기본원칙을 반영하고 있거나 아니면 반영하는 것이어야 한다. 예컨대 우주조약 제1조에서 언급하고 있는 "우주의 탐사와 이용은 (개별국가들의) 경제적 또는 과학적 발달의 정도에 관계없이 모든 국가의 혜택과 이익을 위하여 수행되어야 한다"든지 제3조에서 언급하고 있는 'UN헌장을 포함한 국제법'에 따라 수행되어야 한다. 이들 우주조약의 기본원칙은 개별국가들의 자국 내 국내위성통신서비스 관련 입법 제정에도 당연히 반영되어야 한다고 본다.

2. 국제규제기구

(1) ITU(International Telecommunication Union: 국제전기통신연합)

1) 설립경위

ITU는 국제통신에 있어서 국제적 조정을 행하기 위한 UN산하의 전문기관이다. ITU는 현존하는 가장 오래된 국제기구로서 1865년의 국제전신연합(International Telegraph Union)에서 시작되었다. 그 이후 1906년에 국제무선전신연합(International Radiotelegraph Union)이 출범하고 1932년에 이 두 개의 연합이 합병하여 ITU가 창설되어 현재에 이르고 있다. ITU는 처음 베른에 본부를 두었으나 1948년 제네바로 이전하였다. 1947년에 UN의 전문기관이 되었다. ITU의 법적 기초인 국제전기통신협약(International Telecommunication Convention)은 1932년 이래 수차례 개정되어 오늘에 이르고 있다. 2010년 10월 현재 191개의 회원국과 573개 부분별 회원기관이 있다.[12]

2) 목적 및 조직

ITU는 그 설립목적을 다음과 같이 기술하고 있다.[13]

① 모든 종류의 전기통신[14]의 개선과 합리적 이용을 위한 국제협력의 유지와 증진

② 전기통신업무의 능률증진 및 유용성의 증대와 공중이 가능한 최대한 이를 널리 이용할 수 있게 하기 위한 기술적 시설의 개발 및 이의 가장 능률적인 운용의 촉진

③ 이러한 목적을 달성하기 위한 각국의 행위들의 조화(harmonize)이다.

ITU의 주요 기관으로는 전권위원회의(Plenipotentiary Conference), 국제전기통

---

12) http://www.itu.int/members/index.html.

13) ITU협약 제4조 제1항.

14) ITU헌장 부속서는 전기통신(Telecommunication)을 다음과 같이 정의하고 있다.
'신호, 표지, 기록, 영상 및 음성이나 여하한 성격의 정보를 유선, 무선, 광학 또는 기타 전기자장의 수단을 통하여 발송하며 수령하는 모든 것', ITU Convention(Nairobi, 1982), Annex2 및 ITU Convention (Nice, 1989), Annex1.

신세계회의(World Conference On International Telecommunication), 관리이사회(Administrative Council), 사무국(General Secretariat)이 있고 종전의 국제주파수등록위원회(International Frequency Registration Board: IFRB)의 기능을 담당하는 무선규칙위원회(Radio Regulation Board)와 무선통신자문위원회(Radio Communication Advisory Board) 및 전기통신개발자문그룹(Telecommunication Development Advisory Group) 등의 기관이 있다.

전권위원회의는 ITU의 최고기관(governing body)이며 매 4년마다 회의를 개최하며 회원국의 대표들로 구성된다. 주요 기능은 이사회(Council)를 선출하며 ITU의 주요 정책 수립과 헌장과 협약 등을 개정하는 역할을 하고 있다.[15]

관리이사회는 전권위원회 회의에서 결정된 사항을 집행하는 책임을 지고 있다. 매년 정기회의를 개최하고 전권위원회의가 개최되지 아니하는 기간 동안 감독과 관리의 역할을 수행한다. ITU의 예산과 정책방향 등을 결정하는 의결권을 가지고 있다.[16]

사무국은 ITU의 상설기관 중 하나로 제네바에 있는 ITU 본부에 소재하고 있다. 사무국에는 사무국의 업무를 총괄하는 책임자로 사무총장을 두고 있으며 사무총장은 ITU에서 실질적인 업무에 영향을 미치는 무선통신 부문(Radio Communication Sector), 전기통신표준화 부문(Telecommunication Standardization Sector), 전기통신개발 부문(Telecommunication Development Sector)의 3개 부문을 관장한다.[17]

ITU의 위성통신서비스의 제반규제에 대해서는 본절의 4.에서 별도로 고찰하기로 한다.

---

15) ITU협약 제6조 제1항, 제2항.
16) ITU협약 제8조 제1항, 제2항, 제3항, 제4항.
17) ITU협약 제9조 제1항.

(2) INTELSAT(International Telecommunication Satellite Organization: 국제전기통신위성기구)

1) 설립경위

INTELSAT은 1961년 UN결의 제1721호를 참고로 하여 1964년 8월 20일 11개국의 대표가 모여 지구 전체를 커버하는 상업통신위성을 수립하고 운영하기 위한 잠정협정을 체결함으로써 탄생되었다. 잠정협정을 체결한 이유는 설립 당시의 위성통신기술의 불확실성과 시장여건의 미성숙 때문에 실험적 기구로 발족한 후 잠정적으로 운영하되 위성통신기술이 성공적이고 유익한 것으로 입증되는 경우 잠정협정을 정식협정으로 대체한다는 전제에서였다.

그러나 그 후 위성통신기술의 급격한 진전과 그 유용성이 증명되어 잠정협정은 1969, 1970, 1971년의 3차례에 걸친 협상 과정을 거쳐 1971년 5월에 설립에 관한 헌장(Constitution)이 채택되고 1973년 2월 12일 정식협정이 발효되어 항구적 조직으로 되었다. 이 정식협정은 국가를 당사자로 하는 INTELSAT 협정(INTELSAT Agreement)과 정부 또는 통신담당업체가 서명하는 INTELSAT 운영 협정(INTELSAT Operating Agreement)으로 구성되어 있다.

2) 목적 및 조직

INTELSAT은 INTELSAT 협정 제2조(a)에서 기술하고 있는 바와 같이 "세계상업통신 위성조직의 우주부문(Space segment)의 설계, 개발, 건설, 설치, 운영 및 유지에 관한 업무를 항구적 기초 위에서 계속 수행하고 추진하는 것"을 목적으로 하고 있다. 그러한 목적 수행을 위해 협정은 전문에서 위성통신이 범세계적으로 차별 없이 가능한 세계의 모든 국가들이 이용할 수 있어야 한다고 언급하고 있다. 이와 같이 INTELSAT의 주목적은 국제공중전기통신 역무에 필요한 우주부문을 상업적으로 제공하고 단일의 범세계적 위성통신시스템을 구축하는 것이었으나 소련의 INTERSPUTNIK와 INMARSAT와 같은 특정한 기능을 수행하는 위성시스템의 등장으로 이러한 목적이 충분히 달성되지는 못하였다.

그러나 INTELSAT은 국제적 통신위성시스템 구축에는 비교적 성공적이었다는 평가를 받고 있다. 현재 INTELSAT은 지구궤도상에 15개의 위성을 띄우고 있으며 2010년 말 기준으로 143개국을 회원국으로 두고 있다. 본부는 워싱턴에 있다.

조직으로는 당사국총회(Assembly of Parties), 서명자회의(Meeting of Signatories), 이사회(Board of Governors)와 집행기관(Executive Organ) 등 4개의 기관이 있다.

당사국총회는 INTELSAT 협정의 모든 회원국으로 구성된 주요 기관(principal organ)이다. 주권국가로서의 당사국의 이익에 관련된 사항들을 주로 심의하며 INTELSAT의 일반정책이나 장기목표에 관한 사항을 심의하고 권고한다.[18] 상업적 운영문제에 대해서는 권고 성격의 제한된 권한만 부여되어 있다.[19] 총회는 매 2년마다 개최되며 필요에 따라 임시총회를 소집할 수도 있다. 회의의 의사결정은 실체적 문제의 경우는 출석·투표하는 회원국의 2/3 이상의 찬성을 요하며 어떠한 문제가 실체적 문제인지 또는 절차상의 문제인지 여부를 결정하는 것은 단순 과반수로 한다. 당사국 총회는 INTELSAT의 주요 기관이기는 하지만 최고기관은 아니다.

서명자회의는 모든 서명자로서 구성되며 모든 투자자들이 INTELSAT의 일반정책을 수립하는 데 동등하게 참여할 수 있도록 하기 위하여 설치되었다. 동 회의는 INTELSAT 당사국의 정부가 직접적으로 또는 자국의 통신업체를 통하여 INTELSAT 업무에 참여할 수 있다. 따라서 서명자는 회원국 정부일 수도 있고 또는 회원국 정부가 지정하는 공공 또는 사립통신업체일 수도 있다. 서명자회의는 투자자로서 서명자에게 주요 관심사인 INTELSAT의 재정, 기술 및 운영에 관한 사항을 다룬다.[20]

이사회는 INTELSAT의 주요 운영기관으로 상업상의 문제들에 대하여 실질적인 결정권을 가진 중추적인 역할을 담당하고 있다. 이사회는 INTELSAT의 우주부문을 설계·개발·건설·설치·운영 및 유지하는 책임을 진다.[21]

---

18) Intelsat협정 제7조(b).

19) Intelsat협정 제7조(c).

20) Intelsat협정 제8조(b).

21) Intelsat협정 제10조(a).

정식협정 체결을 위한 협상이 진행되는 동안 소규모투자 서명자들도 이사회에 포함이 되도록 하기 위한 많은 노력이 이루어졌으며 그 결과 3개 부류의 이사와 가중표결제를 가진 이사회가 탄생되었다. 각각의 이사는 자신이 대표하는 서명자 또는 서명자 그룹의 투자지분에 따른 의결권을 가진다. 가중표결제를 채택하였기 때문에 가장 큰 투자지분을 가진 자가 가장 큰 영향력을 갖는다. 이사회는 필요에 따라 수시로 회합을 가질 수 있으며 최소한 매년 4회 회의를 가진다. 의사결정은 만장일치를 하도록 노력하여야 한다. 만장일치가 불가한 실체적 문제는 전체 투자자의 2/3 이상을 대표하는 최소 4명의 이사가 동의하든지 또는 각 이사가 대표하는 투자금액에 상관없이 3명의 이사를 제외한 전체이사가 동의하여 결정한다.

집행기관은 INTELSAT의 사무를 총괄하는 사무국의 역할을 한다. 집행기관의 최고책임자는 사무국장(Director General)이며 INTELSAT의 법적 대표기관이기도 하다.[22] 사무국장은 이사회가 정하는 정책과 지침에 따라 행동하며 이사회의 직접관할을 받는다. 초기 한때 미국의 COMSAT가 집행과 관리기능을 수행했으나 1979년에 INTELSAT이 인수하였다.

3) 문제점과 최근의 발전 동향

INTELSAT의 목표는 단일의 범세계적 위성통신시스템을 구축하는 것이다. 이와 관련 문제가 되는 것은 협정 제14조의 관련 규정이다. 협정 제14조는 회원국이 INTELSAT 시스템과 별도의 위성시스템을 설치, 획득 또는 이용하고자 할 때는 협의와 조정을 하도록 규정하고 있다. 조정을 요하는 것은 국내공중통신업무, 국제공중통신업무, 국·내외를 포함한 특수통신업무로 이러한 용도로 위성시스템을 설치, 획득 또는 이용하는 경우이다. 국가안보목적(national security purpose)의 경우는 조정에서 제외하는 것으로 하였다. 특히 문제기 된 것은 국제공중통신업무를 규정한 협정 제14조(d)[23]로서

---

22) Intelsat 협정 제11조(a), (b).
23) 관련 조문의 내용은 다음과 같다.
"어느 당사국의 정부나 서명자 또는 그 당사국의 관할하에 있는 기타의 자가 그의 국제전기통신업무 수요를 충족하기 위하여 INTELSAT 우주부문시설과 별개의 우주부문시설을 단독으로 또는 공동으로 설

정식협정 제정 시부터 많은 논란이 있었다. 별도의 국제공중위성통신시스템을 구축하고자 하는 경우는 조정의 요건으로 기술적·운영적 양립성뿐만 아니라 INTERSAT에 '중대한 경제적 손해'(significant economic harm)를 주지 않는다는 조건을 달고 있는데 이것이 너무 자의적이고 엄격하여 사실상 INTELSAT에 독점적 지위를 인정하는 것이어서 이를 완화하는 것으로 수정해야 한다는 주장이 제기되었다.

결과적으로 특정화된 기능을 수행하는 위성시스템과 지역적 서비스를 제공하는 위성시스템 및 민간기업의 위성통신서비스산업에의 진출로 INTELSAT의 목표인 단일의 범세계적 시스템을 구축하는 목표는 실현되지 못하였다. 그렇긴 하나 INTELSAT은 범세계적 네트워크를 가지고 전화, 전신, 텔렉스, TV, 데이터, 팩시밀리를 포함한 전 세계 국제 전기통신량의 약 2/3를 감당하는 국제통신기구이다. 그 법적 성격도 참여국들의 비영리조합으로 설립된 종래 그 예를 찾아보기 어려운 새로운 형태의 국제기구라고 할 수 있다.

INTELSAT은 ITU의 모든 회원국에 참여가 개방되어 있다. ITU의 비회원국도 INTELSAT의 우주부문을 이용할 수 있기 때문에 광범위한 범위의 국가와 지역이 INTELSAT 서비스를 받고 있다. 이들 국가 중 약 40개국은 국내공중통신서비스를 위하여 INTELSAT 위성을 이용하고 있다.

INTELSAT은 1980년대 이후 위성통신기술의 발달에 따른 민간위성시스템의 등장으로 종래 독점적인 위상이 약화되는 것을 방지하고 이에 대항하기 위해 1998년 7월에 독립된 상업적 자회사인 New Sky Satellite NV를 네덜란드 헤이그에 설립하였다. 1999년 10월 24차 INTELSAT 총회에서는 추가로 민영화를 추진하기로 결정하였다. 그 결과 민영화가 본격적으로 추진되고 2001년에 INTELSAT은 정부 간 기구로서의 ITSO와 민영화 회사로서 ITSO의 감독을 받는 INTELSAT, Ltd.라는 2개의 조직으로 구조개편 되었다.

치, 획득 또는 이용하고자 할 때에는 동 당사국 정부 또는 서명자는 그러한 시설의 설치, 획득 또는 이용에 앞서 이사회를 통하여 당사국 총회에 모든 관계정보를 제공하고 협의함으로써 그러한 시설의 기술적 적합성과 현존하거나 또는 계획되어 있는 INTELSAT 우주부문의 주파수대역 및 궤도공간의 이용과 관련한 운영을 확보하여야 하며 INTELSAT의 범세계적 조직에 중대한 경제적 손해를 주지 않도록 하여야 한다."

INTELSAT, Ltd.는 현재 약 150개국 소재 600개 이상의 지구국에 상업적 통신서비스를 판매하는 세계 최대의 고정위성통신서비스 제공회사로서 완전 민영화된 회사이다.

(3) IMSO(International Mobile Satellite Organization: 국제이동위성기구, 명칭 변경 전의 INMARSAT)

1) 설립경위

IMSO의 전신은 INMARSAT(International Maritime Satellite Organization)이다. 이 INMARSAT는 통신위성을 이용하여 해사통신(선박 상호 간 또는 선박과 육지와의 통화)을 행하기 위해서 설립된 국제기구이다. 당시 해사통신에는 단파통신이 이용되었는데 단파통신은 안정적인 통신의 상시 확보가 어렵다는 단점이 있었다. 그리하여 해사통신에 통신위성을 이용하는 수단이 주목을 받게 되었고 1960년대 후반부터 해사통신위성시스템의 개발이 UN의 전문기구인 정부 간 해사협의기구(Inter – Governmental Maritime Consultative Organization: IMCO, 1982년에 International Maritime Organization: IMO로 명칭 변경)에 의해 수행되었다. 1972년에 IMCO는 해상안전위원회에 해사위성전문가회의를 설치하였고 이 전문가회의를 중심으로 하여 해사위성시스템의 국제조직의 설립이 검토되었다. 1976년 9월에는 INMARSAT에 관한 조약 및 운영 협정이 채택되고 1979년 7월 16일 조약이 공표되어 INMARSAT이 설립되었다. INMARSAT은 1982년 미국의 COMSAT으로부터 해사통신위성 Marisat 3기를 임차하여 주로 해상에서 사고가 났을 때 조난신호를 중계하는 등 해상의 안전을 확보하기 위한 이동통신서비스를 시작하였으며 1985년에는 항공통신서비스를 제공하기 위해 협약을 개정하는 등 변화하는 전 세계 위성통신서비스의 추세에 따라 기존의 서비스 외에 항공 및 육상에서의 이동통신서버를 제공하고 있다. 1994년 12월 제10차 임시총회에서 현재의 명칭인 IMSO로 명칭을 변경하였다.

2) 목적 및 조직

INMARSAT는 "해양통신 및 실현 가능한 경우 항공통신의 개선에 필요한 우주부문을 제공함으로써 조난과 생명안전을 위한 통신, 항공교통서비스를 위한 통신, 선박과 항공기의 효율성과 관리, 해양·항공의 공공교신서비스와 무선측위능력(radio–determination capability)의 개선을 지원하는 것을 목적으로 한다."[24]

INMARSAT은 ITU회원국에만 개방되어 있는 INTELSAT과 달리 모든 국가에 개방되어 있다.

조직으로는 총회, 이사회, 사무국의 3개 기관이 있다.

총회는 모든 회원국이 참여하는 최고의사결정기관이다. 총회는 INMARSAT의 활동, 일반적인 목적 및 장기목표를 심의하고 결정한다.

이사회는 INMARSAT 운영협정의 서명당사자 중 22명으로 구성된다. 22명 중 18명은 출자 순으로 선정하고 나머지 4명은 상기 18에 포함되지 않은 지역대표로 선정하여 개도국의 참여를 보장하였고 INTELSAT과 마찬가지로 가중투표제를 도입하였다.

사무국은 사무국장과 사무국직원으로 구성되어 있으며 사무국장은 INMARSAT의 법적 대표기관이며 이사회에 대하여 책임을 진다.

3) 최근의 발전동향

INMARSAT은 원래 해사 분야에 대한 이동위성통신서비스를 제공하기 위하여 설립되었으나 현재는 그 범위를 확대하여 공중과 지상이동에서의 이동통신서비스를 제공하고 있다. 1985년의 INMARSAT 개정 협약에 따르면 INMARSAT은 해사서비스뿐만 아니라 범세계적 항공통신서비스를 제공할 임무를 부여하고 있으며 INMARSAT의 우주부문은 무차별원칙에 따라 모든 국가의 선박뿐 아니라 항공기도 이용할 수 있다고 규정하고 있다.

이와 같이 육상과 항공기로 서비스를 확대하면서 1994년 12월 제10차 임시총회에서 국제이동위성기구(IMSO)로 명칭을 변경하였다. 1995년에는 자

---

24) Inmarsat협약 제3조 제1항.

회사로 중간원형궤도시스템(ICO)을 설립하였고, 1998년에는 INMARSAT의 모든 운영과 서비스를 새로운 민영화회사에 이관하는 것으로 결정되었고, 1999년 4월에 INMARSAT Ventures Ltd라는 민영화 회사가 발족하였다.

그러나 민영화 이후에도 정부 간 기구는 여전히 있으며 해상조난이나 안전통신 등 공익성 있는 서비스를 계속할 수 있도록 IMSO로 하여금 감독하도록 하였다. 2001년부터는 전 세계를 대상으로 해상, 항공 및 지상 이동 상업서비스뿐만 아니라 광대역응용서비스, 첨단멀티미디어서비스, 기업응용서비스 등 차세대 위성통신사업을 하고 있다.

현재 지구정지궤도에 12개의 통신위성을 운용하고 있으며 상업서비스 제공과는 별도로 GMDSS(Global Maritime Distress and Safety System: 전 세계 해상조난 및 안전제도)를 선박과 항공기에 무료로 제공하고 있다.

(4) INTERSPUTNIK

INTERSPUTINK은 구소련을 중심으로 몇몇 사회주의 국가들이 주축이 되어 조직한 국제통신기구이다. 소련은 INTELSAT 창설 당시 참여하지 않았는데 그 주 이유는 사실상 INTELSAT이 미국이 자국의 민간기업인 COMSAT을 통하여 지배적인 지위를 차지하고 있었고 상업적으로 운영되고 있었으며 가중투표로 의사가 결정되기 때문에 국가평등의 원칙이 무시되고 ITU 회원국에만 개방되었기 때문에 보편성의 원칙이 무시되었다는 것이다. 소련은 전 지구적 통신위성시스템이 동유럽 공산권에서의 자신의 독점적인 정보제공을 위축시킬 수 있다는 우려를 하였던 것이다. 이후 소련은 INTERCOSMOS 계획에 참여한 사회주의 국가들과 함께 1971년 11월 15일 "우주통신의 국제조직과 기구의 설립에 관한 협정"(Agreement on the Establishment of the International System and Organization of Space Communication: INTERSPUTNIK 협정)을 체결하였다.

INTERSPUTNIK 협정은 INTELSAT 협정과는 달리 회원자격을 ITU 회원 여부에 관계없이 모든 국가의 정부에 개방하고 있다. INTERSPUTNIK은 "위성통신시스템의 설계·설치·운영·개발 노력의 협력과 조정"을 확보하는 것을 목적으로 하고 있으며 1973년 말부터 실제 전송업무를 시작하였다.

조직으로는 이사회와 사무국을 두고 있다. 이사회는 회원국의 대표들로 구성된다. 가중투표제를 도입하지 않았기 때문에 각 대표가 하나의 표를 가진다. 이사회는 적어도 1년에 1회 회합을 가지며 이사회의 결정은 동 결정에 반대한 회원국에는 적용되지 아니한다. 이사회의 주요 업무는 우주부문의 설치, 획득 또는 임대와 운영에 관한 사항을 심사하고 승인하는 것이다.

사무국은 상설 집행·행정기관이며 사무국장이 최고책임자이다. 사무국장은 이사회의 결정을 집행하며 이사회에 대하여 책임을 진다. 사무국장은 통신위성의 설치·획득·운영·설계·발사 등에 관한 제반 업무를 교섭추진하며 이사회를 대신하여 국제 또는 여타 협정을 체결한다.

결과적으로 INTERSPUTNIK은 INTELSAT에 대항하기 위하여 만들었지만 INTELSAT이 성공적이었던 데 비하여 현저히 뒤처지고 있다는 평가를 받고 있다. 1996년에 새로운 운영협정을 체결하였으며 현재 25개국의 회원국을 가지고 있다.

3. 지역적 규제기구

INTELSAT, INMARSAT 및 INTERSPUTNIK가 협력적인 우주서비스를 제공하는 전 지구적 기구인 반면에 두 나라 이상의 위성통신서비스를 제공하는 지역적 조직으로 EUTELSAT, ARABSAT과 PALAPA B와 같은 조직이 있다.

(1) EUTELSAT

EUTELSAT(European Telecommunication Satellite Organization)은 가장 활발한 지역통신위성조직이다. 현재 파리에 본부를 두고 있고 44개 회원국을 가지고 있다.

EUTELSAT의 역사는 ESA(European Space Agency)에서 시작한다. 1977년 ESA

이사회는 ESA가 개발한 유럽통신위성(European Communication Satellite: ECS) 조직을 몇 개의 상업적 조직으로 운영하는 결의문을 채택하였다. 이 결의문에 따라 1977년 5월 13일 유럽전기통신주관청회의(Conference European Posteset Telecommunication, CEPT)의 17개 회원국들이 잠정 EUTELSAT 협정에 서명함으로써 임시 EUTELSAT이 창설되었다. 이 임시 EUTELSAT은 통신위성조직의 우주부문의 수립과 유지를 보장하고 이러한 목적으로 특히 ESA와 필요한 협정을 체결하는 임무를 부여받았다. 그리하여 1982년 7월 15일 EUTELSAT에 관한 최종협정이 서명되고 이 최종협정은 1985년 9월 1일 발효되었다.

이 EUTELSAT은 "유럽에서의 공적인 국제통신서비스를 위하여 필요한 우주부문을 제공하는 것"을 제1차적 목표로 하고 있으며 수락된 상업적 원칙들을 고려한 건전한 경제적·재정적 토대하에 운영되어야 한다.

EUTELSAT의 조직으로는 당사국(Assembly of Parties)과 이사회(Board of Signatories) 및 집행기관(Executive Organ)의 3기관이 있다.

당사국 회의는 모든 회원국의 정부로 구성되며 각 회원국은 1표를 행사한다. 당사국 회의는 필요에 따라 회합하지만 최소 2년에 한 번은 개최하여야 한다. 실체적 문제에 대한 의사결정은 2/3의 다수결로 하고 절차적 문제에 대해서는 단순 과반수에 의하여 결정한다. 당사국회의의 주요 기능은 일반정책의 수립과 장기목표의 설정이다.

이사회는 운영협정의 모든 서명자들의 대표로 구성되어 있으며 EUTELSAT의 주요 의사결정기관이다. 서명자들은 각자의 투자지분에 따라 가중투표를 하나 한 대표가 20% 이상의 가중투표를 할 수 없다. 이사회는 필요에 따라 회합하되 매년 최소 3회 회합하여야 한다. 이사회의 의사결정은 일반적으로 만장일치를 요하나 만장일치에 실패하였을 경우는 실체적 문제는 가중투표치 2/3 이상을 갖는 최소 4명의 대표로 하거나 각 대표의 가중투표치에 상관없이 3명만을 제외한 모든 대표의 찬성으로 의결한다. 절차적 문제의 결정은 출석하여 투표하는 대표의 다수결로 한다.

집행기관은 임기 6년의 사무총장이 관할하고 EUTELSAT 이사회의 권한하에 모든 행정직업무를 처리한다. 사무총장은 EUTELSAT의 법적 대표기관으로 이사회에 대하여 책임을 진다. EUTELSAT은 유럽 내 위성통신서비스의 최대공급자이며 6개의 위성과 16개의 지상국을 갖고 있다.

(2) ARABSAT

ARABSAT은 아랍연맹회원국들로 구성된 위성통신조직이다. ARABSAT은 1976년 4월 14일 아랍연맹회원국들이 "아랍우주통신업체협정"(Agreement of the Arab Corporation for Space Communication)을 체결함으로써 설립되었다.

아랍연맹회원국인 아랍국가들만 당사국이 될 수 있다는 점에서 지역통신조직이다. 아랍지역과 국제사회에서 수락된 기술적·경제적 기준에 따라 모든 아랍연맹회원국들의 일반적 또는 특화된 서비스들을 위한 아랍우주부문(Arab Space Sector)을 제공하고 구축하는 것을 목적으로 하고 있다. 또한 아랍국가들의 지역적 및 집단적(local and collective) 필요를 충족시키는 방법으로 TV와 무선채널의 이용을 규제하고 도입하는 등의 여타 특정 활동을 수행할 수 있다.

ARABSAT의 조직은 총회(General Body), 이사회(Board of Directors), 집행기관(Executive Body)으로 구성되어 있다.

총회는 회원국의 통신부처 장관들로 구성되며 최고기관이다. ARABSAT의 목적달성을 위하여 필요한 조치를 취할 수 있는 권한을 가지고 있다. 총회는 매년 4월에 회합하며 필요에 따라 수시로 특별회의를 가질 수 있다. 1개국이 1개의 투표권을 가진다.

이사회는 9개의 회원국으로 구성되며 이 중 5개국은 출자순으로 선정하고 나머지 4개국은 2년간 교대로 돌아가되 재임이 안 된다. 주요 임무는 ARABSAT의 우주부문의 감시·관리 및 총회가 채택한 정책을 집행하는 것이다.

집행기관은 이사회가 임명한 법적 대표인 총지배인이 주관하며 이사회에 대하여 책임을 진다.

(3) PALAPA B

인도네시아 통신주관청인 PERUMTEL이 설립한 국내위성통신조직이다. 인도네시아는 수많은 섬들로 구성되어 있고 정글로 되어 있는 이를 여러 섬들 간에는 전통적인 방법으로는 통신이 어렵다는 지형적인 특성이 있다. 따라서 통신위성에 의한 위성연결이 이상적이면서 비용효율성이 높은 점에 착안하여 PALAPA라는 국내위성통신시스템을 구축하게 된 것이다. PALAPA B는 주로 국내공중전화와 TV송신에 이용하고 있지만 주변의 아세안국가들도 국내적·국제적 목적으로 PALAPA 시스템을 이용하고 있어 지역적 시스템으로 발전하였다.

4. 위성통신서비스와 제반 규제

(1) ITU헌장과 협약에 의한 규제

ITU는 위성통신서비스에 있어서 국제적 조정을 행하기 위한 UN산하의 전문기관의 지위를 갖고 있어 ITU의 권장과 협약은 위성통신서비스의 규제의 틀을 만드는 데 중요한 역할을 한다.

ITU의 법적 기초는 국제전기통신협약이다. 1960년대 들어 위성통신서비스 문제가 현실화되자 기존의 시스템에 이를 통합하는 시도가 행해지고 그 결과 1973년 10월 25일에 위성통신서비스를 포함하는 ITU협약이 서명되었다. 이후 이 협약은 1982년 Nairobi ITU협약으로 대체되었고 1989년에 Nice ITU협약으로 다시 대체되었다. 이 Nice ITU협약은 1992년에 협약의 주요한 개정이 전권위원회의 승인을 얻어 1994년 발효되었다.

이 Nice협약의 가장 큰 변화는 지금까지 단일협약으로 존재하여 오던 협약을 헌장(Constitution)과 협약(Convention)으로 2분화하였다는 점이다. 즉 ITU는 한시적인 성격의 하나의 협약에 근거하였던 것에서부터 영구적인 헌장(a permanent constitution)과 헌장을 보완하는 협약(a convention complementing the constitution)으로 구조상의 변화를 하였다. 실제 Nice회의에서의 논의들도 국제연합개발계획을 위한 집행기구(executive agency)로서의 역할과 통신의 발전을 위한 자체 프로그램을 가진 전문기구(specialized agency)로 넓게 받아들여졌음을 보여 준다.

이와 같은 ITU헌장과 협약은 앞에서 이미 언급한 바와 같이 ① 전기통신의 합리적인 이윤을 위한 국제협력의 촉진, ② 전기통신업무의 효율성 제고와 유용성의 증대, 기술적 시설의 개발과 능률적인 운용, ③ 이러한 목적달성을 위한 각국들의 행동의 조화와 나아가 ④ 효율적인 전기통신서비스를 통한 경제적·사회적 발전을 촉진하는 것을 목적으로 하고 있다. 따라서 위성통신서비스는 이러한 ITU의 헌장 및 협약이 지향하는 목적에 부합하여야 한다.

(2) 주파수 할당에 관한 규제

1) 주파수 할당과 등록

ITU는 우주활동이 시작된 이래 위성통신을 포함한 모든 우주활동을 위한 무선주파수 할당을 관장하고 있다. 통신위성의 특성은 송신을 위하여 무선주파수를 이용한다. 위성과 지상 간에 무선전파연결이 없으면 위성으로부터의 명령, 제어 또는 원격측정 등을 받을 수 없으며 위성을 통한 통신도 할 수 없다. 따라서 적절한 주파수 스펙트럼의 관리는 대단히 중요하다.

ITU는 이 주파수 스펙트럼의 관리를 지역 및 세계무선주관청회의(Regional and Worldwide Administrative Radio Conference: 약칭 'RARC' 및 'WARC'라 함)를 통하여 규율하고 있다. 위성통신에 사용되는 주파수를 할당하는 시스템과 주파수 할당과 이용을 감독하는 방법은 합의에 기초하여 운용되고 있다. WARC(RARC 포함)는 사용 가능한 주파수 스펙트럼의 모든 부분을 특정한 용도에 보편적으로 또는 제한적으로 할당하는 규칙들을 채택하여 왔다. ITU회원국은 국제적으로 합의된 할당을 정당하게 고려하여 주파수를 송신기에 할당함으로써 다른 국가의 무선전송을 방해할 수 있는 가능성을 줄여야 할 책임이 있다.

주파수 할당의 등록과 감독에 관한 업무는 무선규칙위원회(Radio Regulation Board)의 소관이다. 각국은 WARC에서 결정한 주파수 할당 계획에 따라 자국의 위성방송용으로 사용할 경우에는 이를 무선규칙위원회에 사전통고를 하여야 한다. 무선규칙위원회는 통고내용이 무선규칙(Radio Regulation: RR)에 따른 것인지 여부를 확인하고 이를 주파수 할당에 관한 공식기록인 국제주파수등록원부(Master International Frequency Register)에 기재하고 이를 유지한다. 또한 무선규칙위원회는 주파수 할당이 무선규칙에 부합되는지, 주파수 할당이 등록된 다른 주파수 활동을 방해하지는 않는지 등 주파수 할당등록에 관한 감독업무를 수행한다. 등록원부에 정당하고 올바르게 기록된 할당은 그 후의 할당으로 인한 무선방해로부터 보호를 받을 수 있다.

2) WARC에서의 논의

우주통신 문제가 처음으로 논의된 것은 1959년 제네바에서 개최된 WARC에서였다. 1959년의 RR에서 우주통신(Space service)용으로 특정 주파수대역을 할당한 것이다. 비록 우주연구만을 위하여 할당된 것이지만 ITU문서에 처음으로 우주용도의 주파수가 할당되었다는 데 의의가 있다.

1963년에는 특별무선주관청회의(Extraordinary Administrative Radio Conference: EARC)가 개최되어 장래 우주통신의 필요를 충족하기 위하여 우주활동용 주파수를 할당하고 우주통신에 대한 관할권을 확장하였다. EARC 결과 우주연구뿐만 아니라 우주의 실제사용을 위해서도 무선주파수가 할당되었고 처음으로 위성을 통한 통신에 대해서도 주파수대역이 할당되었다. 그러나 1959년 제네바 RR에 대하여 대폭수정을 가한 것은 아니었다. 1963년의 EARC 이후 다수의 국내 및 국제위성통신체계가 수립되는 등 우주활동용의 무선사용이 매우 증가하였다. 이 결과 1963년 EARC에서 규정한 우주통신용 RR이 더 이상 적절하지 못하게 되었다. 이에 따라 1971년의 WARC에서는 기존 규정을 많이 개정하였다. 동 WARC에서는 ITU의 관할을 우주통신에까지 확대하고 우주통신용 주파수대역을 확대하고 기존 수요만이 아니고 장래의 수요도 충족시키는 결정을 하였다. 또한 고정통신을 위한 할당이 증가되었고 처음으로 위성방송과 지구탐사위성통신용으로 구분하여 주파수가 할당되었다.

1977년의 WARC에서는 위성방송용 주파수와 지구정지궤도의 위치를 각국별로 할당하는 계획을 세웠다. 당시까지는 선점자우선원칙(first come, first served)에 따라 먼저 등록한 국가에 사실상 우선권이 부여되었는데 1977년 WARC는 무선주파수대역의 공평한 사용원칙을 적용하는 것이었기 때문에 동 계획은 기존원칙에 큰 변화를 가하였다. 1977년 WARC에서 각국에 배분한 위성통신방송계획은 중요한 선례를 남기는 것으로서 이후의 WARC 업무에 큰 영향을 주게 된다. 1979년 WARC에서는 우주용도의 무선주파수를 공평하게 사용하자는 방안이 심층토의되었으나 구체적인 결정은 없었다. 1983년 WARC에서 ITU는 직접위성방송서비스에 대한 잠재적인 필요성을 충족시키기 위하여 모든 국가들에 특정한 궤도위치와 주파수를 할당하였다.

1985년 WARC와 1988년 WARC에서는 1977년에 시작된 위성방송계획을 완료하고 고정위성통신서비스(Fixed Satellite Service)를 각국에 배분하는 계획을 마련하였다. 1988년의 WARC는 특히 통신 및 지구정지궤도와 관련하여 형평에 맞는 접근(equitable access) 문제를 다루었다는 점에서 중요한 의미가 있다. 동 회의의 제1차적 과업은 형평한 접근을 보장하기 위하여 1985년 회의에서 개략적으로 논의된 두 가지 계획방법을 정의하는 것이었는데 1988년 회의는 실제로 계획방법들에 대한 양해에 도달하였다. 그때까지는 DBS만이 ITU의 사전계획에 적용되어 왔으나 이제는 이러한 방법이 고정위성통신서비스를 포함하여 모든 위성통신서비스에까지 확대되게 된 것이다.

형평에 맞는 접근에 기초한 사전계획의 문제는 다자간계획회의(Multilateral Planning Meeting: MPM)에서도 논의되어 왔다. 일부 선진국들이 스펙트럼과 궤도자원을 독점하고 있으며 만약 'first come, first served'의 관행이 계속하여 우주통신서비스를 위한 무선주파수와 궤도위치의 배분에 적용된다면 제3세계 국가들(주로 개발도상국)이 사용할 준비가 있을 무렵에는 이미 충분하고 적합한 무선주파수궤도 위치가 없을 것이라는 주장에 따라 사전계획(a priori planning)결정이 내려졌다는 사실에 주목할 필요가 있다. 즉 위성통신서비스가 선점자우선(first come, first served)에서 사전계획(a priori planning)으로 옮겨 가고 있다 할 것이다.[25] 이는 제3세계 국가들의 압력 때문만이 아니라 지구정지 궤도가 꽉 차 버리게 될 우려가 있기 때문이기도 하다.

1992년의 WARC는 1979년 이후 가장 광범위한 문제를 다룬 회의였지만 실제에 있어서는 스펙트럼과 일정한 서비스의 특정부분을 다루는 데 그쳤다. 이 회의는 이동서비스(Mobile Service), 디지털음향방송(digital audio broadcasting), 고화질TV(high definition TV) 및 새로운 위성서비스를 포함한 진보된(advanced) 통신서비스에 대한 무선주파수를 지정하기 위하여 소집되었다. 주제들이 기술적 복합사항들이어서 개발도상국들에는 이 회의 참가자가 부적절한 것은 아니라 하더라도 큰 의미는 없었다.[26] 어찌하였던 이와 같은 상황의 발전에 따라 개발도상국들의 지위는 무선주파수와 지구정지궤도위치의 배정과 관련하여 완전히 변화되었다.

(3) 지구정지궤도 위치설정에 관한 규제

지구정지궤도는 적도의 36,000km의 상공에 위치하고 있으며 이곳에 위치한 인공위성은 지구가 자전하는 속도와 동일하게 회전하기 때문에 지상에서 보면 항상 같은 위치에 정지한 것처럼 보여 대부분의 통신위성 및 직접방송위성과 지구 관측위성을 배치하는 데 가장 적합한 궤도이다. 이 지구정지궤도는 송수신 장비가 우주에서 같은 방향으로 향하고 있어 보다 간단하고 저렴한 비용으로 위성을 운용할 수 있으며 통신위성의 활동에 최적의 궤도이어서 제한된 국가자원(a limited national resource)으로 인식되고 있기도 하다.[27]

그러나 이 지구 정지궤도는 다음과 같은 두 가지 문제점이 있다. 첫째, 관련 규제 메커니즘이 없는 경우, 두 개의 위성이 똑같은 궤도의 위치로 쏘아올려져 충돌할 가능성은 높지 않지만, 서로 근접해서 위치한 위성들이 상호간에 무선송신을 방해할 가능성이 높다는 점과 둘째, 국제사회에 합의된 규

---

25) I. H. Ph. Diederiks - Verschoor & V. Kopal, op.cit., p.66.

26) Ibid..

27) I. H. Ph. Diederiks - Verschoor & V. Kopal, op.cit., p.64.

칙이 없어 선진국들이 선착순으로 가장 유용한 위치를 차지할 수 있다는 점이다.

지구정지궤도에 위치한 통신위성은 대단히 광범위한 범위에 걸쳐 정보를 교환할 수 있으며 그중 특정 위치는 특히 더 수요가 많다. 정지궤도위치 설정에 있어 초기에는 선점자우선원칙(first come, first served)이 행하여져 왔다. 그러나 Jakku 교수도 지적한 바와 같이 우선순위의 권리(right of priority)는 ITU협약이나 규칙에서 명시적으로 승인된 바도 없으며 따라서 법적 구속력이 없다.[28] 1977년경에는 이미 이 원칙은 직접위성방송서비스에서는 포기되었다. 그럼에도 불구하고 1982년 제2차 국제연합우주회의(the Second UN Space Conference) 기간 중에 77개발도상국 그룹이 동 회의로 하여금 우주활동에 참여할 기회의 확대를 규정하도록 촉구하였다. 개발도상국의 관심과 참여는 법률소위원회에서도 지속적으로 인정되어 왔고 법률소위원회는 1988년의 WARC에서 이 문제를 어젠다 항목으로 추가하였다. 그 결과 오랜 심의 끝에 '우주의 탐사와 이용은 개발도상국의 특별한 필요를 감안한 모든 국가의 혜택을 위하여 또한 이익이 되도록 수행되어야 한다는 원칙의 법적 측면의 고려'라는 다소 복잡한 타협안이 나왔다.[29]

그러나 통신 및 지구정지궤도와 관련된 문제에 있어서는 '형평한 접근'(equitable access)의 보장이 그 전부라고 할 수 있다. 이와 관련 '지구정지궤도위성 및 다른 위성궤도 및 우주무선통신서비스를 위한 주파수대의 평등한 권리로서 모든 국가에 의한 형평한 이용'(equitable use)에 관한 ITU Resolution 2(2003년 제네바에서 개최된 WRC에서 채택된 Rev.WRC-03)에 의하면 ITU에 자국의 우주무선통신서비스를 위한 주파수를 등록한 어떠한 국가 또는 국가 그룹은 다른 국가들이나 다른 국가들 그룹, 특히 개발도상국과 최하위의 선진국들이 원하는 경우, 이들 국가들에 의한 새로운 우주시스템의 이용을 촉진하기 위한 모든 실행 가능한 조치를 취하여야 필요가 있

28) Ram Jakku, "The Evolution of the ITU's Regulatory Regime Governing Space Radiocommunication Services and Geostationary Satellite Orbit", Annals of Air & Space Law, Vol.Ⅷ(1983), p.394.

29) I. H. Ph. Diederiks-Verschoor & V. Kopal, op.cit., p.65.

다고 규정하고 있다. 나아가 '지구정지궤도위성 및 다른 위성궤도를 사용하는 우주스테이션에 대한 주파수 할당의 유효기간'에 관한 Resolution 4(상기 회의에서 채택된 Rev.WRC-03)는 지구정지궤도 및 다른 궤도에 위치하고 있는 우주무선통신국에 대한 주파수 할당은 영구적인 것으로 간주되지 아니하며 결의에 명시된 규칙에 따라 처리되어야 한다고 규정하고 있다.30)

제3절 직접위성방송(Direct Broadcasting by Satellite)

1. 의의

직접위성방송(Direct Broadcasting by Satellite: DBS)은 지구정지궤도(Geostationary Orbit)에 있는 위성을 이용하여 지상에서 송신한 TV방영내용을 인공위성에서 등록하여 지상에 재송신하여 지상에서 광범위한 지역에서 직접 수신하는 방송방식을 말한다.

이러한 직접위성방송은 중계국을 거칠 필요 없이 우주에서 지구의 어느 지점으로도 직접 신호를 주고받을 수 있으며 동시에 여러 지점에 대한 송신이 가능하다는 장점이 있다. 예컨대 지구정지궤도상의 1개의 위성으로 지구의 3분의 1의 면적에 해당하는 넓은 지역을 송수신 범위에 둘 수 있다. 그렇기 때문에 오늘날에 있어서는 직접위성방송을 통한 뉴스, 스포츠, 교육, 오락 등의 프로그램 전송이 광범위하게 이루어지고 있으며 시청 또한 급속히 확대되어 가는 추세에 있다.

그런데 이 직접위성방송은 한 나라에서 송신한 TV용 신호가 같은 나라 영토 내에서만 수신되는 것이 아니고 다른 나라의 영토에서도 수신된다. 이와 같은 TV방영이 그 나라 영토를 넘어 다른 나라 영토로 흘러 들어가는 현상을 '전파침투'(Spill-over) 또는 '월경'(越境)이라고 한다. 이 '전파침투'

---

30) I. H. Ph. Diederiks-Verschoor & V. Kopal, op.cit., p.64.

는 강한 문화가 약한 문화를 파괴하는 문화적 충돌뿐만 아니라 한 국가의 정체성에도 커다란 영향을 줄 수 있기 때문에 정치적으로도 민감한 사안이 될 수 있다.

법적으로는 모든 인간은 의사 및 표현이 자유를 가지며 이는 국경을 불문한다는 국가주권의 원칙과 충돌된다. UN을 중심으로 한 국제무대에서도 직접위성방송에 관한 대부분의 논의도 이러한 충돌을 둘러싼 것이다.

2. 직접위성방송에 관한 일반적 법원칙

(1) 정보의 자유원칙

직접위성방송은 일반적 법원칙으로 정보의 자유원칙의 적용을 받는다. 주로 미국을 위시한 서구의 국가들이 이 정보의 자유원칙을 내세워 자유로운 직접위성방송을 주장하고 있다. 그 법적 근거로 세계인권선언 제19조, 시민적 · 정치적 권리에 관한 국제규약, 유럽 인권협약 제10조, 미국 인권협약 등에 나타난 정보의 자유원칙을 들고 있다.

이를 구체적으로 살펴보면 세계인권선언 제19조는 "모든 인간은 의사 및 표현의 자유를 갖는다. 이 권리는 누구도 자기의 의사를 갖는 데 간섭을 받지 않고 국경을 불문하고 여하한 표현수단을 통하여서든지 정보와 사상을 구하고 받고 나누는 자유를 포함한다"고 규정하고 있다. 세계인권선언의 내용을 조약화한 시민적 · 정치적 권리에 관한 국제규약도 같은 취지의 규정을 하고 있다. 특히 상기 규정 중에서 표현하고 있는 '국경을 불문하고'라는 표현은 직접위성방송의 수신의 자유를 말하는 결정적 논거로 본다. 그러나 이 정보의 자유원칙은 절대적인 것은 아니다. 정당한 이유가 있을 때는 제한될 수 있다고 규약은 밝히고 있다. 유럽 인권협약 제10조도 같은 취지의 규정을 하고 있으며 미국 인권협약은 제2장 13조 1항에서 사상과 표현의 자유를 규정하고 있다.

요컨대 일반국제법상 확립되어 있는 정보의 자유원칙은 직접위성방송에도 적용된다. 그러나 그것은 절대적인 것은 아니며 국가에 따라 여러 가지 합법적인 제한이 가해지고 있다.

(2) 국가주권의 원칙

직접위성방송에는 국가주권의 원칙이 적용된다. 국가주권의 원칙은 정보의 자유에 대한 주요한 제한이 된다. 원래 우주공간에서는 국가주권의 원칙이 적용되지 않지만 지상에서 송·수신되는 방송에는 적용된다. 즉 국가들은 자국의 상황과 필요에 따라 방송을 규제한다. 예컨대 가용채널의 수, 프로그램의 다양성과 질, 국가 TV제도의 법적·행정적 운영 등은 각국이 독자적으로 규제하는 권한을 갖는다. 이러한 권한을 무시하고 고의적으로 직접위성방송을 한다면 이는 상대국의 국가주권을 부인하는 것이 되며 경우에 따라서는 내정간섭문제를 야기할 수 있다. 한때 구소련을 위시한 동구권 국가들이 서구식 자본주의와 상업주의의 침투를 우려하여 국가주권의 원칙을 내세워 전파침투에 대하여 강력히 반발한 적이 있다. 그런데 이 국가주권의 개념은 국제법의 다른 분야에서와 마찬가지로 절대적인 것은 아니다. 각국이 자유롭게 독자적인 방송체제의 수립을 하더라도 이는 관련 국제법에 따르는 것이어야 한다.

3. 직접위성방송에 관한 UN에서의 법적 제 원칙

(1) UNESCO의 직접위성방송 지도원칙

직접위성방송에 관한 UN에서의 논의는 UN총회가 1967년 11월 3일 결의문 제2260호(ⅩⅩⅡ)를 채택하여 COPUOS로 하여금 직집위성방송에 관한 기술적 및 기타 문제들은 검토·연구하도록 한 것이 발단이 되었다.
캐나다와 스웨덴이 이에 대한 공동제안[31]을 하고 이에 따라 COPUOS의

---

31) UN DOC A/7285(1968).

법률소위원회는 1968년에 작업그룹(working group)을 구성하고 1969년부터 준비 작업에 들어갔다. 1969년 12월에는 61개국의 대표가 참가한 회의가 개최되어 직접위성방송에 관한 논의를 하였다. 그리고 상기 작업그룹은 지역 및 기타 위성제도를 수립하고 운영하는 데 있어서 국제협력이 바람직하다는 전제하에 직접위성방송의 지침을 작성하였다.[32] 1971년 10월에는 작업그룹에 의해 만들어진 지침 초안에 대한 토의가 이루어졌고 그 결과 국제협력에 근거한 지침보다는 보다 체계적인 지침을 만들 것을 UNESCO 자문회의가 권고하였다. 1971년 11월에는 자문위원회의 권고결과에 따라 지침초안이 개정되었다.

그리하여 1972년 10월부터 11월에 있은 UNESCO 제17차 총회에서 "정보의 자유유통, 교육의 전파 및 문화교류확대를 위한 위성방송의 이용에 관한 지도원칙의 선언"(Declaration of Guiding Principles on the Free Flow of Information, the Spread of Education and Creates Cultusal Exchange)이 찬성 55표, 반대 7표, 기권 22표로 채택되었다.

UNESCO가 채택한 선언 중 중요한 조항 몇 가지만 살펴보면 제3조 제1항에서 "모든 국가는 국가의 발전 정도에 상관없이 차별 없이 위성방송의 이익을 누린다"고 규정하고 있고 제2항에서는 "위성방송은 세계적 및 지리적과 동시에 정부 간 및 전문방송업자의 국제협력에 기초하여야 한다"고 국제협력을 강조하고 있다.

제6조 제2항은 "각국은 자국민에게 위성방송되는 교육프로그램의 내용을 결정하는 권리를 가지며 이러한 프로그램이 여러 국가와 협력하여 제작될 경우 자유롭고 동등한 바탕 위에서 프로그램의 기획과 제작에 참여할 권리가 있다"고 규정하고 있다.

제9조에서는 송신국이 아닌 국가의 국민을 대상으로 한 직접위성방송에 관한 '사전동의'와 상업방송에 관한 '구체적합의'에 대하여 규정하고 있다. 이것은 외국문화침투를 우려하는 개발도상국과 사회주의 국가들의 우려를

---

32) UN DOC A/AC. 105/83(1970).

반영한 것이다.

이와 같이 UNESCO 선언에서 보는 바와 같이 직접위성방송의 원칙에 대한 다소간의 진전은 이루었지만 국가의 책임문제와 협의의 권리와 의무 등에 대해서는 충분한 합의에 도달하지 못하였다. 그리하여 이후로도 구소련을 비롯하여 스웨덴, 캐나다 등에 의하여 직접위성방송을 규율하는 안들이 UN에 제출되었다.

(2) UN의 직접 TV위성방송원칙

직접위성방송에 관한 작업그룹이 구성된 이래 1969년부터 1974년까지 직접위성방송의 법적 문제를 중심으로 관련 문제를 다루기 위한 회의가 5번 개최되었다. 그중 1974년 회의에서는 각국제안을 토론을 거쳐 직접위성방송을 규율하는 14개 원칙안을 작성하였다.[33] 이 14개 원칙안은 이후 COPUOS의 법률소위원회에서 추가 작업을 하는 기초가 되었다.

1976년 11월 12일에는 UN총회결의 31/8이 채택되었다. 동 결의는 법률소위원회로 하여금 직접 TV위성방송을 규율하는 원칙초안의 작성을 국제협정의 형식으로 완성하는 것을 고려하도록 권고하였다. 1978년에는 12개의 원칙안이 새로이 만들어졌는데[34] 이는 수차례의 회의에도 불구하고 해결하지 못한 과제들에 대한 노력의 일환이었다. 이 12개의 원칙안에 대해서는 1979년,[35] 1980년,[36] 1981년[37]의 회기에서도 계속 논의되었으나 국가 간의 협의와 합의원칙에 관해 선진국의 반대 및 의견의 상이로 합의에는 도달하지 못했다. 결국 이 건은 더 이상의 토론은 의미 없는 것으로 생각한 국가들의 제안에 의해 국가 간의 협의와 합의원칙에 관한 사항이 미결인 채로 제37차 UN총회로 이관되었다.

---

33) UN DOC A/AC. 105/133, Annex Ⅵ(1974), UN DOC A/AC. 105/C.2(ⅩⅢ)/WG. 3/1/Rev.

34) UN DOC A/AC. 105/218, Annex Ⅱ(1978).

35) UN DOC A/AC. L/5/240, Annex Ⅱ(1979).

36) UN DOC A/AC. 105/271(1980).

37) UN DOC A/AC. 105/288. Annex Ⅱ(1981).

그러나 예상 밖으로 UN총회는 1982년 12월 10일 찬성 107표, 반대 13표, 기권 13표의 다수결로 "국제직접 TV방송을 위한 국가에 의한 지구인공위성의 이용을 규율하는 제 원칙"(Principles Governing the Use by States of Artificial Earth Satellites For International Direct Television Broadcasting: 이하 "IDTBS에 관한 제 원칙"으로 약칭함)을 결의 37192로 채택하였다.[38] 투표결과는 동유럽과 개발도상국이 한편에 그리고 서방국가가 다른 편으로 나누어져 있었던 상황을 반영한 것으로 파악된다. 결의가 동구권과 개발도상국들의 전반적인 지지를 받은 이유는 '사전동의 원칙'이 국내문제에 대한 불간섭이 자신들의 이익을 보호해 줄 것이라고 판단했기 때문으로 보인다.

이 IDTBS(International Direct Television Broadcasting)에 관한 제 원칙은 주제별로 10개의 원칙이 있고 그 아래 15개의 조항으로 구성되어 있다.

원칙 A는 '목적 및 대상'에 관한 원칙이다. IDTBS 활동은 불간섭의 원칙을 포함한 국가의 주권과 관련 UN문서에서 확립된 정보와 사상을 찾고 전달할 수 있는 모든 인간의 권리가 양립할 수 있는 방법으로 수행되어야 함을 규정하고 있다(1항). 그리고 IDTBS 활동은 문학적·과학적 분야에서의 정보와 지식의 자유로운 배포와 상호 교환을 촉진하는 것이어야 하며 특히 개발도상국의 교육적·사회적 및 경제적 개발을 조장하는 것이어야 함을 규정하고 있다(2항). 또한 이러한 활동은 모든 국가와 국민의 국제평화와 안전을 유지하기 위한 상호 이해의 발달과 우호관계 및 협력의 강화와 양립할 수 있는 방법으로 수행되어야 함을 규정하고 있다(3항).

원칙 B는 '국제법의 적용'에 관한 원칙이다. IDTBS는 국제연합헌장, 우주조약, ITU협약의 관련 규정과 그 무선규칙(Radio Regulation) 및 국가 간의 우호관계와 협력 및 인권에 관한 국제법에 따라 수행되어야 함을 규정하고 있다(4항).

원칙 C는 '권리와 혜택'에 관한 원칙이다. IDTBS의 활동을 수행하거나 자국의 관할권 내에 있는 사람과 단체에 그러한 활동을 허가하는 권리를 모

---

38) A/37/646.

든 국가가 평등하게 가진다고 규정하고 있다. 그리고 모든 국가와 국민은 IDTBS 활동으로부터 얻어지는 혜택을 누릴 자격이 있으며 이 분야의 기술에 대한 접근은 관련 국가들이 상호 합의한 조건에 따라 차별 없이 모든 국가에 가능하여야 한다고 규정하고 있다(5항).

원칙 D는 '국제협력'에 관한 원칙이다. IDTBS는 국제협력에 기초를 둘 것과 국제협력을 촉진할 것을 규정하고 있다. 특히 이 IDTBS로 국가개발을 촉진하려는 개발도상국에 대해서는 특별한 배려를 할 것을 규정하고 있다(6항).

원칙 E는 '분쟁의 평화적 이용'에 관한 원칙이다. IDTBS 제 원칙이 다루고 있는 활동으로부터 발생할 수 있는 국제분쟁은 UN헌장이 정하는 절차에 따라 당사국이 합의한 분쟁의 평화적 해결을 위한 절차를 통하여 해결할 것을 규정하고 있다(7항).

원칙 F는 '국가책임'에 관한 원칙이다. 국가는 자신에 의해서거나 또는 자기의 관할하에서 행하여진 IDTBS 원칙에 적합한 것에 대한 국제책임을 지며(8항) IDTBS 활동이 국제정부기관에 의해 행해진 경우는 동 기관과 참가국이 국제책임을 진다고 규정하고 있다(9항). 이 원칙은 국가는 우주에서의 자국 내의 우주활동에 대하여 책임을 진다는 우주조약 제6조를 따른 것인데 자국의 관할하에 있는 비정부단체의 국제책임이 가장 큰 문제가 되었다. 캐나다와 스웨덴은 비정부단체의 활동에 대해서도 국가가 책임을 지도록 선언하는 안을 제출하였으나 소련은 그러한 제안을 거부하여 의견의 대립이 있었다. 동 원칙은 타협의 결과로 만들어진 것이다.

원칙 G는 '협의할 의무와 권리'에 관한 원칙이다. 국가 간에 확립된 IDTBS 서비스의 송신국 또는 수신국은 자기의 IDTBS 분야의 활동에 관하여 동일한 서비스 내에서 다른 송신국 또는 수신국에 의해 요청을 받은 경우는 당해 주제에 대해 이들 국가가 다른 어느 국가와 시도하려는 협의를 침해하는 일이 없이 즉시 요청하는 국가와 협의에 들어가야 한다고 규정하고 있다(10항). 협의를 의무로 규정하고 있는 점에 의의가 있다.

원칙 H는 '저작권과 인접권'에 관한 원칙이다. 국가들은 국제법의 관련 규정들을 침해하는 일이 없이 양국 간 또는 다국 간의 기초에 입각하여 저작권과 인접권을 보호하기 위해 상호 협력할 것을 규정하고 있다. 그리고 상호 협력하는 데 있어 IDTBS의 이용을 개발도상국에 특별히 배려할 것을 규정하고 있다(11항).

원칙 I는 '국제연합에의 통보'에 관한 원칙이다. IDTBS 활동을 행하거나 허가하는 국가는 그러한 활동의 성질을 최대한 가능한 한도에서 UN사무총장에게 통보할 것을 규정하고 있다. 그리고 이러한 정보를 수령한 경우 UN사무총장은 즉시 그리고 효과적으로 공중(public)과 국제과학계에 배포하여야 한다고 규정하고 있다(12항). 이 원칙은 우주조약 제11조를 기초로 한 것이다.

원칙 J는 '국가 간의 협의와 합의'에 관한 원칙이다. 이 원칙에는 3개의 조항이 열거되어 있는데 각국의 대표단들이 가장 첨예하게 대립하였던 원칙이다. IDTBS 서비스를 구축하거나 그 구축을 허가하고자 하는 국가는 수신 국가들에 그러한 의도를 지체 없이 통보하고 그러한 국가들의 요청이 있는 경우는 즉시 협의에 들어갈 것을 규정하고 있으며(제13항) IDTBS 서비스는 제13항에서 규정한 조건이 충족된 후 ITU의 관련 문서 및 IDTBS 원칙에 따라 협정 및 또는 합의에 기초하여 확립되어야 한다고 규정하고 있다(제14항). 그리고 위성신호의 불가피한 전파침투에 대해서는 ITU의 관련 문서들이 배타적으로 적용된다고 규정하고 있다(제15항). 이상에 대해서는 일부국가들은 '협의에 들어가는 것(entering into consultation)'만으로는 충분치 아니하며 모든 국가들 간의 완전한 합의가 필요하다고 주장하였다. 이에 반해 제안된 '협의와 협정'에 관한 원칙 J가 국가주권원칙과 국내문제에 대한 불간섭을 위한 보호 장치가 될 것이라고 찬성한 국가들도 있었다. 또한 협의제도가 정보의 자유로운 이동을 촉진하고 직접위성방송을 수신하는 국가들의 이익도 보호하게 된다고 찬성하는 국가들도 있었다.

IDTBS에 관한 제 원칙은 총회결의로 다수결로 채택되었기 때문에 직접위성방송을 규율하는 전 지구적 지지를 받는 원칙으로 보기 어렵다. 그런 의미에서 법적 구속력이 있는 것이 아닌 단순한 권고적 성격을 가질 뿐이라고 할 것이다. 그리고 이에 관한 국제협정도 가까운 장래에는 가능할 것으로 보이지 않는다. 현실에 있어서도 IDTBS 제 원칙 결의 이후 국제협정 제정을 위한 특별한 국제적 움직임이 없다. 따라서 국가들은 국내법을 통하여 자국 영역 내에서 수행되는 이러한 활동에 적용할 원칙을 정하게 될 것으로 보인다.[39]

제4절 위성에 의한 기상 및 항행서비스

1. 기상위성서비스

오늘날 기상정보는 일상생활에서의 기상예보를 비롯하여 항공이나 군사계획에 이르기까지 다양한 용도로 사용되고 있으며 그 수요도 전례 없이 증가하고 있다.[40] 이러한 기상정보를 우리는 기상위성을 통하여 얻고 있다. 기상위성은 기상관측을 주목적으로 하는 인공위성을 말한다. 기상위성은 단기예보에 필요한 저기압 또는 전선 등의 정확한 위치와 크기 등을 파악하며 지구로부터 우주공간으로 복사되는 복사에너지, 지구와 대기가 반사하는 태양광의 반사량, 대기권 밖의 태양에너지 등을 관측한다. 이 기상위성에는 극궤도 기상위성과 정지궤도 기상위성이 있다.

극궤도 기상위성은 850㎞의 고도에서 남극과 북극부근을 통과하는 궤도를 따라 전 지구상을 이동하며 관측한다. 극궤도 기상위성은 정지궤도기상위성이 관측하지 못하는 극지방을 관측하며 위성의 고도가 낮으므로 보다 고해상도의 자료를 제공한다. 극궤도 기상위성 1기가 하루에 지구상의 같은 지역을 약 2회 통과하기 때문에 극궤도 위성은 기상변화 탐지 목적으로 활용하기에는 제한이 있으며 주로 전 지구적인 기후변화 감시에 이용된다. 미국에 의하여 발사된 TIROS(Television and Infrared Observation Satellite) Series가 그 대표적 예이다.

---

39) I. H. Ph. Diederiks – Verschoor & V. Kopal, op.cit., p.58.
40) Ibid., p.53.

정지기상위성은 적도 상공 약 36,000㎞의 고도에 위치하며 지구의 자전을 따라 위성이 이동하기 때문에 지구에서 본 위성의 상대적인 위치가 변하지 않는다. 따라서 정지기상위성은 같은 지역을 연속적으로 관측할 수 있으므로 태풍의 이동과 발달, 저기압, 전선 등의 변화를 감시하는 데 중요한 역할을 한다. GOES(Geostationary Operational Environmental Satellite) Series가 그 대표적 예이다.

1960년 4월 1일 발사된 TIROS-1 기상위성은 최초의 기상위성으로 미국에 의하여 발사되었다. TIROS는 1965년 7월 1일 발사한 10호로 끝나고 Nimbus, Essa, ITOS가 이어서 발사되었다. GOES는 NASA가 발사하고 관리 사용은 NOAA가 한다. 현재 GOES-10, GEOS-11, GOES-12가 활동 중에 있다.

소련에서는 1969년 3월 26일 최초로 Meteor 1호가 기상위성으로 발사되어 지구의 구름·얼음의 상태를 주사하여 송신해 왔다. 그 후 Meteor는 계속 발사되었다. 이는 기상 분야에서의 위성의 잠재력에 대한 두 강대국의 관심을 반영한 것이다.

유럽에서는 1960년 미국의 첫 번째 기상위성이 발사된 직후 유럽 기상위성시스템의 구축을 위한 계획들이 시작되었다.

EUMETSAT(European Organization for the Exploitation of Meteorological Satellite)이 그것이다. EUMETSAT의 역사는 ESA 및 그 전신인 ESRO로까지 거슬러 올라가며 참여국 간에 최종 약정분을 승인한 ESRO 이사회의 결의와 더불어 1972년에 시작되었다. 1972년 유럽의 8개 국가들이 Meteosat 프로그램을 발의하였으며 ESA의 전신인 유럽우주연구기구(European Space Research Organization: ESRO)에 위탁되었다. 그리하여 1977년에 유럽에서의 첫 번째 기상위성인 Meteosat-Ⅰ이 발사되었으며 이 기상위성을 지속적으로 운영하기 위하여 1986년에 EUMESAT가 설립되었다. EUMESAT은 모든 유럽국가들이 가입할 수 있는 정부 간 협약에 근거한 국제기구로서 전 세계에 걸친 이용자들에게 기상과 기후에 관련된 위성자료 및 이미지를 제공하는 것을 목적으로 하고 있다. EUMESAT은 미국의 GOES와 함께 세계에서 제일 규모가 큰 기상 및 환경위성망을 구축하고 있다. 현재 Meteosat 6호부터 9호까지 4기의 위성이 지구정지궤도에서 활동 중에 있고 극지를 커버하기 위한 Metop-A가 지구저궤도를 돌고 있다.

기상예보 목적의 인공위성을 지원하고 조정하는 국제기구로는 UN산하의 전문기관인 세계기상기구(World Meterological Organization: WMO)가 있다.

한편, 1970년대에는 UN총회에 의하여 기상위성을 평화적 목적으로만 사용할 것을 촉진하기 위한 몇몇 추가적인 조치가 취하여졌다. 1974년 소련의 발의로 "국제안전, 인간의 복리 및 건강의 유지와 양립되지 않는 군사목적 및 기타 목적으로 환경 및 기후에 영향을 미치는 행위의 금지에 관한 결의"를 Resolution 3264(ⅩⅩⅣ)로 채택하였고 이어 1976년에 "환경변경 기술의 군사적 또는 기타 적대적 사용의 금지에 관한 협약"(Convention on the Prohibition of Military and Any other Hostile Use of Environmental Techniques)을 채택하였다. 1976년의 이 협약초안은 1977년 5월 18일 제네바에서 서명되어 1978년 10월 5일에 발효되었다.

2. 항행위성서비스

위성을 통한 항행위성서비스는 현대적 우주기술로부터 얻은 가장 큰 혜택 중의 하나라고 할 수 있으며 그 이용이 계속 증가하고 있다. 특히 항공 분야에서의 증가가 두드러지고 있는데 오늘날 범세계적인 항공교통량은 기존의 조직과 시설만으로는 항공교통통제(air traffic control)가 그 기능을 제대로 수행하기 어려울 정도로 대폭 증가하고 있다. 이에 대처하기 위한 최선의 방법 중 하나는 항행통제를 위하여 위성을 사용하는 것이라 할 수 있으며 장래의 수요확장에 대한 대책으로는 통합항행위성시스템이 해답이 될 것으로 본다.[41]

이러한 면에서 항행위성서비스는 항공 당국과 우주 당국 간의 긴밀한 협조

---

41) I. H. Ph. Diederiks-Verschoor & V. Kopal, op,cit., p.67.

가 필요한 분야라고 할 수 있다. 민간항공의 항행의 안전과 항공교통통제를 담당하는 정부 차원의 국제협력기구로는 국제민간항공기구(International Civil Aviation Organization: ICAO)가 있다. ICAO는 1983년에 통신, 항행 및 통제를 위한 위성의 사용에 있어서 공역을 어떻게 보다 탄력적이고 효율적으로 사용할 수 있을 것인가와 보다 개선된 항공교통통제를 수행할 수 있을 것인가를 연구하기 위해 미래항행시스템위원회(Future Air Navigation System Committee: FANS)를 설치하였다. 이 문제에 대해 FANS는 공역의 운용과 항공교통통제를 수행함에 있어 최고 수준의 통일성을 확보하기 위해 ICAO가 향후에도 그 임무를 수행하되 현재의 발전 추세를 고려한 새로운 협정을 마련하는 방안은 포기하는 것으로 결론을 내렸다. 이 문제는 1992년 5월 11일부터 22일까지 개최된 ICAO 법률소위원회에서 다시 다루어졌다.[42] 이 회의에는 ITU와 INMARSAT도 참가하였다. 이 회의에서는 미래의 항공정책에서 안전측면에 절대적인 우선순위가 부여되어야 하며 항행위성실패(navigation satellite failure)를 다루기 위하여 우발적 사고에 대한 조치가 마련되어야 한다는 데 일반적인 컨센서스가 이루어졌다. 이 외에도 유해한 간섭(harmful interference)을 회피하기 위하여 적절한 조치가 취해져야 할 것이며 ICAO와 국가 간의 책임관계도 명확히 하여야 할 것에 대해서도 합의하였다.[43]

FANS는 이러한 기술적 문제 외에도 항공법과 우주법, 나아가 계약관계에 있어서는 국제사법의 규율을 받는다는 법률적으로 복잡한 문제가 있으며 재정부담 문제에 있어서도 개발도상국들은 FANS 시스템에 참여하기 위한 충분한 재원을 갖고 있지 못하다는 문제점이 있다. FANS는 현재 ICAO CNS/ATM 시스템(Communication Navigation and Surveillance / Air Traffic Management System)으로 명칭이 바뀌었다.

한편 그동안 항공이 많이 사용하여 온 것으로는 위성항법시스템(satellite navigation system)이 있다. 이 위성항법시스템은 위성통신서비스와 함께 실

---

42) W. Guldmann's report to the ICAO Legal Committee: The Institutional and Legal Aspects of the Future Air Navigation Systems(ICAO Doc. LC/28 - WP/3 - 1).

43) I. H. Ph. Diederiks - Verschoor & V. Kopal, op.cit., p.68.

생활에 적용된 우주기술로서 그 효용과 시장규모가 거대하다. GPS(Global Positioning System)[44]로 알려져 있는 위치확인정보시스템과 이동위성서비스(mobile satellite services)가 그 대표적인 예이다.

INMARSAT, 미국의 GPS와 러시아의 GLONASS(Global Navigation System)가 항공이 사용한 위성항법시스템의 대표적인 경우인데 GPS와 GLONASS는 원래 군사적인 목적으로 개발된 것이었기 때문에 모든 항공에 필요한 조건들을 충족시키는 것은 아니다. 한편으로 EGNOS(유럽), MSAS(일본) 및 WAAS(미국) 등과 같은 GPS와 GLONASS에 의존하는 다양한 시스템들도 구축되었다. 또한 EU는 독자적인 전 세계항행위성시스템(Global Navigation Satellite System: GNSS)[45]인 'Galileo System'[46]을 구축 중에 있으며 중국도 '베이더우 시스템'(COMPASS)[47]을 구축 중에 있다. 일본은 '준덴초'(準千頂)라는 부분적 위성항법시스템 사업을 추진 중이다.

INMARSAT은 현재 항공기통신의 상업적 측면(commercial aspect)과 항공관리통신(aeronautical administrative communication)과 여객통신(passenger communication)

---

44) GPS(Global Positioning System)는 현재 완전하게 운용되고 있는 유일한 전 세계 항행위성시스템이다. 미국 국방부의 주도로 개발되었으며 위성그룹은 원래 24개의 NAVSTAR(Navigation Satellite with Timing and Ranging) 위성으로 구성되었으며 중궤도상의 6개의 원궤도에 원자모형처럼 분포되어 있다. GPS 위성은 미공군 제50우주비행단에서 관리하고 있다. 현재 31개의 위성과 2개의 예비위성으로 구성되어 있다. GPS는 현재 단순한 위치정보제공에서부터 항공기·선박·자동차의 자동항법 및 교통관제, 유조선의 충돌방지, 대형토목공사의 정밀측량, 지도제작 등 광범위한 분야에 응용되고 있으며 GPS 수신기는 개인휴대용에서부터 위성탑재용까지 다양하게 개발되어 있다.

45) GNSS는 Global Navigation Satellite System의 두 문자를 딴 것으로 전 세계 항행위성시스템으로 번역되고 있다. 우주궤도를 돌고 있는 인공위성을 이용하여 지상에 있는 물체의 위치·고도·속도에 관한 정보를 제공하는 시스템이다. GNSS는 내비게이션에 있어서 없어서는 안 될 필수적인 도구로 자리 잡고 있으며 작게는 1m 이하 해상도의 정밀한 위치정보까지 파악할 수 있다. 군사적 용도뿐만 아니라 항공기·선박·자동차 등 교통수단의 위치안내나 지도작성·토지조사·긴급구조·CDMA이동통신 등 민간분야에서도 폭넓게 응용되고 있다. GNSS는 미국의 GPS가 거의 독점하고 있으며 여기에 대항하기 위해 EU가 Galileo System을, 중국이 베이더우 시스템(COMPASS)을 구축 중에 있다. 러시아는 GLONASS를 운영 중에 있다.

46) EU가 추진하고 있는 독자적 GNSS이다. 미국의 GPS가 군사용 위주로 개발되었고 군대가 운용하기 때문에 유사시 민간용 공여를 차단시킬 수 있다는 우려에서 EU와 ESA가 공동으로 추진하고 민간용 위주로 계획되어 있다. 34억 유로를 투입하여 30개의 위성을 2006 - 2010 사이에 발사하여 운용한다는 계획이다. 미국의 GPS가 오차범위가 10m임에 비하여 1m의 오차범위를 제공하는 정밀함을 장점으로 내세우고 있다.

47) 중국이 독자적으로 추진하고 있는 GNSS로서 'COMPASS'로 호칭되고 있다. 중국은 이 COMPASS로 35개의 인공위성을 연결해 전 세계를 24시간 내려다보며 위치추적, 기상관측, 자원탐사 등을 할 계획이다. 미국의 GPS, 러시아의 GLONASS, EU의 GALILEO에 이어 세계에서 4번째로 구축되는 GNSS이다.

과 같은 안전 외의 측면(non-safety aspect)에 중점을 두고 있다.

이와 같이 항공운항 관련 위성시스템은 대단히 복잡한 양상을 띠고 있어 ICAO의 CNS/ATM 시스템은 쉽게 시행되기 어려울 것으로 보인다. 국가뿐만 아니라 여러 국제기구들이 아직 그 결과를 예측하기도 어려운 오랜 과정에 참여하지 아니하고자 할 것이기 때문이다.[48] 그렇긴 하나 ICAO는 항공안전의 촉진과 관련되어 있을 뿐 아니라 항공위성통신에 관한 표준과 절차를 확립할 수 있는 권능을 가진 주요 국제기구이다. 현재 항공위성통신에 관한 기술문제는 상당한 수준 극복하였지만 법제도는 정착되어 있지 못하다. 따라서 통신에 관한 UN의 전문기구로서 ITU가 있지만 항공위성통신에 관해서는 절대적으로 우선순위를 두어야 하는 항공안전문제와 관련이 있으므로 국제항공운송에 관한 UN의 전문기구인 ICAO가 주도적인 역할을 하여야 할 것으로 본다.[49]

이와 관련 1995년 이후 ICAO 이사회는 범세계적 항행위성시스템과 관련된 법적 기반 확립에 관한 전문가패널(Panel of Experts on the Establishment of Legal Framework with regard to Global Navigation Satellite System)을 설치하여 운영하고 있다.

제5절 위성발사서비스

1. 현황

오늘날 우주부문에서의 활발한 상업화와 더불어 위성발사서비스 부문에서도 민간의 참여에 의한 상업화가 정부부분의 발사를 앞서 가고 있다.[50] 이러한 우주 분야에서의 상업활동은 우주기술의 선도국가인 미국과 러시아에 의

---

48) I. H. Ph. Diederiks_Verschoor & V. Kopal, op.cit., p.69.

49) T. Brisibe, "Aeronautical Public Correspondence by Satellite", thesis Leyden 2006.

50) 2008년 기준 세계위성발사시장 규모는 39억 달러이다. 2008년 발사위성은 총 94기이었는데 이 중 정부부분은 37기, 민간부분 47기로 민간부분이 앞섰다.

하여 정책적으로 강력하게 추진되고 지원되어 왔다. 그 일례가 1988년의 미국의 국가우주정책(National Space Policy)으로서 우주탐사의 상업적 중요성이 공식적으로 승인을 받고 촉진되어 왔다.

오늘날의 위성발사서비스 시장은 미국, 유럽, 러시아 및 중국 간에 치열한 경쟁이 진행되고 있다. 특히 중국은 다른 국가나 발사 관련 기구보다 훨씬 저렴한 비용으로 발사서비스를 제공하고 있다.[51] 사실상 중국이 발사서비스를 제공하기 전까지만 해도 미국, 유럽, 러시아가 발사시장을 과점하고 있었다. 발사형태도 각국의 국가가 소유하고 운영하는 우주기지에서 발사하는 것이 주를 이루지만 Sea Launch Consortium 같은 공해상에서의 민간 컨소시엄 발사도 있다.

이러한 위성발사는 우주활동의 일부로서 국제우주법의 규제를 받지만 민간기업의 활동에 대해서는 직접적으로 국제우주법을 적용하는 것이 곤란하기 때문에 국내우주법에 의한 규제가 필요하여 각국은 국내우주법을 제정하여 규제하고 있다.[52] 또한 현재까지의 관행은 발사서비스 제공자는 발사의 성공을 보장해 주지 않는다. 따라서 발사가 실패할 경우를 대비하여 통상적으로 발사인가를 받은 자는 제3자 책임보험에 가입하여야 하며 다른 발사참여자들과는 손해배상청구권의 상호포기(cross - waiver of liability)에 대하여 또한 발사국과는 면책조항에 합의하여야 하는 것으로 되어 있다.

2. 국제우주법상의 규제

우주이용과 관련된 모든 다른 활동과 마찬가지로 상업적 위성발사 활동도 우주 관련 제 원칙의 적용을 받는다. 국제우주법상 상업적 위성발사와 관련

---

51) I. H. Ph. Diederiks - Verschoor & V. Kopal, op.cit., p.106.

52) 현재 미국, 영국, 러시아, 스웨덴, 오스트레일리아, 브라질, 노르웨이, 우크라이나, 남아프리카, 홍콩 등 약 10개국 국가가 발사 관련 국내우주법을 제정하여 시행하고 있다. 미국은 가장 먼저 1984년에 상업우주발사법(Commercial Space Launch Act)을 제정하였으며, 1988년에는 상업우주발사법 수정법(Amendments)을 제정하였다. 2004년에는 동법을 개정하였다.

한 국가의 개입으로는 발사국과 국적국이 있다. 이 중 국적국은 우주활동을 수행하는 자가 국적으로서 가지고 있는 국가를 말한다.

우주조약 제6조에 따르면 국적국은 정부기관이 행한 경우나 비정부단체가 행한 경우를 불문하고 자국의 우주활동에 대하여 국제적 책임을 진다. 또한 이러한 우주활동이 우주조약에 따른 것임을 보증함에 관하여 국제적 책임을 진다. 그리고 국적국은 관계당사국으로서 허가 및 계속적 감독에 관한 권한을 행사하는 것으로 규정하고 있다.

책임협약도 우주의 상업적 이용과 관련하여 중요한 입법이다. 발사국은 자국의 우주물체가 지구 표면에 또는 비행 중의 항공기에 미친 손해에 대하여 절대적 책임(무과실 책임)을 진다.

3. 국내우주법상의 규제

국제우주법은 직접적으로 민간기업의 상업적 위성발사 서비스에는 적용할 수 없기 때문에 이 경우는 국내우주법의 적용이 필요하다. 민간기업의 상업적 위성발사대는 민간기업이 속한 자국으로부터 발사국으로서 발사하는 경우다. 어느 국가의 관할에도 속하지 아니한 국제영역으로부터 발사하는 경우가 있는데 이 경우는 국내우주법에 의한 규율을 받게 된다.

여기서 한 가지 지적할 것은 상업적 위성발사서비스에 있어서는 국가 또는 국제조직이 상업화의 주체가 되는 데 아무런 문제가 없다는 점이다. 또한 각국의 국내우주법에는 상업적 위성발사서비스에 대한 면허와 감독에 관한 규정을 두고 있다. 보통 면허의 요건으로는 공공의 안전의 보호, 재산의 안전, 국가의 안전보장, 국제적인 의무에의 적합, 평화적 목적을 규정하고 있을 것 등이다. 그 외에 배상책임과 보험에 관한 규정을 두고 있다. 발사와 관련된 당사자들은 정부가 부과하는 경우를 포함한 책임과 의무를 수행하여야 하며 보험문제를 해결하여야 한다. 발사와 관련된 당사자에는 ① 발사서비스 제공자, ② 발사고객(발사된 페이로드를 제공한 자), ③ 발사시설 제공자(대부분의 경우 당해 국가의 정부이며 발사대 및 일정한 관련 서비스를 제공하는 자) 및 ④ 상기에 해당하는 자의 도급업자 및 하도급업자가 있다.

미국의 경우를 볼 것 같으면 미국 정부는 발사체산업과 발사서비스산업에서 3가지 역할을 하고 있다. ① 상업적 단체로부터의 구매자 역할, ② 발사서비스의 제공자 역할, ③ 상기 산업들에서의 사적거래의 규제자와 촉진자로서의 역할이 그것이다. 먼저 구매자로서의 역할과 관련 국가항공우주국법(NASA Act) 제203조 (C)(5)는 NASA가 다양한 상업적 단체와 필요한 계약을 체결할 수 있는 권한을 부여하고 있다. 그러면서 우주발사의 민간 참여자에게는 일정한 조건과 의무를 요구하고 있다. 그 요건은 발사가 NASA에 의해 수행되는가 아니면 미 교통부의 인가권한에 따라 수행되는 것인가에 따라 다르다.[53] 발사서비스 제공자로서의 역할은 EU의 Ariane과의 경쟁의 결과로서 1984년 상업우주발사법을 미 교통부에 면허를 부여하고 관련 산업을 규율할 수 있도록 하였다. 사적거래의 규제와 촉진자로서의 역할과 관련해서는 1988년의 개정 상업우주발사법(PL100 – 657)은 발사제공자에게 제3자 배상 책임보험을 부보하도록 요구하고 있다. 이는 사실상 발사참여자들은 자신의 리스크를 자체 보증하거나 별도의 보험을 인수함으로써 자신의 리스크를 부담하도록 의무화한 것이다. 동법은 2004년 다시 한 번 개정되었는데 개정 상업우주발사법은 인가를 받아 수행하는 활동기간 동안 최대 5억 달러의 제3자 배상 책임보험을 부보하도록 설정하고 있다.

미국의 경우 발사체와 발사서비스는 미국의 구매 및 거래시장에서 독특한 지위를 갖고 있어 이 분야에서 허용되는 계약의 자유에 관한 일반적인 원칙의 적용이 상당한 정도 배제된다. 발사활동과 관련한 거래에 대한 이러한 제한은 발사활동이 군사적인 목적으로도 이용될 수 있다는 것이 주 고려사항 중의 하나이다. 이러한 거래상의 제한과는 상관없이 발사 부문은 중요한 국가지원을 받고 있으며 비관세거래를 향유하고 있다.[54]

---

53) D. E Cassidy, "Insuring Space Launch and Related Risks", Proceeding 34th Colloquium(Montreal, 1991), p.389.
54) I. H. Ph. Diederiks – Verschoor & V. Kopal, op.cit., pp.107 – 109.

4. 손해배상청구권의 상호포기원칙

위성발사서비스 계약에서는 위성발사 실패의 경우를 대비하여 발사 실패위험(risk)의 배분방식으로서 각 당사자 간뿐만 아니라 당사자와의 계약자와 그 하청계약자를 포함한 모든 위성발사참가자 간에 발사실패에 대한 책임을 묻지 않는다는 소위 손해배상청구권의 상호포기(Cross – waiver of Liability)원칙을 규정하는 것이 일반화되어 있다. 이는 위성발사 계약에 있어 독특한 제도이다. 각 당사자는 자신을 포함하여 자기와의 계약자와 그 하청계약자 등 제휴자가 입은 직·간접을 불문하고 일체의 재산상의 손실과 신체상의 상해(사망포함) 및 발사실패와 위성의 임무 수행의 실패에 대한 결과에 대한 일체의 책임을 당사자가 각각 부담하며 상대방과 그 제휴자에 대해서는 어떠한 이유에서든지 손해배상청구권을 행사할 수 있는 권리를 포기한다는 것이다.

미국의 개정 상업우주발사법은 법 제70112조(b)에서 위성발사면허를 발급하거나 양도하는 경우 Reciprocal Waiver Claim 조항을 반드시 포함하도록 법으로 규정하고 있다.

제6절 태양발전위성(Solar Power Satellites)

1. 의의

태양에너지[55]를 이용하는 문제는 1974년의 석유위기와 자원의 고갈문제가 대두되면서 대체에너지원으로서 가장 중요한 하나로 인식되었다. 태양에너지의 이점은 무공해인 점과 에너지원(原)으로서 무진장하다는 점이다.

태양발전위성(Solar Power Satellites: SPS)은 이러한 태양에너지를 이용하는

---

55) 태양에너지는 "태양으로부터 전자기 시스템(electromagnetic system)을 통하여 방출되는 에너지"라고 정의되고 있다. I. H. Ph. Diederiks – Verschoor & V. Kopal, op.cit., p.97.

것인데 그 방법은 거대한 집열판(태양발전장치)을 부착한 인공위성을 고도 약 36,000㎞의 정지궤도에 쏘아 올려 여기서 모은 태양에너지를 이용하여 발전한 전력을 마이크로파로 전환시켜 지상의 수신 장치로 보내는 역할을 하는 위성을 말한다. 지상에서는 이것을 다시 전력으로 변환시켜 이용하게 된다. 이러한 태양발전 방식은 ① 지상에 비해 우주공간에서는 복사에너지가 10배 정도나 크고, ② 발전설비비용이 저렴하고 복사선에 의한 성능의 저하가 더디며, ③ 흐린 날이 있는 지상에 비하여 늘 태양에너지를 이용할 수 있다는 장점이 있다. 다만 문제는 예컨대 5GW의 전력을 태양전지로 얻으려면 세로 5㎞, 가로 6㎞의 거대한 태양전지판(solar cells) 2개가 있어야 한다고 한다. 이러한 거대한 판을 건설하는 문제와 이를 건설하기 위한 자재들을 운반하는 문제가 커다란 장애요인이다.

현재까지 그 방법으로서 검토된 것은 ① 지구저궤도상에서 SPS를 조립 건조하여 우주예인선을 이용하여 정지궤도로 가져가는 방법, ② 직접 지구 정지궤도에 부품을 수송하여 조립 건조하는 방법, 이 경우는 Space Shuttle이 저궤도용이기 때문에 수송능력이 큰 우주선의 개발이 필요하다. ③ 달에다 공장을 지어서 달의 규소자원을 이용하여 실리콘 태양전지를 만들어 지구정지궤도로 가져가 조립하는 방법 등이다.

SPS의 구상은 1968년에 미국의 Peter Glaser에 의하여 처음으로 제안되었다. 1970년 2월에는 미국의 에너지부와 NASA가 1,560만 달러의 비용을 투입하여 SPS 연구를 시작하였다. 1978년 4월에는 기업과 과학기관의 대표로 구성된 Sunset Energy Council이 창설되고 같은 해 6월에는 SPS의 연구·개발 및 실험에 관한 계획법령(HR-12505)이 미국의 하원을 통과하였다. 그러나 1980년대 이후로는 경제성이 없다는 이유로 특별한 진전이 없었다가 1999년 10월 NASA는 포기했던 이 계획을 2040년 실용화를 목표로 다시 추진하기로 결정하였다.

그 주 이유는 1970년대에 비하여 괄목할 만한 기술의 발전이 있었고 비용도 10분의 1 이하로 줄일 수 있기 때문이라고 한다. 미국 이외에는 러시아와 ESA 및 일본이 SPS에 관한 연구를 행하고 있고 특히 일본은 이 분야

에 상당히 적극적이다.[56)

SPS는 만약 실현이 된다면 인류의 우주개발사에 있어서 우주정거장 프로젝트 이래 가장 큰 우주프로젝트가 될 것이다. 그러나 여전히 천문학적 비용과 기술적 난제가 숙제로 남아 있다. 또한 SPS 위성이 미칠 사회·환경(특히 생태계)에 대한 영향도 사전에 철저하게 규명되어야 하는 점도 숙제이다.

2. SPS와 우주법

(1) 태양에너지 이용

SPS는 기본적으로 태양에너지를 활용한다. 이 태양에너지는 무한하고 소모되지 않으며 계속 충전되는 에너지원(源)으로서 우주자원 중 가장 중요한 자원이며 주권의 전유나 배타적 권리의 대상이 되지 않는 Res Communis(공유물)이라 할 것이다. 따라서 SPS의 개발과 이용은 우주조약상의 우주의 개발과 이용을 모든 국가의 혜택을 위하여 또한 그 이익을 위하여 수행되어야 한다는 원칙의 적용을 받는다. 또한 모든 인류의 영역 역할을 하며, 이용, 점유 기타의 방법에 의하여 국가주권의 주장을 할 수 없다.

문제는 달 조약 제11조 제1항에서 규정하고 있는 '천연자원'으로서 '인류의 공동유산'으로 볼 수 있느냐는 점이다. 이 점에 관해서는 달 조약 제1조에서 달에 관한 규정은 지구를 제외한 기타 천체 어느 것에 대하여 특별법 규범이 효력을 발생하지 않는 한 지구를 제외한 태양계 내의 기타 천체에도 적용된다고 규정하고 있고, 제11조 제1항에 관한 UN COPUOS의 주석도 동 조항에 근거하여 제11조 제1항의 원칙이 '지구를 제외한 태양계 내의 천체 및 그 천연자원에 대해서도 적용된다'고 하고 있다.[57) 따라서 당연히 태양에도 적용된다고 한다.

---

56) 2009년 6월 2일 일본의 우주개발 전략본부는 우주태양발전개발을 반영한 기본우주계획을 결정하였다. 동 프로젝트는 일본우주항공연구개발기구(JAXA)와 경제산업성(METI)이 주도하고 있다. JAXA의 시나리오에 따르면 1GW급 우주태양발전소는 2030년경이면 상업운전에 들어갈 것으로 예측된다.

57) Report of COPUOS, p.13, para. 62.

또한 지금까지 어느 국가도 위성의 태양에너지 이용(예컨대 인공위성이 태양에너지를 흡수하는 Solar Panel을 날개로 하여 인공위성의 작동 에너지로 사용)에 대하여 하등의 항의나 반대가 없었다는 점에서 국제관습법상으로도 인정되었다고 한다.58)

이와 같은 점에서 '인류공동의 유산'의 명확한 개념에 대해서는 다소의 논란이 있지만 태양에너지는 태양의 천연자원으로서 인류공동의 유산이라 할 것이다.59)

(2) 무선주파수대역 사용

무선주파수대역은 SPS가 사용하여야 하는 태양에너지 다음의 천연자원이다. SPS는 통신과 마이크로파 전송이라는 두 가지 목적에서 무선 주파수대역을 사용한다. 1979년 WARC에서는 SPS를 새로운 통신 분야로 정의하지 않을 것을 결정하였다. 이는 SPS용 통신은 기존 우주통신대역을 이용하도록 한다는 것이다. 전기통신업무는 국제통신협약에 따라 ITU가 동 분야를 관장한다. 그런데 당초에는 ITU가 마이크로파 송신을 위한 주파수배정을 할 권한이 있는지에 대한 의문이 있었다. 이러한 의구심은 1979년 무선회의가 태양에너지 전송이 산업, 과학, 의료 및 기타 용도의 통신에 해당한다고 결정함으로써 불식되었는데 동 통신은 텔레커뮤니케이션 이외의 목적을 위한 마이크로파 사용을 포괄하는 것이기 때문이다. 또한 ITU는 SPS의 활동에 대하여 그것이 유해한 간섭(harmful interference)을 일으키는 것을 피하기 위해 무선주파수대역의 이용을 조정할 수 있는 권한을 가지고 있다. 나아가 1989년의 ITU헌장은 제29조에서 우주무선통신은 유한한 천연자원이며 합

---

58) F. Nordlund, "Legal Aspects of the Use of SPS" in the Proceedings of the Second International Symposium on SPS held in Paris from 27 to 30 August, 1991, p.143.

59) Stanley B. Rosenfield, "Solar Energy and the Common Heritage of Mankind" in the Proceeding of the 21st Colloquium of the IISL, pp.58 – 64, Chukuwuma Okolie, "Solar Energy Bank for Mankind in Contemporary International Space Law" in the Proceedings of the 22nd Colloquium of the IISL, p.14, A. A. Cocca, "Consequences of Transmission of Solar Energy from Outer Space", in the Proceedings of the 25th Colloquium of the IISL, p.353.

리적이고 형평하게 사용되어야 함을 강조하고 있다.

(3) 지구정지궤도 이용

기술적·실제적 이유 때문에, SPS는 지구적도상공 약 36,000㎞의 거리에
있는 지구정지궤도에 위치하여야 한다. 이 지구정지궤도와 관련하여서는
Bogota 선언과 지구정지궤도의 제한된 수용량이라는 두 가지 문제가 제기되
어 왔다. 현재로서는 적도 국가들의 주장이 받아들여지고 있지 않지만, 특히
지구정지궤도의 한정된 수용량으로 인하여 SPS가 활성화될 경우는 다시 한
번 이 문제가 제기될 소지가 있다. 1976년 12월 3일 8개의 적도국가들이 지
구정지궤도에 대한 완전하고도 배타적인 주권을 주장한 Bogota 선언을 발표
하였는데 이 선언에서 지구정지궤도를 천연자원으로 간주하고 있다. 천연자
원이라는 용어 및 그 이용은 달 조약에 규정되어 있지만 그 정확한 내용에
대해서는 국제사회에서 아직 컨센서스가 이루어지지 못한 상황이다. 그러나
COPUOS 법률소위원회의 수차례 회의에서 표명된 일반적인 견해는 Bogota
선언 국가들이 주장하는 주권의 주장이나 다른 형태의 우주의 전유는 모든
인류를 위한 탐사 및 이용의 자유를 규정한 우주조약의 표현이나 정신과는
배치되는 것으로 보고 있다.[60]

(4) 지구환경 오염

우주조약 제9조는 지구외적(extraterrestrial) 물질을 도입함으로써 야기되는
우주의 유해한 오염과 지구환경의 불리한 변화를 회피하는 방향으로 모든
국가가 우주를 연구하고 탐사활동을 하도록 규정하고 있다. 이 목적을 위해
적절한 조치를 취할 것을 규정하고 있는데 이 문제는 SPS의 운용에 있어서
반드시 고려해야 할 중요한 점이라 할 것이다.

---

60) I. H. Ph. Diederiks‒Verschoor & V. Kopal, op.cit., pp.99‒100.

(5) 책임협약

SPS가 에너지를 전송함에 있어 야기한 인체상의 상해나 재산상의 손해에 대해서는 책임협약이 적용된다.

(6) 등록협약

SPS는 등록협약에 의하여 등록되어야 하며 이는 의무사항이다. 또한 등록 정보는 UN사무총장에게 제공되어야 한다.

제7절 우주의 상업적 이용

1. 상업적 이용의 현황

최근 우주활동에 있어서 커다란 특징은 우주의 상업적 목적의 이용이 괄목 할 만한 비중을 차지하고 있다는 점이다. 종래까지의 우주활동은 그 대부분이 국가가 주도하는 활동으로서 과학적·군사적 목적이었다. 그러나 최근에는 민간기업이 주도적으로 참여하는 상업적 우주활동이 현격하게 증가하고 있다. 특히 이러한 상업적 우주활동이 우주기술을 소유한 선도국가들에 의해 강력 히 장려되고 지원되고 있는 점에 그 특징이 있다.[61]또한 많은 국가들은 독자 적으로 또는 민간기업과 공동으로 지역적 협력기구를 통하거나 또는 대규모 국제협력 벤처사업을 통하여 우주의 상업적 이용에 참여하고 있다.

지난 10여 년간의 우주상업은 놀라운 발전을 했으며 앞으로 그 발전의 폭은 매우 클 것으로 예상된다. 본 장에서 논의된 분야를 중심으로 상업적 이용의 현황을 간략히 살펴보고자 한다.

---

61) I. H. Ph. Diederiks – Verschoor & V. Kopal, op.cit., p.106.

(1) 원격탐사 분야

원격탐사 분야에서의 상업적 이용은 위성을 이용하여 데이터 수집, 데이터 수령, 데이터의 사전가공, 데이터의 집적 및 제거, 데이터의 분석, 정보화 활용 등의 기능을 하며 위성의 원격감시 기능을 이용하여 지구자원개발을 위한 표면탐색, 농작물의 작황분석, 폐기물 처리 감시 등을 한다.

(2) 우주통신 분야

우주에서 최초로 인간의 상업적 활동이 시작된 분야이다. 지금까지 가장 많은 민간자본이 투입되었으며 가장 수익성이 큰 분야로서 고정통신서비스, 이동통신서비스, 직접 TV방송, 기상서비스, 항해서비스, 중계, 위치확인 등 다양한 부분에서 상업적 활동이 이루어지고 있다.

(3) 우주제조업 분야

현재까지는 우주통신 분야와 원격탐사 분야가 우주에서의 가장 중요한 상업적 활동이었지만 우주제조업 분야는 장차 성장 가능성이 가장 풍부한 분야가 될 것으로 예상된다. 먼지나 중력이 거의 없는 우주에서 특정 화학물질, 의료품, 반도체결정, 폴라로이드 글래스 및 합금 등의 개발 및 제조 등에서 상업적 활동이 일어날 것으로 본다.

(4) 에너지 생산 분야

우주에서의 상업적 활동 중 장래성 있는 분야의 하나이다. 우주에서 태양에너지를 생산하는 것은 가능하고 장래성이 있으나 관건은 태양력 발전소 건설에 막대한 비용이 들어간다는 점이다. 한때 막대한 비용문제로 중단되었던 태양력 발전소 건설문제가 최근 다시 미국과 일본을 중심으로 연구가 행해지고 있다. 태양력 발전소 건설은 국제적 협력이 필요한 분야이다.

(5) 우주운송 분야

상업우주운송도 현대과학이 이룩한 우주선의 탑재량 증가 추진기관의 정밀성 및 궤도 통제시스템과 같은 우주운송 분야의 기술적 성과에 따라 가능해졌다. 그리고 상업적 운송이 실현되는 첫 번째는 우주관광 분야가 될 것으로 본다. 현재 몇 개 민간기업에 의한 우주관광실험이 성공적으로 끝났고 조만간 실현이 이루어질 것으로 예상되고 있다. 국제우주정거장에 우주제조 공장이 들어선다면 이곳으로의 필요한 인력이나 물자를 수송하기 위한 육상운송도 일어날 것으로 본다. 우주호텔, 우주공항 등의 우주운송 관련한 새로운 개념의 도입과 새로운 형태의 상업우주운송도 등장할 것으로 예상된다.

2. 우주의 상업적 이용을 위한 법체계 구축의 필요성

(1) 우주법상의 규제

우주에서의 상업적 활동이 우주조약 등 관련 우주법의 적용을 받는 우주활동에 속하는지에 대해서는 다소의 논란이 있지만 우주의 상업적 이용은 우주활동의 일부라고 본다. 따라서 1967년의 우주조약 제1조에서 언급하고 있는 '모든 인류의 이익을 위한 것'이 우주의 상업적 이용의 대전제이다. 여기서 문제가 되는 것은 우주의 상업적 이용에 대한 국가의 역할이다. 우주조약 제6조에 따르면 국가는 비정부단체 등의 우주활동에서 일어난 모든 손해에 대한 국제책임을 지는 것을 원칙으로 하고 있다. 나아가 비정부단체의 우주활동은 국가에 의한 인증 및 감독을 요한다고 규정하고 있어 국가는 비정부단체의 우주의 상업적 이용에 대한 감독책임이 있다. 이러한 국가의 감독책임은 우주의 상업적 이용을 허가 및 규제하는 각국의 국내법에 반영되어 있다.[62] 또한 민간기업이 우주물체의 발사와 관련하여 발생한 손해에 대

---

62) 2004년의 미국의 "개정 상업우주발사법(Commercial Space Launch Amendments Act of 2004)"에 따르면 미 교통부(US DOT)는 상업적 목적의 발사에 대하여 발사허가를 부여할 권한을 보유하고 있다. 교통부는 신청인이 제출한 자료에 근거하여 180일 이내에 그 허가 여부를 통보하여야 하며 관계법령 및

해서도 국가가 책임을 진다. 이와 관련 1972년의 책임협약은 책임발생의 기준을 정하고 있다. 먼저 자국의 우주물체가 지구 표면 또는 비행 중인 항공기에 끼친 손해와 지구 표면 이외의 영역에서 발사국의 우주물체 또는 동 우주물체상의 인체 또는 재산이 타 발사국의 우주물체에 의하여 손해를 입었을 경우이다. 전자의 경우는 무과실 책임을 지며 후자의 경우에는 가해행위가 가해국가 또는 책임져야 할 자의 과실에 의해 일어났을 경우에 책임을 진다. 그리고 그 구체적인 배상기준은 각국의 국내법에 의해 제도화되어 있다. 문제는 우주상업활동의 발달이 우주법의 한계점을 메워 줄 수 있는 국내·국제법의 형성을 요구하고 있는데 그것들이 과연 현행 우주법에 의한 규범과 부합하는가 하는 점이다.

한편 우주의 상업적 이용의 혜택이 우주법의 원칙에 따라 모든 국가에 평등하게 비차별적으로 제공되어야 한다는 점도 지적되고 있다. 이 부분은 원격탐사와 위성통신서비스 분야에서 강조된다. 이와 관련하여 가장 크게 문제가 되는 것은 지적재산권 문제와 우주통신사업의 민영화에 따른 문제이다. 지적재산권 문제는 우주의 상업적 이용활동이 증가함에 따라 우주에서의 지적재산권을 규율하는 규칙을 안출할 필요성이 점차 시급해지고 있는 사안이다. 이와 관련해서는 먼저 현행저작권법을 우주활동에 대해 적용할 것인가 아니면 완전히 새로운 국제법상의 규칙을 형성하여야 할 것인가가 문제된다. 저작권 보호문제는 직접위성방송이나 원격탐사에 관한 UN결의를 통해서도 해결하지 못한 문제인데 1948년 브뤼셀 개정회의 이후 "베른협약"(Berne Convention for Protection of Literary and Artistic Works)은 저작자들에게 그들의 작품이 방송이나 통신을 통해서 전파하는 데 배타적인 권한을 부여하는 특별조항을 포함하고 있다. 1974년의 "위성송신의 프로그램전달 신호에 관한 브뤼셀협약"(Brussels Convention relating to the Distribution of Programme－Carrying Signals Transmitted by Satellite)은 원격탐사에 적용된 것을 예상한 것은 아니지만 많은 조항들이 이 새로운 기술에 의해서 얻어진 정보 등에 적용될 수 있다. 그리고 1952년

규정을 위반한 신청인에 대해서는 그 허가를 취소시킬 수 있는 권한을 보유하고 있다.

의 "세계저작권협약"(Universal Copyright Convention)은 1971년 개정 이후 저작자에게 자신의 작품의 방송을 허가할 수 있는 배타적 권리를 부여한 조항을 포함하고 있다.[63] 특허권과 관련해서는 우주 프로그램의 결과로서 지구상에서 행하여진 발명에 대하여 특허를 부여할 수 있는가, 우주에서 행하여진 발명에 대하여 특허를 받을 수 있는가 만약 그러하다면 어느 법이 적용되어야 하는가, 지구상에서 행하여진 작업으로부터 얻어 낸 우주활동의 발명에 대해 특허를 부여할 수 있는가 등이다. 우주활동과 관련된 지적재산권한을 다룬 협약을 통하여 이 문제를 해결하는 것이 가장 바람직하다는 견해가 있다.[64] 1974년 브뤼셀 협약은 우주에서의 저작자의 권리를 보호하는 데 충분하지 아니하므로 독자적인 위성방송권을 창출하여야 한다는 견해도 있다.[65] 우주에서 사용되는 또는 우주에서 전달된 또는 우주활동으로부터 얻은 지적재산권에 대한 강력한 보호는 사적 부문이 우주활동의 투자에 대한 충분한 인센티브를 갖도록 하기 위하여 필수적이라고 판단된다.[66]

우주통신사업의 민영화와 관련해서는 대부분의 국제적인 통신기구들이 공공서비스라는 관념이 지배적일 때 설립되었으나 오늘날은 민영화(privatization)와 경쟁(competition)이 대세를 이루고 있다. 사기업에 의한 민영화는 '이익'의 개념을 우선하므로 '공공에의 서비스'라는 공적 개념과 충돌될 수 있는 점에서 적절한 조화가 요구된다. 이 점에서 국가의 감독권한을 규정한 우주조약 제6조가 중요성을 갖는다. EU의 경쟁법은 부당한 결합이나 지배적 지위의 남용을 금지함으로써 공적·사적 경쟁자들 간의 형평성(level playing field)을 도모하고 있는 점에서 시사하는 바가 크다.

마지막으로 국제협력의 분야이다. 현재 진행되고 있는 분야로는 국제우주정거장(ISS) 프로젝트와 앞으로 태양력 발전소건설과 달기지 건설 등도 국제

---

63) I. H. Ph. Diederiks – Verschoor & V. Kopal, op.cit., pp.110 – 111.

64) R. Oosterlinck, "Intellectual Property and Space Activites", Proceedings 26th Colloquium(Budapest, 1993), pp.161 – 164.

65) I. Szilagyi, "Space Law – Copyright – Neighbouring Rights: A Theoreitical Approach", Proceeding 27th Colloquium(Lausanne, 1984), pp.197 – 201.

66) B. Luxenberg, "Protecting Intellectual Property in Space", Proceedings 27th Colloquium(Lausanne, 1984), pp.172 – 177.

협력사업이 기대되는 분야이다.

이상은 상당한 정도 우주기술력을 가진 소위 우주선진국들 사이에 행해지는 것이지만 개발도상국들 간의 지역적 협력, 개발도상국과 우주선진국 간의 협력도 강화되어야 할 것이다. 연혁적으로 보면 최초의 국제적인 협력은 International Geophysical Year Programme[67]에서 발견할 수 있다. 이러한 차원의 형태 외에도 다자간협력(INTELSAT, INMARSAT, ESA 등) 및 쌍무적 협정(발사시설, 훈련시설 및 지상 장비 대여 등에 관한 협정) 등의 형태로 국제적인 협력이 이루어지고 있다. 보다 밀접한 국제적인 협력이 있으면 전 세계에 혜택을 주는 상업적 우주활동의 전개가 가능한 점에서 국제적 협력을 확대하고 심화시킬 이 분야에 관한 법제도의 개발이 필요하다 할 것이다.[68]

(2) 국내법 및 국제관행에 의한 규제

우주의 상업활동이 더욱 다양해지고 복잡해지면서 우주법의 규범이 아직 형성 중이라는 특성 때문에 국내법이나 국가 간의 국제관행의 적용을 통해서 문제를 해결하는 경우도 많이 발생하고 있다.

예컨대 우주상업활동은 그 상품의 생산·제공 및 그 판매에 있어 국가 간 또는 국가 대 개인 및 개인 간의 법적 계약관계의 성립을 전제로 하고 있는데 이와 같은 계약관계는 그 책임 및 보상 문제의 발생 시 국가책임주의를 원칙으로 하는 우주법의 영역을 벗어난 법률관계에 따른 문제를 보여 주고 있다. 그 대표적인 경우가 위성발사의 경우이다. 우주상업활동 중에서 우주활동 자체가 안고 있는 위험도와 그에 따른 책임·보상 문제를 현실적으로 보여 주는 분야인 위성발사의 경우 원칙적으로 우주법에 근거한 외부 사항을 제외하면 계약당사자가 그 의사에 따라 계약의 내용을 정할 수 있

---

67) 이 프로그램은 지구와 지구환경을 체계적으로 연구하기 위해 마련된 것으로 지구물리학의 11개 연구 분야인 오로라, 대기광, 우주선, 지구자기, 빙하학, 중력, 이온층물리학, 경위도 측정, 기상학, 해양학, 지진학, 태양활동 등을 포함하고 있다. IGY(International Geophysical Year) 기간은 태양플레어와 그 밖의 변동이 심할 때인 태양 흑점수의 극대기가 일치하도록 하였기 때문에 태양에 관한 연구가 특히 중요하였다. 문준조 외 1인 공저, 현대우주법론, 법제연구원(2009), 36면. 주13) 재인용.

68) I. H. Ph. Diederiks – Verschoor & V. Kopal, op.cit., p.120.

다. 이에 대한 현재까지의 관행에 의하면 발사서비스 제공자는 발사의 성공을 보장해 주지 않으며 결과에 대한 의무가 아닌 수단에 대한 의무만을 부담하고 있다. 발사체의 계약관행상 발사자는 결과에 대한 책임을 지지 않으며 발사서비스는 신청자가 제3자 손해에 대한 보험에 가입하는 것을 의무로 하고 있으므로 발사자는 제3자 손해에 대한 보상문제에 있어서도 책임을 지지 않는다. 또한 제3자에게 피해가 발생하지 않고 위성체 또는 발사체의 고장, 기능불량 또는 폭발로 위성 소유자 등 발사서비스 피제공자가 손해를 입을 경우에 대해서는 미국의 경우 그 손해에 대해 계약자 측이 미국 정부 또는 발사서비스 제공자에게 보상을 청구할 수 없다는 것을 계약조건으로 하고 있으며, 이는 다른 발사서비스 제공자도 대부분 마찬가지 태도를 보이고 있다.[69]

이와 같이 우주의 상업적 이용에 관해서는 우주법이 아직 규율하고 있지 않은 분야가 많아 국내법 내지 국제계약관행에 의존하여 규율하고 있는 실정이다.

(3) 법체계 구축의 필요성

이상에서 살펴본 바와 같이 우주의 상업적 이용은 그 분야가 정형적이지 않고 계속 발전해 나가고 있으며 우주상업활동의 발달은 법적 관계의 다양화를 의미한다. 따라서 우주법 자체가 대부분 국가의 권리의무와 국가 간의 법적 관계를 다루는 국제 공법적 성격을 갖고 있다는 점을 고려할 때 상당 부분 국제 사법적 성격을 띠고 있는 우주의 상업적 이용을 단일의 법규범으로 규율하기가 어렵다는 점은 부인할 수 없는 사실이다. 그러나 현재와 같이 일부 우주선진국이 국내법 내지 국제관행으로 규율하는 경우에는 개발도상국 내지는 후발주자의 입장에서 불평등한 대우를 받게 되는 경우가 많을 것이다. 이를 고려하여 볼 때 중요하고 활발하게 이용되는 우주의 상업적

---

69) 신홍균, "우주상업활동 규율에 있어서의 우주법의 발전적 위상", 한국항공우주법학회지 제3권(1991), 249면.

이용에 관한 부분은 국가 간의 합의를 통해 어느 정도의 법체계를 구축하는 노력이 필요하다고 할 것이다.[70]

---

70) 공군 법무실, 우주법해설서(2008), 169면.

우주항행

제1절 지구궤도

제2절 우주운송

제3절 국제우주정거장

우주항행

제1절 지구궤도

1. 지구궤도의 분류

인공위성이 선회하는 지구궤도를 Supacana는 다음과 같이 분류하고 있으며 이 Supacana의 분류는 지구궤도 분류에 있어 가장 일반적인 것으로 알려져 있다.[1][2]

① 저궤도(Low Earth Orbit: LEO): 지상 200~5,500km 사이에 위치한 궤도

② 중궤도(Medium Earth Orbit: MEO): 지상 10,000~20,000km 사이에 위치한 궤도

③ 정지궤도(Geostationary Orbit: GSO): 지상 약 36,000km의 고도에 위치한 궤도로서 지구적도 주변의 원을 구성하고 있다.

④ 고궤도(High Elliptical Orbit: HEO): 원지점의 고도가 지상 40,000km, 근지점의 고도가 지상 1,000km인 타원형의 궤도

이상의 분류 중 저궤도(LEO)는 지구에서 가장 가까운 위치에 있기 때문에 지구자원탐사, 해양·기상관측용 위성과 군사목적의 정찰 위성용으로 주로

---

1) I. B. R. Supacana, the International Regulatory Regime Governing the Utilization of Earth Orbit, Leyden, 1998, pp.10 – 11.

2) 이 외에도 Mosteshar의 분류가 있다. Mosteshar는 지구궤도를 다음의 5개 ZONE으로 분류하고 있다.
   ① Near Earth Orbit(NEO): 지상 150~450km의 궤도
   ② LEO: 지상 450~1,500km의 궤도
   ③ MEO: 지상 5,000~15,000km의 궤도
   ④ HEO: 지상 20,000~35,000km의 궤도
   ⑤ GSO: 정확히 적도상공 35,786km의 궤도

이용되고 있는데 최근에는 지구에서 가장 가깝고 가장 저렴한 비용으로 도달할 수 있는 이점 때문에 저궤도에 대한 관심이 높아 가고 있다.[3] 중궤도(MEO)는 저궤도와 용도는 비슷하나 다른 위성과의 중계역활용이나 위치추적 위성용으로 많이 이용되고 있다. 고궤도(HEO)는 러시아와 같이 높은 위도지역의 국가가 통신위성용으로 개척했으나 현재 특별하게 사용되지는 않고 있다. 현재 우주법상 가장 문제가 되고 있는 것은 지구정지궤도(GSO)이다.

2. 지구정지궤도

(1) 의의 및 중요성

지구정지궤도는 지구적도 주변의 고도 약 36,000㎞를 지나는 원형의 궤도이다. 이 궤도의 천체 물리적 특성 때문에 인공위성을 올려놓으면 지구의 남북극의 축을 중심으로 회전하며 지구와 같은 방향과 같은 속도로 돌기 때문에 지구상에서 보면 항상 같은 곳에 정지해 있는 것처럼 보이는 궤도이다. 이 정지궤도의 중요성은 그것이 주는 경제적 이점 때문이다. 예를 들면 이 궤도에 인공위성을 올려놓으면 위성이 항상 고정된 위치에 있는 것처럼 보여 위성과 지상기지 간의 안테나를 조정할 필요가 없고 1개의 위성으로 지구 표면의 1/3을 커버할 수 있다고 한다. 따라서 정지궤도상에 3개의 인공위성만 일정한 거리를 두고 배치한다면 지구 전 지역을 수신범위에 둘 수 있기 때문에 통신이나 TV방영에는 최적이라고 할 수 있다. 실제 지구정지궤도는 통신에 있어서는 혁명적이라 할 만큼 큰 변화를 가져왔다.

이 외에도 기상관측위성에 의한 정확한 일기예측으로 재해의 예방이나 농작물재배의 개선에 기여하고 있고 원격탐사에도 이용되어 지하자원의 탐사, 산림현황의 파악, 농작물 작황의 파악 등 수많은 분야에서 활용되고 있다.

---

3) I. H. Ph. Diederiks - Verschoor & V. Kopal, op.cit., pp.21 - 22.

(2) 문제점

지구정지궤도의 가장 큰 문제점은 앞에서 본 바와 같이 이것이 주는 큰 경제적 이점에도 불구하고 한정된 천연자원이라는 점이다.[4]

그 단적인 예로 Spectrum의 부족현상을 들 수 있다. 스펙트럼은 전파의 파장에 따른 배열 또는 주파수에 따른 배열을 말하는데 전파의 배열인 스펙트럼이 중요한 것은 전파가 무선통신의 매개체이기 때문이다. 이러한 통신의 매개체인 전파 없이는 무선통신이 불가능하기 때문에 지구정지궤도상의 어떠한 위성도 지상기지와 통신 내지 접촉을 할 수 없으며 따라서 아무런 기능을 할 수 없다. 문제는 통신의 매개체 내지 통로인 전파가 통신의 매개체로 사용되는 경우 동일한 파장이나 주파수가 동시에 여러 통신의 매개체가 될 수 없고 비슷한 경우에도 간섭현상이 일어나 혼선이 있게 된다. 따라서 주파수 사용에 제한이 따르게 되고 이로 인해 스펙트럼의 부족현상이 일어나게 된다. ITU 회의는 1970년대부터 이 문제를 다루어 왔고 각국의 위성발사에 따르는 혼선과 간섭현상을 막기 위해 방송위성용 주파수를 배정하고 있다.

또 다른 문제는 주권 내지 관할권의 문제이다. 우선 원격탐사와 관련한 문제가 있다. 원격탐사는 통상 지구정지궤도상의 인공위성에 적재한 탐지기구를 이용해서 지구를 관측·탐사하는 것으로 이를 통해 지구의 자원이나 환경에 대한 각종 정보를 수집한다. 이것이 자국의 영토에 대하여 행하는 경우는 문제가 없으나 다른 나라의 영토 내에 있는 자원이나 기타 주요한 사항에 관한 정보를 취득하는 경우에는 탐사국과 피탐사국과의 관계에 있어 주권침해를 이유로 국가 간 분쟁이 일어날 수 있다.

한편 지구정지궤도가 유한한 천연자원으로서 그 경제적 이점과 이용한계에 대한 인식으로 일부 적도 주변의 국가들이 주권 내지 관할권을 주장하고 나선 것이다. 이것을 보고타선언(Bogota Declaration)이라고 한다.

---

4) 이 궤도상에 위성을 배치하려면 동경 2° 간격으로 놓여야 제 역할을 다할 수 있다고 한다. 따라서 지구정지궤도상에 배치할 수 있는 총 위성 수는 180개로 제한된다.

(3) 보고타선언과 주권문제

보고타선언은 1976년 12월 3일 적도상에 위치한 8개국(브라질, 콜롬비아, 콩고, 에콰도르, 인도네시아, 케냐, 우간다, 자이르 나중에 가봉, 소말리아 합류)이 자신들의 영토 위에 있는 지구에서 36,000km나 떨어진 지구정지궤도에 대하여 천연자원이란 명목으로 주권을 선언한 것을 말한다. 이들은 우주의 정의나 경계선 문제가 확정되지 않은 점과 1973년 ITU협약 제33조에서 지구정지궤도를 천연자원이라고 한 것을 기초로 지구정지궤도는 적도 위에 위치하고 있으므로 적도국의 관할에 속한다고 주장하면서 이 문제에 관한 국제협약을 체결하기까지 지구정지궤도 위치의 할당에 대한 모라토리움(moratorium)을 실시할 권한이 적도국에 있다고 하였다. 이들의 주장을 요약하면 다음과 같다.

① 지구정지궤도는 천연자원으로서 그 하부국가의 주권에 속한다. 지구정지궤도의 존재는 오로지 지구의 중력현상에 의존하여 존재하기 때문에 우주의 일부로 생각하여서는 안 된다. 그러므로 그 하부국가는 이 천연자원에 대한 주권을 선언하고 행사한다.

② 적도 국가의 주권은 그 영토에 상응하는 지구정지궤도 부분에 미친다.

③ 공해나 무주지 상공의 지구정지궤도는 국가의 관할권 밖이며 인류의 공동유산이다.

④ 1967년의 우주조약은 우주의 탐사와 이용에 있어서 최종답변은 아니다.

이 선언에 따르면 지구정지궤도에 인공위성을 배치하여 이용하려면 하부국가의 동의를 얻어야 한다는 결론이 된다. 이에 대해서 미국, 소련 등 대부분의 주요 우주활동국은 지구정지궤도는 우주 비행통로이지 적도국가들의 관할에 속하는 천연자원은 아니며 우주의 일부로서 우주조약상의 우주의 탐사와 이용에 관한 자유의 원칙이 적용된다고 하며 반대의 입장을 견지하고 있다. 이들의 주장을 요약하면 다음과 같다.

① 지구정지궤도는 우주의 일부이며 우주의 탐사와 이용에 관한 자유원칙 및 전유화금지의 원칙이 적용된다.

② 보고타선언에 의한 이의가 제기되기 전부터 이미 수십 개의 인공위성이 지구정지궤도에 발사되어 활동하고 있어 이 분야에 대한 국제관습법이 형성되었다고 할 수 있다.

③ 지구정지궤도는 경제적 효율적으로 사용하면 항구적으로 사용할 수 있다.

이와 같이 미국 등 우주활동국들은 적도국가들의 주권주장을 반대하였을 뿐만 아니라 UN COPUOS의 총체적 규제도 반대하면서 지구정지궤도의 제한 없는 이용을 주장하였다. 다만 무선주파수대에 대해서는 입장을 완화하여 이를 유일하게 관리할 수 있는 ITU가 통제하여야 한다는 입장을 취하였다.

이러한 주장들에 대해서는 콜롬비아를 비롯한 적도 국가들이 주장하는 지구정지궤도에 대한 주권주장은 지상 36,000㎞ 상공의 우주에까지 영토주권을 주장하는 것이 되어 그것이 대기권상공의 최고지점으로 간주될 수 있어서 이 지점 이하에 배치된 위성은 결국 외기권 우주에 있는 것이 아니라는 결론이 되기 때문에 이를 수락하기는 어렵다고 본다.[5]

더구나 UN COPUOS가 2001년 회기에서 지구정지궤도는 특별한 성격을 가진 것으로 우주의 일부라고 선언하였기 때문에 우주의 일부로 생각하여서는 안 된다는 그들의 주장은 설득력이 없다.[6] 또한 1967년의 우주조약이 국가에 의한 우주공간의 전유를 금지하고 있으므로 이에도 배치된다.

미국 등에 의한 지구정지궤도의 제한 없는 이용주장도 사실상 선점자우선원칙(finest come, finest served)에 기반을 둔 입장이어서 개발도상국에 대한 배려가 부족하다는 비판이 있다. 단적으로 이야기하면 막상 개발도상국들이 통신위성을 발사할 준비가 되어 이를 지구정지궤도에 올려놓고자 했을 때는 이미 지구정지궤도가 선점자우선원칙에 의해 선점되어 버려 적합한 무선주파궤도가 없는 상황이 발생할 수도 있다는 것이다.

1970년대의 새로운 경제질서(new economic order)는 개발도상국의 이익을 우선적으로 고려해야 한다는 사고를 그 기반에 깔고 있으며 이는 우주자원

---

5) 김한택, 전게서, 140면.
6) I. H. Ph. Diederiks - Verschoor & V. Kopal, op.cit., p.21.

에 대해서도 마찬가지이다. 즉 지구정지궤도와 같은 우주자원은 인류공동의 유산이며 국제공동체의 차원에서 개발도상국의 이익을 희생함이 없이 조직적·총체적으로 개발되고 경영되어야 한다는 것이다.

이와 관련 1982년의 UNISPACE II는 최종보고서에서 지구정지궤도에 관해 지구정지궤도는 우주이용에 있어 매우 중요한 독특한 천연자원(unique natural resources)으로서 고갈되는 자원은 아니나 유한한 천연자원이며 최적 사용을 위한 계획이 필요하다고 하였다. 또한 기술자립에 모든 국가의 공평한 참여를 보장해야 하며 특히 개발도상국의 장래수요를 인정하고 배려해야 한다고 언급하고 있다.[7]

1982년의 나이로비 ITU협약도 제33조 제2항에서 주파수사용과 관련하여 회원국들은 주파수와 지구정지궤도가 제한된 천연자원임을 고려하여 무선규칙에 따라 국가들이 공평하게 참여할 수 있게 이를 효율적이고 경제적으로 사용하여야 한다고 규정하고 있다. 제22조 제2항에서는 지구정지궤도에 공평하게 참여할 수 있도록 하는 데 있어서 개발도상국들의 특별한 필요와 특정 국가들의 지리적 상황이 고려되어야 한다고 규정하고 있다.

제2절 우주운송

1. 의의

우주운송은 "우주운송체를 사용하여 사람이나 물건을 지상의 한 지점과 우주공간궤도의 한 지점 간 또는 우주공간궤도의 한 지점과 다른 지점 간을 운송하는 것"을 말한다. 이러한 우주운송을 위해 지금까지 여러 가지 우주운송체가 개발되었고 앞으로 계속 개발될 것으로 예상되고 있다.

역사적으로 보면 1970년대 미국은 우주운송체로서 우주왕복선(Space Shuttle)

---

7) UNI SPACE '82 Report, UN A/CONF. 101/10, 1982, pp.69 – 71.

의 건조에 우선순위를 둔 반면 소련은 우주정거장을 건설하기 위한 우주운송체로서 Soyuz(유인) 및 Progress(무인)를 개발하였다. 소련의 두 우주선은 1회성 용도로 설계된 것이다. Buran이라고 부르는 세 번째 우주선은 미국의 우주왕복선에 해당하는 것으로서 수차례의 우주수송에 사용하기 위한 것이었다. 이들 우주선들은 공급과 정비작업을 수행하기 위하여 우주로 발사된 것들이다. 이러한 우주운송체는 우주선(space craft)으로서 등록되었다.[8]

미국의 첫 번째 우주왕복선은 1981년 4월 12일 발사되었다. 우주왕복선은 군사적·비군사적 기능을 모두 가지고 있으며 최대 30일의 기간 동안 총 7인(승무원 및 승객)을 탑승시킬 수 있다. 우주왕복선의 1차적인 기능은 지구궤도를 왕복하는 저렴한 비용의 운송 업무이다. 그 최초의 임무는 우주실험실(space lab)의 운송이었다. 이 외에도 우주왕복선은 인공위성을 궤도에 올리고 정비와 수선을 하는 데 사용되었고 우주에 이미 설치된 시설 간의 물건을 운반하는 데도 유용하게 사용되었다. 또한 그 기능 중의 하나로서 군사적 지원위성을 먼 궤도까지 올릴 수 있는 우주연락선(space tug)을 제공하는 역할과 다른 우주선에 연료를 공급하거나 임무를 행한 승무원을 교대시키거나 근거리 관찰을 위한 우주선을 스캔(scan)하는 데도 사용된다.

소련의 Soyuz는 수년 동안 궤도를 비행하여 온 'Salyut' 우주정거장을 위한 공급과 정비작업을 수행하기 위하여 발사되었다. Soyuz 덕분에 그 우주정거장에 대한 수리를 할 수 있었다. 반면에 Progress는 공급품을 실어 나르는 데 사용되었다. 우주왕복선이나 Soyuz는 유인이었던 것과 달리 Progress는 무인이다. 지금까지 우주운송체에 의한 이러한 작업들은 과학적 목적으로만 사용되어 온 것으로 보이나 상업적으로도 이용될 수 있음이 지적되고 있다.[9] 우주왕복선 프로그램은 오바마 행정부에 의해 NASA의 예산을 민간우주개발에 투자하는 법안에 서명함으로써 2010년에 중단되었다. 이에 따라 앞으로의 미국의 우주선의 개발과 운용은 민간 업체가 담당할 것으로 보인다.

---

8) I. H. Ph. Diederiks‒Verschoor & V. Kopal, op.cit., p.83.
9) Ibid.

2. 항공우주비행기

Space Shuttle이나 Soyuz와 같은 우주운송체와 구별하여야 할 것으로 '항공우주비행기'(aerospace plane)가 있다.[10] 항공우주비행기는 항공기와 우주선의 성격을 동시에 지닌 것으로 이륙 시에는 공기흡입(air breathing) 방식을 사용하여 일반 공항의 활주로에서 수평으로 이륙하여 대기권을 통과하여 우주에 진입하여 비행한 후, 다시 대기권에 재진입하여 대기권을 비행하고 나서 수평으로 기존의 일반 공항에 착륙하는 항공기를 가리킨다.[11] 미국, 러시아, 영국, 독일, 프랑스, 일본 등 선진 우주개발국들의 연구기관들이 개발하고 있다.[12]

이 항공우주비행기는 현재의 우주왕복선과 비행의 성격상 매우 비슷한 면이 있으나 분명하게 구별된다고 본다. 우주왕복선은 임무를 수행하는 단계에서 한편은 항공기(aircraft)로서 다른 한편은 우주선(Space craft)로서 기능을 수행하고 있으나 현재 우주왕복선에 대한 유력한 해석은 항공기가 아니라 우주선으로 파악하고 있으며 따라서 그 관할하는 법 영역도 우주법에 맡겨야 한다는 주장이다. 미국 연방항공청(FAA)도 우주왕복선을 항공기로 보지 않고 연방항공법의 적용을 부정하고 있다.[13] 현재 우주왕복선은 미국에서는 우주발사체(space vehicle)로 등록되어 있고 우주용도로 사용되는 것이 명백하므로 우주법의 제반 규칙이 적용된다고 할 것이다.

항공우주비행기는 영공과 우주 모두에서 이용된다는 점에서 항공법과 우주법 중 어느 것을 적용할 것인가가 문제된다. 이 문제는 항공우주물체

---

10) 'aerospace plane'을 우리말로 어떻게 번역하느냐 하는 문제와 관련 김한택 교수는 '우주항공기'로 번역사용하고 있고(김한택 저, 항공·우주법, 140면), 문준조 박사는 '항공우주비행기'로 번역사용하고 있다(문준조 외 1인 공저, 현대 우주법론, 248면). 양자 간 큰 차이는 없다고 보이나 저자는 우리나라 항공법이 항공법 시행령 제9조에서 '항공기의 범위'에 '지구대기권 내외를 비행할 수 있는 항공우주선을 포함한다'고 규정하고 있어 같은 것으로 보아 항공우주비행기로 부르기로 한다.

11) 김한택, 전게서, 140면.

12) 현재 항공우주비행기의 개발이 완료되면 서울과 뉴욕을 현재 15시간 정도 걸리는 것을 2시간 정도에 비행하는 것이 가능하다고 한다.

13) 板本昭雄, 三好晋, 新國際航空法(有信堂, 1999), 16頁.

(aerospace object)의 법적 쟁점 문제로서 수년간 UN COPUOS의 의제로 다루어져 왔는데 계속 논의만 지속되고 있는 실정이다. 요컨대 항공우주비행기의 법적 지위에 관하여 영역 구분론자들은 지상 100~120㎞ 상공을 기준으로 경계획정을 함으로써 우주와 항공영역을 구분하여 법을 적용시키자는 것이고 기능론자들은 항공우주비행기 활동의 성격과 위치에 따라서 각 경우를 평가하면 된다는 입장이다.[14] 따라서 기능적 접근을 한다면 전적으로 항공법의 적용을 받게 될 가능성이 크고 영역을 구분하는 공간적 접근을 한다면 일부는 우주법을 일부는 항공법을 적용받게 될 것이다.

항공우주비행기와 관련해서는 항공공법상으로는 국제 업무통과 협정상의 통과비행의 특권을 향유할 수 있는가 하는 문제와 항공사법상으로는 이러한 형태의 항공우주비행이 책임문제에 있어 바르샤바협약체제(또는 몬트리올협약)가 적용될 수 있는가의 문제가 제기된다. 지상 제3자에 대한 손해와 관련해서는 1952년의 로마협약(Rome Convention)을 비롯하여 일련의 의정서와 협약(2009년의 Convention on Compensation for Damage Caused by Aircraft to Third Parties)들이 적용되는 것이 타당한가와 1972년의 우주물체 손해배상 책임협약이 적용이 타당한가 또는 두 협약 모두 적용될 수 있을 것인가가 논쟁의 대상이 될 수 있다.

이와 관련하여 항공우주비행기에 항공법을 적용할 것인가 아니면 우주법을 적용할 것인가를 판단하는 좋은 기준은 그 비행기의 비행목적이라 할 수 있으며 따라서 그 주된 임무가 우주운송이라면 우주법을 적용하고 영공에서의 활동이 주된 목적이라면 항공법을 적용하면 될 것이라는 방안이 해결방학으로 제시된 바 있어 머지않은 미래에 등장할 것으로 예상되는 항공우주비행기의 법적 지위 확립에 도움이 될 것으로 본다.[15]

---

14) I. H. Ph Diederiks – Verschoor & V. Kopal, op.cit., p.85.

15) Ibid.

3. 상업우주운송

(1) 의의 및 전망

상업우주운송(Commercial Space Transport)은 "우주운송체를 사용하여 유상으로 사람이나 물건을 지상의 한 지점과 우주공간 궤도의 한 지점 간 또는 우주공간궤도의 한 지점과 다른 지점 간을 운송하는 것"을 말한다. 비상업적 우주운송과는 유상이라는 점에서 구별된다.

이러한 상업우주운송은 현대과학이 이룩한 우주선의 탑재량 증가, 추진기관의 정밀성 및 궤도 통제시스템과 같은 우주운송의 기술적 증가에 의하여 가능해졌다. 미국에 의하여 독점적으로 시행되다시피 한 우주운송 분야는 러시아, ESA, 일본 등의 가세로 다원화되어 가고 있으며 2011년을 목표로 하고 있는 국제우주정거장(ISS)의 가동을 계기로 본격화될 것으로 예상되고 있다. 2001년 미국인 Dennis Tito에 의해 Soyuz 우주선을 타고 국제우주정거장을 왕복하는 첫 우주여행이 이루어졌고 2012년경이면 본격적인 우주관광이 개시될 것으로 보인다. 우주공항(Space Airport)이 건설되고, 우주호텔(Space Hotel)과 같은 우주운송을 위한 신개념들이 등장하고 있다. 눈앞에 다가온 우주운송시장에 있어서도 우주운송사(Space Carrier)와 우주운송사 그리고 승객과 우주운송사 사이의 법률적 관계에 대한 복잡성도 증대될 것으로 예상되고 있다.

우주운송산업은 현재의 항공운송산업 및 과거 19세기 해양운송산업의 발달과정을 참고할 수 있다고 본다. 이 비교는 매우 중요한 것이라 할 수 있다. 운송산업은 그 특유의 몇 가지 발전과정이 있는데 그 과정을 살펴보면, 먼저 해양운송산업의 경우 운송사와 고객, 운송사 간 규제를 목적으로 법률을 제정하는 시기인 다수 운송사 단계(Multi-Carrier Stage)로부터 증기선의 등장으로 보다 광범위한 지역을 한데 묶어 운송을 하는 단계를 거쳐, 운송사의 파괴적 경쟁(ruinous competition)을 방지하고자 운송사 간을 연결하는 운송사 협의체(Lines Conference) 구성단계 등으로 볼 수 있다. 항공운송의 경우 제2차 세계대전 이후 항공사 간 과열경쟁, 국제항공운송의 급속한 신장이 해양운송과 거의 비슷한 결과를 초래하였다.

따라서 우주운송도 여러 가지 면에서 항공운송, 해양운송 부분과 비슷한 양상을 가질 것으로 예상된다. 첫 번째 단계로서 우주운송은 국력의 과시, 정치적인 동기 위에서 시작되는 것이 대부분일 것으로 예상되며 그 다음 단계에서 경제성을 고려한 경쟁이 필연적으로 뒤따른 것으로 보인다. 이렇게 우주 운송사 간 경쟁이 치열하게 되면 통과권, 운수권, 공급량규제 가격결정과 관련하여 국가 간 발생하는 문제점들을 해결할 수 있는 국제우주법이 필요하게 될 것이다. 일부 우주전문가에 의하면 가까운 미래에 우주궤도 도시(Orbit Space City)가 상당수 만들어지고 그곳에 과학자, 기술자들이 상주하게 되며 우주선을 이용한 이들 도시에 대한 관광 및 방문이 이루어질 것으로 추측하고 있다. 이처럼 상업우주선 운항시대를 눈앞에 두고 있는 시점에서 앞에서 언급한 4가지 주요 이슈들에 대한 기본적인 내용과 방향을 제시해 보고자 한다.

(2) 상업우주운송의 주요 문제점

1) 통과권 및 운수권

우주운송은 항공운송이나 해양운송과 달리 다른 국가의 주권이 미치는 지역을 통과하는 운송방식이 아니다. 대부분의 경우에 있어서 승객이나 화물의 목적지나 경유하고자 하는 지점이 우주에 있기 때문에 우주운송은 다른 국가의 허가를 받을 필요가 없다. 이러한 상황은 유인우주정거장(Manned Space Station)이 등장했을 때 변화할 수 있다. 우주정거장은 생산이나 조립을 하는 작업장과 과학적 연구를 위한 실험실의 기능을 수행한다. 이들은 또한 좀 더 원대한 임무를 띤 전진기지와 우주선의 여행목적지와 출발지의 기능을 동시에 수행하는 우주운송의 Terminal을 대신할 수도 있는 것이다.[16] 앞에서도 언급하였듯이 소수 과학자들의 예측에 의하면 우주정거장은

---

16) Yamanaka & Nagamoto, "Spaceport and New industrialized area in the Pacific Basin", Space Policy

궤도상의 우주도시로 개발될 것이며, 그에 따른 상당한 우주교통수요를 창출하리라 여겨진다. 따라서 일단 기술적 상업적인 점을 제외하면, 어떠한 국가의 우주운송사든지 다른 국가의 관할권이 미치는 우주정거장에 진입하는 유형은 크게 다음의 2가지 형태가 존재할 수 있다고 본다.

① 통과를 목적으로 진입하는 형태

A국의 우주선이 A국을 이륙하여 단지 기술적인 이유에서 B국에 의하여 등록된 우주정거장에 착륙하는 형태, 즉 승객이나 화물을 싣거나 내릴 목적이 아닌 단순히 재급유, 필요한 물품의 재공급, 정비 및 수리할 목적으로 착륙하는 행위

② 운송을 목적으로 진입하는 형태

A국의 우주선이 A국을 이륙하여, 승객이나 화물을 싣거나 내릴 목적으로 B국에 등록된 우주정거장에 착륙하는 행위

위에서 언급한 두 가지 착륙형태는 적어도 2개국 이상의 통제와 관할권을 내포한다. 따라서 이러한 통제와 관할권하에 우주정거장 소유국은 자국의 우주운송사를 보호할 목적으로 그들이 갖고 있는 통과권과 운수권의 기반 위에서 국제경쟁으로부터 기타 국가의 우주정거장 진입을 막을 수도 있는 것이다.

이론적으로 우주정거장의 관할권을 '완전하고 배타적인 주권'의 기반 위에서 모든 국가가 그들의 영토의 영공을 향유하는 것과 마찬가지의 동등한 권리로 간주되어서는 안 된다. 실제적으로 우주정거장의 소유권과 관할권이 미치는 범위 내에서 우주정거장의 등록국은 자국의 우주정거장으로 기타 국가의 우주선이 진입하는 것을 금지시킬 수 있는 것이다.

우주조약과 다른 4개의 조약을 살펴보았을 때, 특별히 그러한 것을 금지시킬 수 있는 조항을 발견할 수 없다. 우주조약에서는 호혜주의에 입각하여 달과 기타 천체의 모든 우주정거장은 조약 당사국에 개방되어 있다고 하나, 비록 이러한 논리가 받아들여진다 하여도 호혜주의 원칙은 여전히 다른 국

342(November 1986).

가의 착륙에 대한 자유의 제한을 가할 수도 있는 것이다. 이러한 점을 감안할 때 우주의 이용의 자유는 다른 국가의 관할하에 있는 우주정거장에 진입하는 자유를 보장하는 것은 아니다. 통과 및 운수와 관련하여 우주정거장에 진입하는 것은 새로운 국제조약에 의하여 가능하다고 본다. 이러한 조약은 먼저 우주정거장에 대한 공통된 용어의 정의에서 작성된 양해각서 위에서 실현 가능할 것이다. 이미 미국의 NASA와 EU의 ESA는 국제 우주정거장에 대하여 상호협조체제의 구축을 합의한 바 있다.

우주정거장 진입에 대한 규제는 해상 및 항공운송에서 적용되었던 원칙을 참고하여 제정될 수 있을 것이다. 그중 하나는 대다수의 항공협정에서 채택하고 있는 '호혜주의 원칙에 입각한 규제 관례'(Restrictive Practice of Reciprocity)이며, 다른 하나는 해상운송에서 이용했던 '개방정책'(Open Port Policy)이다.

2) 공급량규제

우주운송의 공급량은 우주운송사가 주어진 시간에 지구와 우주 사이를 운반한 총 수송량 혹은 유상 운송 실적(Total Traffic Volume or Payload)으로 정의될 수 있다. 우주운송에 있어 지구궤도에 발사하는 경우를 제외하고는 공급량을 조절할 수 있는 제도는 아직 없다.[17] 미래 우주운송에서 수행하게 될 교통량은 우주정거장 수의 실제적 한계가 있으므로 우주정거장의 공급규제는 불가피할 것으로 예상된다. 그 규제 방법에는 다음과 같은 2가지 방법이 있다고 본다.

① 각 우주선사가 주어진 기간 동안 우주정거장에 착륙하거나 방문하는 횟수

② 각 우주선사가 우주정거장에 착륙하고 또 최대로 체류할 수 있는 스케줄
우주운송의 공급량 조정은 과다공급과 파멸적 경쟁에 대한 문제를 해결할 수 있는 수단이며, 만약 국제적인 규제체제가 없고 우주선이 과다공급과 규제되지 않은 가격체제로 운항을 계속한다면 우주선사 간 가격전쟁은 피할

---

17) The use of the geostationary orbit is regulated by the ITU. For for relevant information, See N. M. Matte, Aerospace Law: Telecommunication Satellites, 1982, pp.103 – 105.

수 없으며 돌이킬 수 없는 불행한 결과를 초래하게 될지도 모른다. 미래 우주운송은 현재의 규제되지 않은 체제에서 모든 관계 이익집단이 공유할 수 있는 적절한 공급량 할당 체제로 전환할 필요가 있다고 본다.

3) 가격결정

우주운송의 가격결정은 다음과 같은 3가지 항공운송의 가격결정 방법이 참고가 될 것으로 본다.

① 자유가격체제

미국에서 쓰이는 방법으로 "자유로운 쌍무 항공협정(Liberal Bilateral Aviation Agreement)"에 의한 방식이다. 이 체제에서는 지정항공사가 임의로 가격을 책정할 수 있는 것으로서 정부의 간섭이 최소화되는 방식이다.

② 1946년 미국 – 영국 간 체결한 항공운송(Bermuda Ⅰ)에 따르는 가격체제

이 체제는 항공운송 관련 국제가격 결정기구 – 예를 들면 IATA(International Air Transport Association: 국제항공운송협회)와 같은 기구에 가격결정기능을 위임시키고 그 내용을 관계국 정부의 최종 승인을 받아 시행하도록 하는 체제이다.

③ 미국 – 중국 간 항공운송업무협정에 기초되고 미국 – 유럽항공사 연합 간 양해각서에 의해 더욱 발전된 가격체제

정부의 규제 없이 항공사들이 임의로 합리적인 요금범위 또는 수준(Zone of Reasonableness)에서 가격을 정하는 시행방식이다.

이는 각 우주선사가 사용하고 있는 가격 폭을 참고로 하여 최종적으로 국제기구에서 승인하는 방식으로서 자연스럽게 다자간 운송 협정을 체결함과 동시에 우주선사 간 가격 경쟁 또한 방지할 수 있는 수단도 제공해 주기 때문이다.[18]

---

18) Yamanaka & Nagamoto, op.cit., p.350.

(3) 우주관광

상업우주운송 중 가장 먼저 실현될 것으로 보이는 분야는 우주관광이다. 지금까지 우주정거장을 다녀오는 몇 차례의 관광이라는 형태의 우주여행은 있었지만 이들은 본격적인 상업성을 띤 것이라고 보기에는 다소 거리가 있는 것이었다. 그러나 이제는 다수의 승객을 태운 본격적인 우주관광이 머지않아 장래에 실현될 것으로 보인다. 우선은 우주관광선이 대기권을 벗어나 우주에서 상당시간 머무르는 우주체험의 형태가 될 것이나 장래에는 우주정거장을 다녀오는 형태에서 우주정거장에 건설된 궤도도시 간을 운항하는 형태로의 발전도 예상할 수 있다. 현재 우주관광 분야에 가장 앞장서고 있는 곳은 영국의 Virgin Galactic사와 미국의 XCOR Aerospace사이다. Virgin Galactic사는 이미 2004년 8월과 10월에 Spaceship Ⅰ의 민간우주비행에 성공한 바 있고 최근에는 6인승 항공우주선 VSS Enterprise의 시험비행에 성공했다. 계획대로라면 2011년까지 시험비행을 끝내고 곧 우주관광에 투입할 예정이다. VSS Enterprise는 6명의 관광객을 태우고 순항하다가 5만 피트 상공에서 하이브리드 로켓 모터를 가동시켜 모선에서 벗어난 후 준궤도 우주비행을 하는 것으로 알려져 있다. 이에 반해 미국의 XCOR Aerospace사가 개발한 LYNX MARK－Ⅱ는 우주공간에 해당하는 고도 115km까지 직접 올라가고 총 비행시간은 1시간 정도 소요되는 것으로 알려져 있으며 1일 4회 운항이 가능하다고 한다. 또한 최근 미국의 Boeing사도 NASA와 저지구궤도 우주선 CST－100을 개발하는 계약을 체결하고 2015년경 우주여행업 진출을 선언하고 나섰다.

이와 같이 관광목적의 항공우주선 개발이 괄목할 만한 진전을 보이고 있어 가까운 장래에 인간이 우주공간에서 태양과 별, 은하수를 관찰하고 지구를 감상하는 우주관광이 실현될 것으로 보인다.

이에 따라 일어날 수 있는 법적 문제점도 많이 발생할 것으로 예상된다. 특히 우주사고의 경우 책임문제, 보험문제 등이 문제가 될 것으로 본다. 미국은 관광 목적의 항공우주선이 교통수단에 해당된다고 보아 미국 교통부는 49 USC Chapter 701에서 관련 규정을 상세히 두고 있다.

제3절 국제우주정거장(International Space Station)

1. 개요

우주에 대한 인류의 끊임없는 도전은 인간이 상시 거주하면서 우주활동을 행할 필요성이 생겼고 이는 인간의 우주공간에서의 영구거주를 위한 우주정거장 계획으로 실현되었다. 최초의 우주정거장은 1971년에 구소련이 발사한 Salyut 1호이다. Salyut는 7호까지 발사되었는데 Salyut 7호는 1982년 4월에 발사되어 1984년까지 237일간의 인간체류기록을 세웠다. 미국은 1973년부터 Skylab 1~4호를 발사함으로써 우주정거장경쟁에 참여하였다. 소련이 Mir 우주정거장 발사를 포함하여 우주정거장 사업을 계속 추진한 데 비하여 미국은 space shuttle 계획에 우선권을 두었기 때문에 우주정거장 계획은 초기 단계에 머물렀다. 그러던 것이 1984년 1월 25일 미국의 레이건 대통령이 10년 이내에 인간의 영구거주를 위한 국제우주정거장(International Space Station: ISS) 계획을 공식적으로 천명한 것을 계기로 본격적으로 국제우주정거장 계획이 추진되었다.

국제우주정거장 계획은 당초 계획 소요예산이 400억 달러를 넘어서는 거대한 계획[19]으로 이는 강대국인 미국으로서도 쉽게 감당할 수 없는 금액일 뿐만 아니라 기술적으로도 국제협력이 필요하여 우주개발에 있어서 종전에 볼 수 없었던 여러 국가들을 참가국으로 하는 국제협력사업으로 추진되었다. 이에 따라 미국은 캐나다, 일본 및 EU 제국에 대하여 동 계획에의 참가를 요청하였고, 1985년 4월 16일, 5월 9일, 6월 3일에 캐나다, 일본 그리고 EU 제국의 동맹체인 ESA와 각각 일련의 양해각서(MOU)를 체결하였다. 그후 1988년 9월 29일 워싱턴에서 이들 국가 간 국제우주정거장에 관한 정부간 협정(Intergovernment Agreement on International Space Station: 원 IGA)이 정식으로 체결되어 ISS 계획이 본격적으로 추진되게 되었다.

---

19) 원계획상의 ISS는 총 중량 457ton, 길이 108m, 폭 80m로 소요예산 400억 달러 선이었다.

그러나 동 계획은 1993년 9월에 민주당의 클린턴 정권의 긴축재정의 영향으로 당초의 설계인 Freedom에서 규모가 축소된 Alpha로 변경되었고 우주공간에서 장기체류의 know-how를 갖고 있는 러시아를 동 계획에 참여시킬 이점을 인식하고 러시아의 참가를 촉구하기로 결정하였다. 러시아는 1993년 12월 17일 동 초청을 수락하였다. 이에 따라 1998년 1월 29일 러시아를 포함한 신국제우주정거장협정(신 IGA)[20]과 일련의 양해각서가 참가국들 간에 체결되었다.

이 ISS는 미국의 NASA, 러시아의 RSA, 일본의 JAXA, 캐나다의 CSA, EU의 ESA 등 총 16개국이 참여하는 국제협력사업이다. 미국의 Space Station Freedom, 러시아의 Mir-2, EU의 Columbia 실험실, 일본의 Kibo 실험실 등을 통합하여 2011년 완성, 2016년 가동을 목표로 추진되고 있다.

2. 구성 및 기능

ISS는 인간이 상시 우주공간에 거주하면서 우주에 관한 다양한 활동을 할 수 있도록 우주공간에 설치된 거대한 인공의 구축물로서 우주물체의 하나라고 할 수 있다. 그 특징으로는 규모가 거대하고 준영구적으로 우주공간에 설치되며 탑승원이 상주하는 저궤도상의 다목적 시설(multi-use facility in low-earth orbit)이다.

이 ISS는 각 참가주체가 제공하는 우주정거장 전용의 기반요소(Infrastructure elements)와 비행요소(Flight elements) 및 지상요소(Space Station-unique ground elements)로 구성된다.[21] 이를 세분하면 ① 캐나다 정부는 CSA를 통하여 ISS의 기반요소로서의 이동형 서비스시설(Mobile Servicing Center: MSC), 추가적 비행

---

20) 동 협정의 정식명칭은 다음과 같다.

Agreement among the Government of canada, Government of the member State of the European Space Agency, the Government of Japan, the Government of the Russian Federation, and the Government of the United States of America concerning Cooperation on the Civil International Space Station.

21) 신 IGA Annex 참조.

요소로서의 특수목적 정밀 Mainpulator, ② EU는 ESA를 통하여 이용요소로서의 여압실험실, 보급 및 추가적 능력 비행요소, ③ 일본 정부는 이용요소로서의 일본 실험동(Japaness Experiment Module: JEM)과 보급비행요소, ④ 러시아 정부는 RSA를 통하여 서비스동 및 타동을 포함한 ISS 기반요소, 실험동 및 탑재물의 정착장비, 보급 및 추가적 능력 비행요소, ⑤ 미국 정부는 NASA를 통하여 거주동, 이동요소로서의 실험동과 탑재물의 장착장비, 기타 보급비행요소를 제공하는 것으로 되어 있다. ISS 전용의 지상요소 제공은 참가국의 공통사항이고 추가로 필요한 사항은 양해각서로 정하여진다. 이러한 제반 요소로 구성되는 ISS는 법률상 별개의 우주물체의 복합체로 다루어지게 된다.

이와 같은 ISS는 다음과 같은 기능을 수행한다. 즉 ① 과학적 탐구 및 응용과 신기술개발을 위한 우주실험소, ② 지구와 우주를 관찰하는 고경사각의 궤도상의 상설관측소, ③ 화물과 운송기기의 도착과 처리 및 목적지로 이송하는 수송중계점, ④ 화물과 운송기기의 보관, 수리 및 보급을 행하는 지원시설, ⑤ 대규모 구조물을 조립하고 검사하는 조립공장, ⑥ 화물과 부품을 궤도상에 보관하는 저장시설, ⑦ 우주공간에서의 상업적 기회증대를 위한 생산시설, ⑧ 미래의 우주임무(영구적 달기지 건설, 화성 유인우주선, 유인우주탐사 등) 수행을 위한 중계기지로서의 역할 등을 수행한다.

3. 국제우주정거장 협정의 주요 기본원칙

(1) 파트너십(Partnership) 원칙

원 IGA 및 신 IGA를 관통하는 일관된 원칙은 '파트너십'(partnership: 협력관계)이다. 신 IGA 제1조 제1항에 의하면 참가국 간의 장기적인 국제협력의 틀을 진정한 파트너십(genuine partnership)을 기초로 하여 확립하는 것을 협정의 목적으로 한다고 규정하고 있다.[22] 파트너십은 원래 정치학상의 개

---

22) 신 IGA 제1조 제1항에 규정하고 있다.
   The object of this Agreement in to establish a long-term international Framework among the

념으로서 리더십에 대한 정치적 원칙이나 국제관계법에 이전·정착된 법률 상의 원칙이기도 하다. 이 파트너십에서 중요한 것은 각 참가주체 간에는 신뢰에 기초하여 공평하고 평등한 권리인정과 동시에 소수 참가주체의 이익의 보호도 목적으로 하고 있다는 것이다.

이러한 파트너십에 의한 ISS의 효율적 운영을 위하여 협력기관(Cooperating Agency)을 설치할 것을 협정은 규정하고 있다(신 IGA 제4조). 한편 신 IGA 제1조 제2항 및 제7조 제2항에서는 ISS의 관리 운영에 있어서 미국의 주도적 역할(under the lead role of the United States)을 인정하고 있는데 이는 ISS의 효율적인 관리운영을 위한 것으로서 파트너십의 기본원칙에 배치되는 것은 아니라고 본다.

(2) 평화적 이용원칙

신 IGA 제1조 제1항은 ISS의 개발 및 운용은 국제법에 따른 평화적 목적을 위해서라고 평화적 이용원칙을 천명하고 있다.[23] 이는 1967년의 우주조약의 기본원칙을 ISS에도 적용한 것이다.

또한 동 협정 제9조 제3항 (b)는 기도된 요소의 이용이 평화적 목적을 위한 것인지 여부의 판단을 요소를 제공한 참가주체에 위임하고 있다. 이는 미국의 국가안전보장상의 목적에서 결정권 요구가 배경이 된 것이다. ISS의 평화적 이용문제는 ISS의 계획 초기부터 문제가 되었는데 당초 ISS 계획에 관심이 없었던 미국의 국방부가 ISS 계획이 구체화되어 가는 과정에서 국방상의 목적에서 필요한 경우 ISS에의 접근을 확보하려고 시도한 데서 비롯되었다. 원래의 IGA 초안에서는 ISS의 국가안전보장상의 목적에서 이용에 관한 언급이 있었으나 제5초안에서 동 부분을 삭제하였다. 그러나 미국에의 배려는 부속서의 합의각서상에서 규정하였다. 최종적으로는 1989년 9월 19

---

partners, <u>on the basis of genuine partnership</u>, for detailed design, development, operation and utilization of permanently inhabited civil international space station <u>for peaceful purposes</u> in accordance with international law.

23) 각주 22)의 관련 조문 참조.

일 일부 교환공문 가운데 미국이 자국의 국가안전보장상의 목적에서 자국의 요소를 이용하거나 우주정거장의 기반요소로부터 획득한 자원으로서 자국에 배분된 것을 이용할 수 있는 권리를 인정하고 이것이 평화적 목적을 위한 것인가의 여부는 미국이 행하는 것으로 합의되었다.

신 IGA에서는 EU, 미국 및 러시아 대표 간 교환공문이 행하여졌는데 미국은 원 IGA상의 평화적 이용의 의미에 대한 확인사항에 추가하여 자국의 요소 및 자국에 배분된 자원의 이용이 신 IGA에 기하여 실시되고 있는지 여부에 대한 결정권은 미국이 행한다는 취지를 첨가하고 있다. EU 및 러시아 대표는 이러한 미국의 권리를 확인하는 동시에 다음과 같은 자기들의 권리도 확인하였다. 즉 ① EU에 있어서는 ESA 참가국이 제공하는 ISS의 요소의 이용에 대하여 각 참가국이 ESA 설립 조약 제2조를 지침으로 한다. ESA 참가국이 신 IGA 제9조 제3항(b)에 의해 자기가 제공한 요소의 이용이 평화적 목적이 아니라고 결정하는 경우는 그 이용이 행하여지지 않았던 것으로 확인하는 것으로 하였다. ② 러시아의 경우는 미국과 동등한 권리를 갖는 것으로 확인하였다. 여기서 평화적 이율과 관련하여 문제가 되는 것은 '평화'의 의미이다. 이에 대해서는 평화＝비침략설, 평화＝비군사설, 절충설로 설이 갈리고 있다. 신 IGA 참가국의 해석은 방어적 의미에서의 비침략설이 대세이다.

4. 국제우주정거장 협정의 법제도

ISS는 우주공간에서의 '거주' 및 '작업'을 위한 우주물체라는 특성상 종래 우주법 분야에서 예상치 못하였던 많은 새로운 법적 문제를 발생시키고 있다. 예컨대 ISS의 질서 및 안전을 유지하기 위한 관할권과 통제권 문제, 우주작업의 결과 얻어지는 발명 등에 대한 지적재산권 문제, ISS의 비행요소 및 구성요소 등에 대한 소유권과 그 이전 등에 관한 문제, ISS 계획을 추진 및 운용하는 과정에서 발생할 수 있는 손해배상책임 문제이다. 신 IGA는 이러한 법적 문제에 대한 비교적 상세한 규정을 두고 있다.

(1) 등록제도

신 IGA는 ISS의 등록에 관하여 각 참가국별 개별 등록방식을 채택하고 있다. 즉 ISS에 제공하는 각 구성요소는 각 참가주체가 등록을 하여야 한다. 다만 EU참가국은 ESA가 대행하는 것으로 규정하고 있다.[24] 이는 우주물체 등록조약 제2조에 따른 것이다.[25]

(2) 관할권제도

1) 일반적 관할권 및 통제권

ISS가 우주공간에 있는 물체이기는 하지만 ISS상에서 발생하는 문제 및 탑승원에 대해서는 특정 국가의 관할권 및 통제권이 행하여진다. 여기서 말하는 관할권은 국가 또는 국가 이외의 공법상 또는 집단으로서의 기관이 법률에 기해 규제할 수 있는 법행위를 행할 수 있는 권한을 지칭하며 통제권은 관할권의 구성요소로서 우주물체를 유도하거나 기술적 측면에서 탑승원의 행동을 감독하는 운용상의 권리를 말한다.

신 IGA는 관할권 및 통제권에 관해 준영토적 관할권과 국적관할을 채택하고 있다. 즉 신 IGA 제5조 제2항에 의하면 우주조약 제8조 및 우주물체 등록조약 제2조에 따라 각 참가국은 자국의 등록요소 및 자국민인 ISS상에서의 인원에 대하여 관할권 및 통제권을 가진다고 규정하고 있다(신 IGA 제5조 제2항 전단). 이에 따라 비행요소의 등록국과 탑승원의 국적국이 관할권 및 통제권을 갖는다. 만약 어느 참가국의 국민인 탑승원이 타 참가국이 등록한 요소상에 있는 경우 어느 참가국이 관할권 및 통제권을 갖는가가 문제될 수 있다. 이 경우는 우주조약 제8조 및 탑승원의 실제의 거소의 관

---

24) ESA의 활동은 평화적 목적을 위하여 행하여지지 않으면 안 된다는 취지의 규정임.

25) 우주물체등록조약 제2조는 지구궤도상 또는 그 이원에 발사된 우주물체의 등록을 의무화하고 각 발사국에 등록의 확정을 UN사무총장에게 통보하도록 하고 있다.

점에서 관할권의 행사에 관하여 특별한 합의가 없는 경우는 요소의 등록국이 관할권 및 통제권을 갖는다고 볼 것이다. 즉 준영토적 관할권과 인적관할권이 충돌할 시는 지구상에서와 마찬가지로 영토적 관할권 우선의 원칙에 따라 해결하면 될 것으로 본다. 그런데도 관할권의 행사에 관하여 문제가 있는 경우는 분쟁해결제도를 이용하여 해결할 수밖에 없다.

그런데 신 IGA는 비행요소 상에서 등록국이 행사하는 관할권은 지구상에서 영역국이 그 영역에 행사하는 관할권과는 다소 성격이 다른 것으로 만들고 있기 때문에 주의를 요한다. 즉 신 IGA 제5조 제2항 후단은 "관할권과 통제권의 행사는 동 협정과 MOU 그리고 시행규칙의 관련 규정의 적용을 받는다"고 규정하고 있으므로 다소의 제약이 있다.

관할권의 행사와 관련하여 신 IGA에서 고려될 수 있는 특별규정으로는 동 협정 제7조, 제9조, 제10조가 있다.

2) 형사관할권

형사관할권에 관해서는 일반적 관할권과는 별도로 신 IGA 제22조에 규정하고 있다. 동 조 제1항에 의하면 각 참가국은 어느 비행요소상에서건 자국민에 대한 형사재판관할권을 가진다고 규정하고 있어 1차적으로 용의자의 국적국이 관할권을 가지는 것으로 하고 있다. 여기서 하나 유의할 것은 1988년의 원 IGA에서 규정하고 있던 유인본체의 안전을 해하는 위법행위에 대한 미국의 형사재판관할권의 행사에 관한 규정은 삭제되었다는 점이다. 참가국들 간에 소위 미국의 우월적·중첩적 관할권을 인정하는 것으로서 논란이 있었던 부분이다.

동조 제2항은 궤도상의 위법행위의 경우를 규정하고 있는데 ① 타의 참가국의 국민의 생명이나 안전에 영향을 미친 경우, ② 타의 참가국의 비행요소상에서 발생하였거나 그 비행요소에 손해를 끼친 사건의 경우는 제1차적으로 용의자의 국적국이 형사관할권을 가지지만 사건으로 영향을 받은 참가국도 일정한 조건하게 관할권을 행사할 수 있도록 규정하고 있다.[26] 동조

---

26) 일정한 조건이란 ① 용의자의 국적국인 참가국이 당해 권한 행사에 동의하는 경우 또는 ② 용의자의 국

제4항은 각 참가국은 위법행위의 처리에 대하여 협조할 의무가 있다고 참가국의 협조의무를 규정하고 있다. 동 조 제5항은 승원의 행동규범(Code of Conduct)을 규정하고 있다. 이는 신 IGA 제11조 제2항과 관계가 있는데, 이에 의하면 각 참가국은 승원의 행동규범의 개발에 협조하여야 하고 또한 승원의 제공 이전에 동 규범의 준수를 승인하여야 한다고 규정하고 있다.

한편 미국·일본, 미국·ESA, 미국·캐나다 간 MOU 제11조 제8항 및 미국·러시아 MOU 제11조 제9항은 ISS 지휘관의 권한과 책임을 규정하고 있는데 이에 의하면 ISS 지휘관은 승무원의 안전, 질서 및 규율의 유지를 위해 필요한 조치를 취할 수 있는 적절한 권한을 행사할 수 있다. NASA 규칙 1214. 7(STS(우주수송시스템)선장의 권한)[27]과 러시아 우주법 제20조 제3항(우주선 선장의 권한)[28]도 비슷한 취지의 규정을 두고 있다.

(3) 소유권제도

1) 지적재산권

지적재산권 문제는 ISS상에서 발명 등과 관련하여 다루어야 할 중요한 이슈 중의 하나이다. ISS에서 진행되는 지적재산권의 활동은 당연히 보호되어야 한다. 이러한 ISS에서 진행되는 지적재산권의 보호는 ISS상에서 행해지는 창조적인 작업은 물론이고 지상에서 보호되는 지적재산권을 이용하는 활동에도 적용되어야 한다.

신 IGA는 동 협정 제21조에서 ISS상의 지적재산권 활동에 대해서 규정하고 있는바 우선 보호되는 지적재산권의 개념을 1967년 세계지적재산권기구

적국인 참가국이 소추를 위해 자국의 권한 있는 당국에 사건을 의뢰할 것을 보증하지 않는 경우에 있어서 협의 종료일로부터 90일 이내 또는 합의할 기간이 있는 경우는 그 기간 이내에 형사재판관할권을 행사할 수 있다.

27) NASA 규칙 1214. 7:
STS의 전 비행단계에서 선장은 ① 질서와 규율의 유지 강화, ② 모든 승무원의 안전 및 안녕, ③ STS 및 STS에 의해 운반되는 탑재물의 보호를 위해 자기의 재량에 의해 필요한 조치를 취할 절대적 권한을 갖는다고 규정하고 있다.

28) 러시아 우주법 제20조 제3항:
유인우주물체의 선장은 자기의 권한의 범위 내에서 비행계획의 이행, 승무원 및 비행에 참가하는 기타 요원의 안전과 우주물체와 우주물체 내의 재산을 보호할 책임을 갖는다고 규정하고 있다.

설립 조약 제2조의 개념규정에 따르는 것으로 규정하고 있다(신 IGA 제21조 제1항).[29] EU참가국의 경우는 ESA로 등록된 요소상에서 행해진 지적재산권 관련 활동은 자국의 영역 내에서 행해진 것으로 본다.

지적재산권의 관할권 문제는 준영토적 관할권을 채택하고 있다. 즉 ISS의 비행요소상에서 행하여진(지적재산권) 활동은 비행요소의 등록국의 영역 내에서 행하여진 것으로 본다고 규정하고 있다.[30] 참가국이나 협력기관 또는 관계자에 의해 타의 참가주체의 비행요소상에서 행해지는 활동에의 참가는 그 자체로는 관할권의 변경이나 영향을 주는 것은 아니다. ISS의 비행요소상에서 자국민 또는 거주자 이외의 자에 의해 행해진 발명에 대해서는 참가국은 타 참가국이 국가안보의 목적으로 분류되거나 보호되는 정보를 포함하는 특허출원의 비밀을 보호하기 위한 출원을 방해하기 위해서 발명의 비밀에 관한 자국법을 적용하여서는 아니 된다. 그러나 이 규정은 ① 특허출원을 최초로 행한 참가국이 그 비밀을 관리하거나 그 이후의 출원을 제한하는 권리, ② 그에 따라 출원을 행한 참가국이 국제적인 의무에 기한 출원의 보급을 제한하는 권리를 해하는 것은 아니다(신 IGA 제21조 제3항).

ESA 참가국 간의 지적재산권 문제는 동 조 제4항과 제5항에 별도로 규정을 두고 있다. 이는 ESA가 복수의 참가국으로 이루어져 있기 때문으로 보인다. 제4항에 의하면 ESA에 등록된 요소상에서 동일의 지적소유권에 대한 동일한 침해행위에 대해서는 구주참가국 중 어느 한 국가에서만 구제를 받을 수 있다. 그 이상의 구주참가국이 ESA의 등록요소상의 침해행위를 자국 영역에서 행하여진 것으로 보아서 그 이상의 다른 지적재산권 소유자에 의해 소송이 제기된 경우는 법원은 먼저 제기된 소송의 결과가 나오기까지 후에 제기된 소송절차를 일시적으로 중단하는 것이 가능하다. 어느 하나의 소

---

29) 세계지적재산권기구(WIPO) 설립 조약 제2조 규정의 지적재산권:
    미술 및 학술의 저작물, 실연가의 실연, 레코드 및 방송, 인간 활동의 전 분야에 걸친 발명, 과학적 발견, 의상, 상표, 서비스마크 및 상호와 기타 상업상의 표시, 부정경쟁에 대한 보호에 관한 권리, 산업, 학술, 문예와 미술 분야에 있어서 지적활동으로부터 발생하는 기타 모든 권리를 말한다.

30) 신 IGA 제21조 제2항 전단.
    …… an activity occurring in or on a space station flight element shall be deemed to have occurred only in the territory of the partner state of that element's registry ……

송에 관한 판결이 실현된 경우는 동일한 침해행위에 기한 계류 중이거나 장래의 소송에 의한 손해의 회복은 금지된다. 제5항은 모든 구주참가국은 ESA의 등록 요소상에서 행해진 활동에 관한 지적재산권의 실시를 위한 라이선스가 어느 구주참가국의 법률에 기해서 유효한 경우는 당해 라이선스의 유효성을 인정하여야 하며, 라이선스의 조건이 준수되는 한에 있어서는 침해의 구제는 받아들여지지 않는다고 규정하고 있다. 이는 국적이 다른 특허권자들 간의 동일한 발명에 대한 소송을 금지하기 위한 것으로 보인다. 동 조 제6항은 '일시적 존재의 원칙'에 관한 규칙으로서 지구상의 지점과 참가국 또는 ESA에 등록된 비행요소 간의 이동 중의 물품이 타의 참가국의 영역에의 일시적 존재는 그 자체로는 그 참가국에 있어서 특허권 침해절차의 기초가 되지 않는다고 규정하고 있다. 이는 협정의 전 체약국인 당사국인 "공업소유권 보호를 위한 파괴조약" 제5조 제3항[31]과 미국 특허법[32]에 기한 것이다. 신 IGA는 이 원칙을 채용하였기에 이동 중의 물품이 통과 중의 국가에 있어서 매각이나 타의 이용에 해당되지 않는 한 이 규정이 적용되나 특허권자의 허가 없이 특허권의 제조법에 의해 ISS상에서 제조한 물품을 당해 특허권에 기해 보호가 이루어지는 국가에 반입하는 경우에는 이 규정이 적용되지 않는다. 신 IGA는 이용자의 발명에 관해서는 구체적인 규정이 없고 이는 각 참가국의 자유재량에 일임하고 있다.

2) 지적재산권 이외의 소유권

지적재산권 이외의 소유권으로는 각 참가국이 제공하는 ISS의 각 요소와 이용자가 제공하는 장치 또는 물질의 소유권, ISS 활동의 결과 생성된 물질과 데이터의 소유권 문제 등을 들 수 있다. 우선 각 참가국은 각자의 협력기관을 통하여 ISS의 요소에 있어 자기가 제공하는 요소에 대한 소유권을 가진다(신 IGA 제6조 제1항 전단). 다만 구주참가국은 ESA에 소유권을 위

---

31) "일시적 존재의 원칙에 관한 규정", 즉 항공기 또는 차량과 그 부속물의 구조와 기능에 관해 당해 특허권의 특허대상인 발명을 허용하는 공업소유권 보호동맹의 동맹국의 항공기 또는 차량이 타 동맹국에 일시적 또는 우발적으로 들어가는 경우는 특허권의 침해에 해당하지 않는다는 규정이다.

32) 35USC; Pub. L. 96 – 517, para.272, 42USC, 2457(k).

탁하고 있다(신 IGA 제6조 제2항). 그리고 각 참가국은 상호 간 소유관계를 통보하도록 하고 있다(신 IGA 제6조 제1항 후단).

이러한 소유권은 각 참가국 간에는 이전이 가능하고 이 경우 그 사실을 타 참가국에 사전 통보하도록 하고 있다(신 IGA 제6조 제3항). 비참가국이나 비참가국의 관할하에 있는 민간단체에의 이전은 타 참가국의 동의 없이는 불가능하다고 규정하고 있다(신 IGA 제6조 제4항). 이는 실제상 소유권 이전에 관한 타 참가국의 동의를 얻기가 쉽지 않다는 점에서 비참가국의 장래에 있어서 ISS 계획에의 참여를 불가능하게 하는 규정으로 보인다. 그러나 참가국의 관할하에 있는 민간단체의 소유권을 인정하고 있어 민간 소유권의 명확화로 민간기업의 적극적 참여의 길을 열어 놓았다는 점에서 중요한 의의가 있다고 본다.

이용자가 제공하는 장치 또는 물질의 소유권은 그것이 단지 ISS상에 있다는 것으로는 영향을 받지 않는다(신 IGA 제6조 제5항). 또한 ISS상에서 활동의 결과 생성된 물질이나 데이터의 소유권도 그것 자체로는 소유권을 나타내는 것이 아니다. 이는 ISS 요소나 장치의 소유권과는 별개로 IGA 이외의 개별합의에 의해 특별 취급된다(신 IGA 제6조 제6항).

(4) 손해배상 책임제도

1) 손해배상청구권의 상호포기

신 IGA는 ISS를 통한 우주공간의 탐사 및 이용에의 참가를 조장하는 목적에서 참가국 및 관련자 간의 손해배상청구의 상호포기제도(Cross - waiver of Liability)를 채택하고 있다(신 IGA 제16조 제1항). 이는 NASA에서 이미 국제협력에 의한 우주계획을 실시함에 있어 손해배상책임의 상호포기원칙을 협력협정에 삽입하는 것을 관행시해 오던 것을 원 IGA에 이어 신 IGA에서도 이 원칙을 채택한 것이다.

이에 따라 각 참가국은 손해배상청구권의 상호포기원칙에 동의하고 우주작업으로부터 발생하는 일체의 손해배상청구를 포기하여야 한다(신 IGA 제

16조 제3항(a) 전단).

포기의 대상은 ① 타 참가국, ② 타 참가국의 관련자, ③ 전 2자의 피고 용자이다. 포기의 요건은 ① 손해를 일으킨 사람, 단체 또는 재산이 우주작 업과 관계가 있을 것, ② 손해를 입은 사람, 단체 또는 재산이 우주작업과 관계로 손해를 입었을 것이다(신 IGA 제16조 제3항(a) 후단). 손해배상청구 는 그 법적 기초에 관계없이 일체의 손해배상청구에 적용된다(신 IGA 제16 조 제3항(f)).

손해배상청구권의 상호포기의 적용이 제외되는 경우가 있다. 즉 ① 참가 국과 그 관계자 간 또는 관계자 상호 간, ② 자연인의 상해 또는 사망에 있 어 그 자연인 또는 유산관리인, 유족 또는 대위권자에 의한 청구, ③ 악의 에 기인한 손해배상청구, ④ 지적재산권에 관한 청구의 경우이다(신 IGA 제 16조 제3항(d)). 상기 ①의 경우에 있어서는 손해배상절차는 당사자 간의 계 약 및 국내법에 따라 행해진다. ②는 미국의 주장이고, ③은 구주참가국의 주장에 기초하고 있다. ISS 탑승원은 손해를 일으킨 자기의 행위에 있어서 는 신체상의 상해 또는 사망이 포함된 경우 또는 악의의 경우를 제외하고는 상호포기의 원칙의 적용을 받게 된다. 그러나 동 원칙은 ISS 탑승원과 그 고 용인 사이에는 적용되지 않고 당사자 간의 계약에 의해 규율된다. ④는 협 정 제21조에 의해 규정되었기 때문에 삽입된 것이다. 이 원칙은 신 IGA 제 14조 제2항에서 규정하는 '능력의 추가', 즉 장래의 새로운 요소의 추가의 경우에도 적용된다(신 IGA 제14조 제2항 전단).

2) 손해배상책임의 제 요소

ISS의 활동과 관련하여 발생하는 손해배상책임은 국제책임이다. 이러한 국제책임의 주체는 각국의 협력기관을 포함한 참가국과 다음의 관계자이다. ① 참가국의 계약자 또는 하청계약자, ② 참가국의 이용자 및 고객, ③ 참 가국의 이용자 및 고객의 계약자 또는 하청계약자이다. 계약자 및 하청계약 자에는 모든 종류의 공급자를 포함한다(신 IGA 제16조 제2항(a)(b)). 국제책 임의 대상은 '보호되는 우주작업'(Protected Space Operation)으로 표현되고 있다(신 IGA 제16조 제2항(f) 전단). 신 IGA 및 MOU와 시행규칙은 모든 발사체, ISS, 탑재물에 관한 일체의 활동과 공간적으로는 지구상, 우주공간, 지구와 우주공간 간의 이동 중의 활동을 모두 포함하는 것으로 하고 있다. 그러나 ISS 관련 활동 이외의 목적으로 사용하기 위한 탑재물상에서 행해진 생산물 또는 제조의 개발 계속을 위한 지구귀환 이후의 지상에서 행하여지는 활동은 제외된다(신 IGA 제16조 제2항(f) 후단). 손해는 ① 신체상의 상해, 건강상해, 사망, ② 재산의 손상, 멸실, 이용가치의 상실, ③ 수입 또는 수익의 상실, ④ 직·간접 및 결과적 손해까지 포함된다(신 IGA 제16조 제2항(c)). 신체적·물질적 손해뿐만 아니라 간접적·결과적 손해까지 명시적으로 포함시켰다는 점에서 우주손해책임조약보다 그 범위가 넓다고 하겠다.

3) 제3자에 대한 책임

제3자에 대한 손해에 대해서는 참가국 및 ESA가 우주손해 배상책임조약에 따라 국제책임을 진다(신 IGA 제17조 제1항). ESA는 각 가맹국이 연대하여 책임을 진다. 그리고 우주손해 배상책임조약에 기해 손해배상청구가 행해진 경우는 각 참가국은 책임의 분담 및 방어에 관한 즉각적인 협의를 하여야 한다(신 IGA 제17조 제2항).

신 IGA 제12조 제2항에서 규정하고 있는 우주물체의 발사 및 회수에 관해서는 연대책임의 분담에 관한 별도의 협정체결이 가능하다(신 IGA 제17조 제3항).

(5) 분쟁해결제도

신 IGA는 분쟁해결방법으로 협력기관(Cooperating Agency)을 통한 협의(consultation)를 분쟁해결의 중심으로 하는 제도를 채택하고 있다. IGA의 교섭과정에 있어서 분쟁해결 방법으로 중재가 논의되었지만 미국은 ISS 계획의 기술적 특성상 분쟁문제는 중재에 적합하지 않고 의무적 중재절차는 미국의 국내법과는 맞지 않는다는 이유 등으로 중재를 거부하고 협의를 주장했다. 이에 반해 구주참가국은 의무적 중재조항이 제3자의 개입을 피하여 해결할 수 있는 장점이 있으므로 조정과 중개를 거친 후 중재에 의뢰할 것을 주장했다. 최종적으로는 협의제도가 채택되었지만 협의에 의해 해결되지 않는 문제는 중재로 해결하도록 하고 있다.

신 IGA상 관련 조항에 따르면 각 참가주체는 ISS 협력으로부터 발생하는 어떠한 문제라도 상호 간에 협의가 가능하고 MOU에 정해진 절차에 따라서 협력기관 간의 협의를 통하여 문제해결을 위하여 최선의 노력을 경주하여야 한다고 규정하고 있다(신 IGA 제23조 제1항). 또한 어떤 참가국도 ISS 협력으로부터 발생하는 문제에 대해 타 참가국에 정부 간 레벨의 협의를 요청할 수 있다. 이 경우 협의를 요청받은 참가국은 협의가 모든 참가국의 고려사항이라는 취지를 미국에 통보하고 미국은 실행 가능한 가장 빠른 시간 내에 모든 참가국이 참석하는 다수국 간 협의를 소집하여야 한다(신 IGA 제23조 제2항).

어느 참가국이 비행요소의 심각한 설계변경으로 인하여 타 참가국에 영향을 미칠 우려가 있는 경우는 그 사실을 타 참가국에 통보하여야 하며 이 사안을 위 절차에 따라 협의에 회부할 수 있다(신 IGA 제23조 제3항). 협의에 의하여 해결되지 않는 사안은 관계참가국이 조정, 중개 또는 중재에 회부할 수 있다(신 IGA 제23조 제4항).

우주환경

제1절 우주잔해

제2절 NPS

우주환경

제1절 우주잔해

1. 의의

유럽우주국(ESA)의 2009년도 보고서에 의하면 1957년 인류 최초의 인공위성인 Sputnik 1호 발사 이래 6,600여 개의 인공위성이 지구궤도에 쏘아 올려졌고 지구궤도를 돌고 있는 인공물만 36,131개에 이른다고 한다. 이 가운데 94%는 임무를 마치고 떠도는 인공위성이거나 부서진 파편들이라고 한다.

이렇게 기능을 상실하여 쓸모없게 되었거나 부서진 파편들을 우리는 보통 '우주잔해'(Space debris)[1]라고 부르고 있다. 이를 좀 더 법률적 관점에서 구체적으로 정의하면 우주잔해는 "인간에 의해 만들어진 지구궤도를 선회하는 기능을 상실한 물체로서 허가받거나 허가받은 것으로 기대할 수 있는 어떤 다른 기능을 하거나 회복할 것으로 합리적으로 기대할 수 없게 되어 버린 물체(파편이나 부품 포함)"(any man – made Earth – orbiting object which in non – functional, with no seasonable expectation of assuming or resuming its intended function or any other function for which it is or can be expected to be authorized, including fragments and pants thereof)를 말한다. 이러한 우주잔해에는 비작동 우주선, 소모된 로켓 몸체, 계획된 우주활동 과정에서 버려진 물

---

1) 'Space debris'의 용어의 우리말 번역에 있어서 '우주폐기물', '우주쓰레기', '우주잔해' 등 여러 가지 용어가 사용되고 있으나 'debris'라는 단어의 본래의 의미가 '파편' 또는 '잔해'를 의미하는 것이어서 '쓸모없는 찌꺼기'의 의미를 가진 우주쓰레기 등은 적절치 않은 것으로 생각되어 본서에서는 '우주잔해'라는 용어를 주로 하였다.

질 및, 폭발이나 충돌로 인하여 위성이나 또는 보조로켓 분리가 만들어 내는 잔해도 포함되는 것으로 보고 있다.[2] 또한 UN COPUOS 산하의 과학기술소위원에서도 우주잔해에 대한 정의를 하고 있는데 이는 좀 더 단순(simple)하다. 이에 따르면 우주잔해란 "인간에 의하여 만들어진 물체로서 그 파편과 구성요소들을 포함하여 지구궤도에 있거나 대기권으로 재진입하는 기능을 상실한 모든 것"(all man‒made objects, including fragments and elements thereof, in Earth orbit or re‒entering the atmosphere that are non‒functional)을 말한다고 정의하고 있다.[3]

이 우주잔해가 문제가 되는 것은 우주환경오염 문제와 인공위성이나 우주선과의 충돌 가능성에 따른 위험성 때문이다. 이 우주잔해는 크기에 따라 직경 10㎝ 이상의 '큰 물체', 직경 1㎜에서 10㎝까지의 '중간물체', 직경 1㎜ 이하는 '작은 물체'로 구분되고 있다.[4] 현재 이들 중 추적이 가능한 우주잔해는 직경 10㎝ 이상의 큰 물체다. 직경 10㎝ 이하의 작은 우주잔해는 대부분 추적이 불가능한 '미확인' 상태이며 그 수가 수백만 개라고 하니 우주환경에의 오염이 심각한 상황임을 알 수 있다. 이에 대해서 UN우주국의 전 국장이었던 체코의 V. Kopal는 우주잔해는 우주환경 보호 문제의 하나로서 당연히 취급되어야 할 것이라고 확인하고 있다.[5]

미 항공우주국(NASA)의 평가 자료에 의하면 우주잔해의 99%는 직경 10㎝ 이하의 잔해라고 하며 이 우주잔해는 궤도 고도 900~1,000km 사이의 지구저궤도(LEO)에 가장 많이 분포되어 있다고 한다. 이 우주잔해가 위험한 것은 지구궤도에서의 엄청난 속도 때문이다. 그 속도는 지구정지궤도에서는 대략 시속 11,000㎞이고 저궤도에서는 35,900㎞이다. 시속 35,900㎞의 속도라는 것은 우주잔해가 지름 10㎝ 정도라 할지라도 35,000㎏의 트럭이 시속이 190㎞로 달리는 것과 같은 운동에너지를 갖는다고 한다. 따라서 충돌사고 시 어떠

2) I. H. Ph. Diederiks‒Verschoor & V. Kopal, op.cit., p.128.

3) 2007년 과학기술소위원회 보고서 참조, UNDOC. A/A. 105/890, Annex Ⅳ, p.182.

4) 김동욱, "우주잔해 손해에 대한 국제책임", 한국항공우주법칙회지(2008.12), 182면.

5) V. Kopal, "Summary of Replies to the Questionnaire which Included Issues Concerning Space Debries", in the Proceedings of the 36th Colloquium of the IISL, p.394.

한 인공위성이나 우주선도 살아남지 못하게 된다.[6]

우주가 워낙 광대하다 보니 충돌의 확률이 지극히 낮긴 하지만 실제에 있어서는 상당한 건수의 충돌사고가 보고되고 있다.[7] NASA에서는 2009년에만 우주잔해와의 충돌을 방지하기 위하여 인공위성과 국제우주정거장의 궤도를 9차례에 걸쳐서 수행하였다고 한다. 우주법상으로는 우주잔해에 의한 피해에 대한 손해배상책임이 특히 문제가 되고 있다.

2. 우주잔해의 분류

우주잔해의 분류에 대해서는 일반적으로 ① 정지된 페이로드, ② 손상되지 않은 잔해, ③ 파쇄된 잔해, ④ 극소립자, ⑤ 우주활동 과정에서 배출된 인공우주잔해로 분류하고 있다.[8]

(1) 정지된 페이로드(Inactive Payloads)

정지된 페이로드는 주로 정위치 유지작동(station – keeping operation)을 하게 하는 추진제가 고갈되었거나 제대로 작동하지 않아서 더 이상 운용할 수 없는 수명이 다한 위성을 말한다. 이에 대해서는 기능부전 또는 운용을 종료한 경우라도 수리 및 재사용이 가능한 경우나 수리가 불가능한 경우라도 우주공간에 머물 중요성이 있는 경우는 우주잔해로 보아서는 안 된다는 견해가 있다.[9] 미국의 SSN(Space Surveillance Network: 우주감시망)은 거의 3,000개의 페이로드를 추적하고 있는데, 그중 단지 몇백 개만이 활동 중인 위성이고 나머지는 정지된 페이로드라고 한다.[10]

---

6) I. H. Ph. Diederiks – Verschoor & V. Kopal, op.cit., p.128 – 129.

7) 우주왕복선이 18회 비행을 하는 동안 27개의 창문이 잔해에 의해 손상을 입었으며 1㎜ 보다 조금 더 큰 잔해조각이 우주왕복선을 여러 번 강타하였는데 처음 33번의 비행에서 왕복선 하부에 붙어 있는 타일이 잔해로 손상을 입었고 임무가 끝날 때마다 여러 개의 방 열창을 교체했어야 되었다. 김동욱, 전게논문, p.184 참조.

8) 龍澤邦彦, 前揭書, 86頁.

9) 龍澤邦彦, 前揭書, 87頁.

(2) 손상되지 않은 잔해(Operational Debris)

Operational Debris라고 흔히 불리는데 정상적인 우주활동 수행 중 우주로 발사되거나 떨어져 나간 손상되지 않은 물체와 구성부분을 포함한다. 위성을 발사한 후 궤도에 남아 있는 손상되지 않은 로켓의 몸체, 페이로드 분리 하드웨어, 볼트, 와이어, 렌즈커버, 추진제 탱크 등이 포함된다.

(3) 파쇄된 잔해(Fragmentation Debris)

폭발, 충돌, 품질저하 등으로 파괴된 우주물체의 부분은 파쇄된 잔해를 생성한다. 170개 이상의 우주물체가 이러한 방식으로 파쇄되었다. SSN은 약 7,300개의 파쇄된 형태의 잔해조각을 추적하고 있는데, 이는 추적이 가능한 잔해중 가장 많은 양을 차지한다. 이러한 잔해의 대부분은 폭발로 인해 생성된다. 예를 들면 1957년부터 1999년까지 57개의 로켓의 상단부에서 파쇄잔해가 형성되었는데 그 이유는 상단부에 남아 있던 추진제가 폭발했기 때문이다. 전체 목록화된 잔해의 30%가 이들 폭발로 인해 생성되었다고 한다.[11]

또한 우주물체끼리 또는 자연적 내지 인공적 잔해와의 충돌은 우발적이긴 하지만 역시 이러한 형태의 우주잔해를 생성시킬 수 있다. 의도적으로 궤도 상의 위성을 폭파시키는 경우도 이에 해당한다. 예컨대 구소련은 여러 가지 정찰위성을 고의적으로 파괴시켰는데 그것은 다른 국가들이 그 위성을 회수하지 못하게 하기 위해서였다. 1986년에 미국은 2개의 위성을 고의적으로 충돌시켜서 수백 개 이상의 탐지 가능한 잔해를 양산했고 2003년에는 SM - 3 미사일로 궤도상의 위성을 격추시켜 수천 개의 잔해를 생성시켰다.

중국도 2007년 1월 11일에 LEO에 있는 폐기된 기상위성 '펑윈'을 위성공격용무기(anti - satellite weapon)로 요격하는 실험을 하였는데 이 실험으로 수천 개의 잔해가 생성되었다.[12]

---

10) 김동욱, 전게논문, 179면.

11) 상동.

12) SSN에 의하면 2006년 12월 27일에 334개이던 중국의 잔해 수가 이 실험으로 2007년 3월 28일에는

(4) 극소립자(Microparticulate Mattes)

극소립자는 그 이름이 의미하는 것처럼 매우 작은 물질로서 추진과정 중에 완전히 연소되지 않은 연료입자 및 가스가 주를 이루고 있으며 보다 큰 잔해의 충돌, 폭발, 품질저하 등으로도 극소립자가 만들어질 수 있다.[13] 로켓의 연료를 연소하는 과정에서 산소와 반응하며 생성된 극소립자에 대해서 이를 우주잔해로 볼 수 있는 것인가에 대해서는 이를 인정하는 견해와 부정하는 견해로 설이 나뉘어 있다.[14]

(5) 우주활동 과정에서 배출된 인공우주잔해(Artificial Debris)

이것은 예컨대 우주에서 무중력 또는 미세중력을 이용하여 여러 가지 재료실험이나 생물실험과 제조·가공 등의 작업 활동 과정 중에서 생성된 폐기물(방출물)이 이에 해당한다. 이에 대해서도 이를 인정하는 견해와 부정하는 견해로 견해가 나뉘어 있으나 1992년 국제법 협회(ILA)의 "우주잔해로 인해 발생한 손해로부터 환경보호에 관한 국제문서안"에 의하면 "인공우주잔해는 통상의 우주활동, 궤도상에서의 폭발 및 위성파괴, 충돌, 고체연료 및 폐기하는 행위로부터 생성된 것"이라고 정의하고 있어 임무 수행 작업 중 실험의 결과로 생성된 폐기물은 우주잔해에 포함된다고 본다.[15]

3. 우주잔해의 우주물체에의 포함여부

우주잔해에 대한 법적 정의의 주요논점의 하나는 우주잔해를 우주물체에 포함시킬 수 있는가 여부의 문제다. 이에 대해서는 우주법 관련 조약상의

1,507개로 불어났으며 실험 후 약 1년이 지난 2008년 1월 2일에는 2,634개로 증가되었다고 한다. 김동욱, 전게논문, 180면, 주 20) 참조.

13) 김동욱, 전게논문, 180면.

14) 龍澤邦彦, 前揭書, 86頁.

15) "International Instrument Concerning the Protection of the Environment from Damage Caused by Space Debris", ILA, 1992.

우주물체에 대한 정의를 살펴볼 필요가 있다. 1972년의 책임협약이 이에 대한 규정을 두고 있는데 이에 의하면 "우주물체라 함은 우주물체의 구성부분 및 우주선 발사기, 발사기의 구성부분을 공히 포함한다"고 규정하고 있다. 또한 1975년의 등록협약도 같은 내용의 규정을 두고 있다. 학자들은 '운용되고 있는'(operational) 우주선과 인공위성이 책임협상의 우주물체의 개념에 해당된다는 데 거의 의견의 일치를 보이고 있으나 책임협약이나 등록협약의 우주물체의 정의는 기능이나 관리의 면에 있어서의 조건에 대해서는 언급하지 않고 있어 '기능하지 않는' 우주선이나 인공위성이 우주물체의 개념에 포함되는지에 대해서는 분명하지 않다고 한다.[16]

   그러나 이 문제에 대해서는 우주물체의 기능에 상관없이 우주잔해를 우주물체로 보는 데 세계의 주요 우주법학자들의 견해가 거의 일치하고 있다.[17] 그 논거로 우주물체의 '구성부분'이라는 것은 "그것이 없으면 우주기가 불완전한 것으로 다루어지는 물체"이며[18] "우주물체의 성공적인 운영을 위해서는 광의로 해석할 수밖에 없다"는 지적이 있고[19] 국제관행으로도 1978년 소련의 NPS 위성인 Cosmos 954호가 캐나다 북서부에 추락한 사고와 관련하여 외교 교섭 시 양국이 우주구조반환 협정 제5조 제1항을 적용하였다는 것은 간접적이지만 우주잔해를 우주물체로 보았다는 것이 된다고 한다. 1989년의 미국의 OTA 및 1995년의 Interagency 보고서에서도 "궤도상의 우주잔해로서 조약에 기한 발사국의 잠재적 배상책임은 그 궤도상에 있는 우주잔해인 우주물체의 기능에 상관없이 계속된다"고 하고 있다.[20] 이런 점에서 C. Q. Christol은 "단일의 기능하지 않는 우주잔해는 우주물체에 포함하지 않는 초기의 견해는 수정되어야 한다고 생각한다"고 말하고 있다.[21]

---

16) 김동욱, 전게논문, 189면.

17) 龍澤邦彦, 前揭書, 89頁.

18) I. H. Ph. Diederiks – Verschoor, "Harm Producing Events Caused by Fragment of Space Object(Debris)", in the 25th Proceedings of IISL, p.3 – 4.

19) C. Q. Christol, "Modern International Law of Outer Space", Pergamon Press, 1982, p.108.

20) Interagency Report on Orbital Debris of 1995, p.46.

21) C. Q. Christol, supra, p.71 – 72.

4. 우주잔해의 국제우주법상의 문제점

(1) 1975년 우주물체등록협약

우주물체등록협약에서 우주물체를 등록하도록 규정한 것은 그 발사주체를 명확히 함으로써 발사에 따르는 모든 법적 책임관계를 명확히 하기 위함이다. 등록협약 제2조 제1항에서는 우주물체가 지구궤도 또는 그 이원에 발사되었을 때 발사국은 유지하여야 하는 적절한 등록부에 등재함으로써 우주물체를 등록하여야 한다고 규정하고 있다. 또한 각 발사국은 동 등록의 확정을 UN사무총장에게 통보하여야 한다고 규정하고 있다. 그런데 이 등록협약상의 관련 규정들이 애매하거나 강제성을 띠고 있지 않아 체약당사국들에 대한 효과적인 규제에는 문제가 있다.

예컨대 동 협약은 우주물체를 등록함에 있어서 기간을 정하지 않고 등록국에 위임하고 있다(등록협약 제2조 제3항). 따라서 등록을 하지 않은 상태에서 우주잔해가 발생하면 그 우주잔해에 대해 누가 책임을 지고 있는지를 파악할 수 없는 경우가 발생할 수 있다. 또한 협약은 발사국에 등록된 우주물체에 관하여 UN사무총장에게 제공해야 하는 정보도 매우 제한적으로 요구하고 있고(등록협약 제4조 제1항), 등록된 우주물체에 관한 추가정보에 대해서도 UN사무총장에게 제공할 수 있다고 함으로써 그러한 정보를 제공하지 않아도 상관없는 것으로 규정하고 있다(등록협약 제4조 제2항). 그리고 그 표현에 있어서도 UN사무총장에게 '실행 가능한'(as soon as practicable), '가능한 한 최대로'(to the greatest extent feasible) 정보를 제공하도록 하는 애매한 표현을 사용하고 있다(등록협약 제4조 제1항, 제3항, 제6조). 이러한 애매한 규정 때문에 강제력이 약하여 등록국은 우주물체에 관한 정보를 충분히 내지는 신속하게 제공하지 않는 경우가 발생하게 되는 것이다.[22]

---

22) 김동욱, 전게논문, 187 - 188면.

(2) 1972년 우주손해배상책임협약

1) 손해배상책임의 주체문제

우주잔해가 책임협약상의 우주물체에 포함된다면 누가 그 손해에 대하여 책임을 지는가 하는 손해배상책임의 주체가 우선 문제 된다. 발사국이 1개국이라면 아무 문제가 없겠으나 2 이상의 복수국가일 때는 문제가 있을 수 있다. 이에 대해서 책임협약은 발사국에 발사책임을 부과하면서 발사국을 4가지 범주로 나누고(책임협약 제1조(C)) 2개 또는 그 이상의 국가가 공동으로 우주물체를 발사할 때에는 그들은 발생한 손해에 대하여 공동으로 그리고 개별적으로 책임을 진다고 규정하고 있다(책임협약 제5조 제1항). 그런데 책임협약은 제1조(b)에서 "발사라 함은 발사시도를 포함한다"고 규정하고 있을 뿐 발사의 범위를 특정하고 있지 않고 있다. 따라서 '발사'의 범위를 어떻게 해석하느냐에 따라 우주잔해에 의한 손해배상책임의 주체가 달라질 수 있는 문제점이 있다.

예컨대 책임협약상의 발사책임을 부과할 수 있는 발사를 '발사한 후 대기권 밖에 도달할 때까지', '일정등록국의 등록부에 등록을 할 때까지', '발사한 우주물체의 수명이 다할 때까지', '발사한 우주물체를 회수할 때까지' 등으로 해석함에 따라 책임주체가 달라질 수 있다. 일반적으로 우주활동은 우주물체의 발사로부터 그 회수까지의 사이에 행해지며 우주물체에 의해 발생한 손해에 대한 배상책임도 그 기간 중에 행해진 우주활동에 대한 것으로 보고 있다. 그렇다면 특정 발사국이 등록을 하면서 자신들이 잔해에 대해서 책임을 지겠다고 의사표명을 하지 않는 한 그 인공위성발사에 참가한 국가들이 공동으로 책임을 진다 할 것이다. 그리고 심지어 그 위성이 수명을 다한 후에도 회수가 되기 전까지는 발사국이 공동으로 책임을 져야 한다는 것이다. 그러나 이것이 과연 바람직한 것인가에 대해서는 의문을 제기하는 견해가 있다.[23]

---

23) 김동욱, 전게논문, 189 – 190면.

2) 과실책임의 적용문제

현 책임협약은 우주물체의 발사로 지구표면에 또는 비행 중의 항공기에 끼친 손해에 대해서는 절대책임을 부과하고(책임협약 제2조) 지구표면 이외의 영역에서 발사국의 우주물체 또는 동 우주물체상의 인체 또는 재산이 타 발사국의 우주물체에 의하여 손해를 입었을 경우는 가해국에 대해 과실책임을 부과하고 있다(책임협약 제3조). 그러나 그 과실의 입증책임은 손해를 입은 우주물체의 소유국이 입증하여야 한다. 우주잔해도 우주물체에 포함된다고 본다면 역시 마찬가지이다. 우주잔해로 인한 손해에 있어서의 과실은 그 우주잔해의 발생을 방지할 의무를 소홀히 했거나 잔해가 발생된 경우에 그것을 제거하지 않았거나 타국의 우주물체에 부딪치지 않도록 회피시켰어야 함에도 그렇게 하지 못했거나 하는 것 등을 들 수 있다. 그러나 현재의 기술로는 이러한 예방, 제거, 회피를 쉽사리 할 수 있는 국가가 거의 없으며 할 수 있다고 해도 엄청난 비용이 들어갈 수 있다. 더구나 잔해의 예방, 제거, 회피를 하도록 하는 국제적 지침이나 규칙 등이 없는 상태에서는 그러한 예방 등의 행위를 하지 않음으로써 손해를 끼쳤다고 하더라도 과실이 있다고 보기는 쉽지 않을 것이다.

한편 피해 국가가 가해국의 과실을 입증했다고 하더라도 가해국의 우주잔해가 충돌을 야기했다는 인과관계를 또다시 입증해야 하는 어려움이 있다.

따라서 현 책임협약에 규정된 과실책임제도는 그 입증의 어려움 때문에 우주잔해로 인하여 타국의 우주물체에 손해를 입힌 경우에 현실적으로 적용하기가 쉽지 않다.[24]

3) 미확인 우주잔해 문제

미확인 우주잔해는 소유자 내지는 누가 발사한 우주물체로부터 생성된 것인지를 알 수 없어 그 잔해에 대한 책임주체를 확인할 수 없다. 따라서 책임협약상의 과실책임이든 일반 국제법상의 손해배상책임이든 일체의 책임을 물을 수 없다.

---

24) 김동욱, 전게논문, 190면.

등록협약은 발사국으로 하여금 우주로 발사한 모든 물체에 대하여 등록을 요구하고 있으며(등록협약 제2조 제1항), 추적능력을 가진 체약국에 자신의 우주물체에 대한 추적 원조를 요청할 수 있도록 규정하고 있다(등록협약 제6조). 그러나 이 협약에 따르는 일은 거의 없었다고 한다. 설령 등록협약에 의해 추적이 가능하다고 해도 추적을 통해 확인이 가능한 것은 지름이 10㎝ 이상 되는 우주물체라고 하므로 그보다 작은 잔해는 그 소유자 내지 책임자가 누군지 알 수 없는 것이다. 따라서 현재의 우주 관련 국제법으로는 확인할 수 없는 우주잔해에 의해서 궤도 등의 우주에서 손해를 입은 우주물체 및 인명에 대해서는 현실적으로 손해배상이 불가능하다고 할 것이다.[25]

이러한 식별이 불가능한 미확인 우주잔해에 의한 손해에 대한 구제방안으로서 학설상으로는 ① 우주배상기구를 조성하는 방안, ② 우주잔해를 발생시킨 우주활동국이 연대하여 배상책임을 지는 방안, ③ 우주활동국은 식별 불가능한 우주잔해에 의한 손해를 우주활동을 수행할 때 risk로서 사전에 용인하고 그 손해를 자기 부담으로 한다는 데 상호 동의한다는 방안 등이 제시되었다. 미확인 우주잔해에 의한 손해발생의 경우에는 이를 우주활동에 따르는 위험부담으로서 사전에 용인을 하고 각자가 자기 부담으로 하는 ③의 방안이 가장 현실적인 방안으로 사료된다.[26]

제2절 NPS

1. NPS와 우주환경문제

우주기술의 발전과 더불어 원자력(핵)을 동력원으로 하는 우주물체의 시험이 행해졌다. 이것을 핵 동력원(Nuclear Power Sources: NPS)이라고 하는

---

25) 김동욱, 전게논문, 191면.
26) 龍澤邦彦, 前揭書, 96頁.

데 1967년의 우주조약은 우주에서의 핵무기 사용은 금지하고 있지만 NPS
의 사용은 금지하지 않고 있다.[27] 이 핵 동력원은 장기간 많은 힘을 필요로
하는 우주활동과 심(深)우주탐사에 사용할 수 있는 현재로서는 유일한 최적
의 에너지원으로 알려져 있다. 이 핵 동력원 이외에도 우주에서 활용할 수
있는 에너지원으로 화학연료전지(chemical fuel cells)나 태양열전지(solar
power cells)가 있으나 모두가 수명이 짧은 단점을 가지고 있어 단기간이나
적은 양의 에너지가 소모되는 활동에만 사용될 수 있고 특히 태양열전지는
충분한 태양광을 필요로 하는 문제점을 가지고 있다.

현재 핵을 동력원으로 하는 위성(NPSS)에는 핵원자로 탑재위성과 방사선
동위원소 발전기 탑재위성의 2가지 종류가 있는 것으로 알려져 있다. 사상
최초의 핵 동력위성은 1961년 6월 29일 발사된 우라늄 238(Pu238)을 연료
로 사용한 Tansit4 – A였다. 미국은 2003년까지 1개의 핵원자로 탑재위성과
44개의 방사선동위원소 발전기 탑재위성을 발사하였는데 후자의 방식을
1964년부터 유인 Apollo, 화성에 보낸 로봇방식의 Viking 그리고 Pioneer,
Voyager, Galileo, Ulysses 등 로봇방식의 태양계 탐사 계획에 이용하였다. 반
면에 소련은 37개의 핵원자로 탑재위성과 6개의 방사선동위원소 발전기 탑
재위성을 우주에 발사하였는데 후자의 방식으로 1969년 두 번의 달 탐사를
수행하였으나 실패하여 상당한 양의 방사능이 대기권 상층에서 감지된 바
있다고 한다.[28] 이러한 핵 동력위성이나 우주물체의 우주환경과 관련한 문
제는 이들이 우주공간에서 파괴되거나 기능부전(malfunction)으로 지구에 재
진입하면서 추락하는 경우 적재하고 있던 우라늄235나 우라늄238, 또는 플
루토늄 등의 방사능 누출로 인한 환경오염문제이다. 이것은 우주는 물론이
고 지구환경과 인류 전체에 치명적인 피해를 입힐 수 있다.

지금까지 알려진 핵 동력위성 사고사례는 다음의 것이 있다. 1990년 기준
으로 6개의 핵 동력원위성이 지구 귀환 중 추락했으며 그중 몇 개는 원형
그대로 태평양에 추락했고 2개는 아직도 위험한 방사능물질을 보유하고 있

---

27) 1967년 우주조약 제4조 참조.
28) 김한택, 전게서, 129면.

는 것으로 밝혀졌다. 1964년 4월 미국의 위성 SBN-3은 인도양 대기권 상층부에서 17.00큐리(cury)의 플루토늄-238을 방출한 바 있고 고도의 대기권에서 추출한 샘플에서 광범위한 방사능이 누출되었음이 밝혀졌다. 1968년 5월 18일에는 미국의 Nimbus-1 기상위성이 사고가 발생하여 동 위성에 플루토늄-238이 적재된 채 미국 캘리포니아 연안 Santa Barbara Channel에 추락한 바 있다. 또한 1970년에는 Apollo 13호가 달에 착륙하려다 실패하여 다시 지구로 귀환했을 때 남태평양에 추락하여 핵 연료탱크가 20,000피트 수심에 가라앉았는데 아직도 그대로 수장된 채로 있는 상태이고 현재로서는 무해(無害)하다고 한다. 소련에서는 1978년 1월 24일 핵 동력위성인 Cosmos 954가 캐나다 영토에 추락하여 국제적으로 문제가 된 사고가 있었다.[29] 1982년 초에는 Cosmos 1900이 기능부전으로 대기 중에 진입하다가 분해된 사고가 있었다. 다행히 이들 두 사고는 위성의 잔해가 대기 중에 연소되었거나 흔적 없이 바다에 추락한 것으로 알려졌다.[30] 이와 같이 핵 동력위성에 의한 다수의 피해가 발생함에 따라 기능을 상실한 핵 동력위성들의 방사능 누출로 인한 유해한 영향으로부터 인류의 생명과 환경을 보호하기 위한 핵 동력원과 관련된 법원칙 소위 NPS원칙의 마련이 UN COPUOS를 중심으로 논의되었다.

---

29) Cosmos 954 사고는 핵원자로를 탑재한 소련의 정찰용 인공위성이 1978년 1월 24일 지구의 대기권으로 들어오면서 분해되어 그 잔해가 캐나다의 북서부지역 Baker 호수 방면에 떨어져 방사능 누출이 문제가 된 사고이다. 이에 캐나다 정부는 즉각적으로 위성의 잔해와 방사능에 대한 대규모의 공중 및 지상추적을 시작하여 그해 10월까지 진행된 작업에서 500마일에 이르는 영역에서 약 60개의 방사능오염지역을 포착하였고 이 작업을 통하여 2개의 파편이 방사능물질임을 확인하였다. 그리하여 캐나다 정부는 1979년 1월 23일 소련에 대하여 1972년 책임협약과 일반 국제법에 기하여 손해배상을 청구하였다. 캐나다가 이 사고로 인해 위성잔해수색과 방사능검사 및 청소작업을 수행하는 데 소요된 비용은 약 1400만 캐나다 달러였으나 실제로 소련에 청구한 금액은 6,041,177 캐나다 달러였다. 캐나다와 소련은 약 3년간의 교섭 끝에 소련이 캐나다에 3백만 캐나다 달러를 지급하고 캐나다는 이를 수락하는 것으로 배상문제를 해결하여 이 사건은 종결되었다.
동 사건은 우주개발사상 한 주권국가가 다른 국가에 우주물체의 추락에 의해 입은 손해를 배상하도록 한 첫 번째 사례라고 볼 수 있으며 또한 캐나다의 청구에 응해 소련이 부분적인 배상을 한 것은 주권국가 간 이루어진 첫 번째 우주배상책임사건이라는 점에서 국제법상 하나의 좋은 선례를 남겼다고 볼 수 있다. 다만 아쉬운 점이 있다면 소련과 캐나다가 1972년 책임협약의 당사국이었지만 동 협약이 적용되지 못했다는 것이다.
김한택, 전게서, 126-128면.

30) 김한택, 전게서, 126면.

2. NPS 원칙의 연혁

1978년 1월 24일 소련의 핵 동력위성인 Cosmos 954의 캐나다 영토 추락 사고는 그해 COPUOS의 agenda로서 신속하게 상정될 정도로 큰 관심을 불러일으켰다. 캐나다 정부는 Cosmos 954사건 직후 UN사무총장에게 이 사실을 알렸으며 1978년 2월 13일부터 3월 2일까지 진행되었던 회기에서 COPUOS의 과학기술소위원회는 우주에서의 핵 동력원 사용의 결과를 전반적으로 검토하였다. 핵 동력원 문제가 COPUOS에 제기된 것은 이것이 처음은 아니었다. 이미 1972년의 책임협약안 채택을 위한 협상 당시에도 논의되었었다.[31] 그러나 Cosmos 954 사고는 COPUOS에서 이 문제를 본격적으로 다루게 한 계기가 되었다. 이 사고와 관련하여 캐나다 정부 대표는 이러한 문제를 위하여 일단의 안전조치를 만들 필요가 있으며 이를 위한 작업 그룹(working group)을 구성할 것을 제안하였는데 호주, 콜롬비아, 이집트, 에콰도르, 이태리, 일본, 나이지리아, 스웨덴의 지지를 받았고 그 밖의 많은 대표들도 캐나다의 제안에 호의적이었다.[32] 그러나 소련과 다른 동구권 국가들이 동 제안에 반대하여 작업 그룹의 설치는 무산되었다. 그러나 과학기술소위원회는 동 주제에 관한 정보는 관련 국가들에 의하여 UN사무총장, UN의 관련 기관 및 국제과학기구에 반드시 제공되어야 한다고 주장하였다.[33] 1978년 3월 15일 캐나다 대표는 계속해서 COPUOS의 법률소위원회에서 핵 동력원의 사용에서 발생하는 위험으로 인해 동 위원회에서 채택된 이전의 법 문서들을 개정할 필요가 있는가 하는 것과 필요하다면 핵 동력원의 사용에 관한 문제를 규율하는 새로운 규칙을 제정할 것을 제안하였다. 따라서 두 소위원회는 COPUOS에 이 문제에 관해 논의할 것을 촉구하였다. 1978년 6월 26일부터 7월 7일까지 열린 COPUOS의 본회의에서 작업 그룹을 만들 것에 합의하였다.[34]

---

31) I. H. Ph. Diederiks – Verschoor & V. Kopal, op.cit., p.102.

32) Doc. A/AC 105/C1/L103, 27February. 1978.

33) Doc. A/AC 105/220.

이에 따라 두 위원회는 각자의 영역에서 핵 동력원 문제를 연구하도록 요청받았다.[35] 1982년부터 COPUOS의 법률소위원회는 핵 동력위성의 재진입 문제를 다루기 시작하여 1986년에는 "원자력사고의 조기통보에 관한 협약"(Convention on Early Notification of Nuclear Accident) 및 "원자력사고 및 방사선 비상사태 시의 지원에 관한 협약"(Convention on the Assistance in the case of Nuclear Accident or Radio logical Emergency)을 체결하여[36] 원자력사고 발생 시 조기통보와 비상지원을 할 것을 규정하였다. 1988년에는 앞에서 언급한 2개의 협약에 대한 통보 사항 등에 관한 몇 가지 사항들에 대한 합의가 이루어지고 1990년에는 법률소위원회에서 핵 동력원의 우주에서의 사용은 비원자력 에너지원에 의해서는 합리적으로 수행할 수 없는 우주임무에만 국한됨을 시사하는 합의에 도달하였다.[37]

1991년 5월 27일부터 6월 6일까지 오스트리아의 그라즈(Graz)에서 개최된 COPUOS의 제34차 회기에서는 책임과 배상이라는 책임문제에 관한 두 가지 원칙초안에 대한 합의가 이루어졌다. 이 회의 이후 1992년 6월에 NPS 원칙의 최종화를 위한 집중적인 비공식 회의를 거쳐 1992년 12월 14일 마침내(COPUOS에서 NPS문제가 논의된 시점으로부터 14년 경과) 총회가 무투표(without vote)로 "우주에서의 핵 동력원 사용에 관한 제 원칙"(Principles Relevant to the of Nuclear Power Sources in Outer Space)에 관한 결의를 총회결의 47/68로 채택하였다.[38]

---

34) Doc. A/AC 105/PV 179 – 188, June – July 1978.

35) 김한택, 전게서, 130면.

36) Doc. INFCIRG/335 – 336(1986).

37) N. Jasentuliyana, "The Legal Subcommittee of COPUOS achives progress in the legal dimension in Outer Space", Journal of Space Law, Vol. 18(1990), p.35 – 39.

38) Report of the Committee on the Peaceful Uses of Outer Space, U. N. GAOR 47th Session, Supp. No.20, A/47/20, p.25.

3. NPS 원칙의 주요 내용

　NPS 원칙은 전문과 총 11개의 조문으로 구성되어 있다. 전문에서는 UN 총회는 COPUOS의 제35차 보고서와 동 위원회에서 승인된 "우주에서의 핵 동력원 사용에 관한 원칙"을 고려하여 채택된 것임을 밝히고 있다. 한편 이러한 원칙들은 새롭게 부상 중인 원자력 응용기술과 핵 방사능으로부터의 보호에 관한 진화하는 국제적 권고를 감안하여 장래 개정을 필요로 할 것임을 언급하고 있다.

　원칙 1은 우주에서의 핵 동력원 사용은 UN헌장 및 1967년의 우주조약을 포함한 국제법에 따라 수행되어야 한다고 규정하고 있다.

　원칙 2는 용어의 사용에 관한 원칙으로서 '발사국'을 'launching state'와 'state launching'으로 표현하고 이를 자국 영역 밖에서 핵 동력원을 가진 우주물체에 대한 관할권과 통제권을 행사하고 제1차적인 의무이행의 책임을 지는 국가로 해석하고 있다.

　원칙 3은 핵 동력원의 안전한 사용에 관한 지침과 기준에 관한 원칙으로 우주에서의 방사능물질의 수량 및 관련된 위험의 최소화를 위하여 우주에서의 핵 동력원의 사용은 비핵에너지에 의해서는 합리적으로 수행할 수 없는 우주임무에 국한된다고 규정하고 있다. 원칙 3.1은 방사능으로부터의 보호 및 핵안전을 위한 일반적인 목표에 관한 규정이며 원칙 3.2는 핵원자로(nuclear reactors), 원칙 3.3은 방사선동위원소 발전기(radioisotope generators)에 관한 규정이다.

　원칙 4는 원칙 3에 포함된 안전사용에 관한 지침과 기준에 따라 발사국이 안전평가(safety assessment)를 시행할 것을 의무화하고 있다.

　원칙 5는 핵 동력원을 사용하는 우주물체를 발사한 국가는 동 물체가 기능부전으로 인하여 재진입 시 지구에 방사능물질을 누출할 위험이 있는 경우는 국제공동체가 적절히 대처할 수 있도록 발사체의 재원 및 핵연료에 관한 최신의 정보를 통보하도록 규정하고 있다.

　원칙 6은 원칙 5에 따라 정보를 제공하는 국가들은 추가정보 제공과 협의요구가 있을 시는 그 요구가 합리적인 한 즉시 응해야 한다고 규정하고 있다.

원칙 7은 국가에 대한 원조를 규정하고 있다. 이에 따르면 핵 동력원을 탑재한 우주물체를 발사하고 우주관제 및 추적시설을 소유한 모든 국가는 동 물체가 대기권에 예상대로 재진입했다는 통보를 함에 있어서 국제협력의 정신에 따라 UN사무총장과 다른 관계 국가에 가능한 한 신속하게 기능부전으로 인한 정보를 교환해야 한다고 규정하고 있다. 이는 동 물체로 인하여 영향을 받을지 모르는 국가들에 필요한 사전예방조치를 취할 수 있게 하려 함이다. 그리고 발사체의 재진입 후에는 발사국은 실제적인 또는 가능한 위해를 제거하기 위하여 즉각적으로 필요한 원조를 제공해야 하며 이러한 원조를 제공함에 있어서는 개발도상국들의 특별한 필요성이 고려되어야 한다고 규정하고 있다.

원칙 8은 책임에 관한 것으로 국가(발사국)는 우주조약 제6조에 따라 우주공간에서의 핵 동력원의 사용을 포함한 자국의 활동에 대해서 국제적 책임을 진다고 규정하고 있다. 핵 동력원을 포함한 우주활동이 국제기구에 의하여 수행되는 경우는 국제기구와 그 가입국들이 분담한다.

원칙 9는 책임과 보상에 관한 원칙으로 이에 따르면 국가(발사국)는 우주조약 제7조와 책임협약의 관련 규정에 따라 국제적인 책임을 질것과 국제법 및 정의와 형평의 원칙에 따라서 배상할 것을 규정하고 있다.

원칙 10은 이와 같은 원칙들의 적용에서 발생하는 분쟁의 해결을 다루고 있는데 UN헌장에 따라 협상 또는 기타 확립된 평화적 해결절차를 통하여 분쟁을 해결하도록 규정하고 있다.

원칙 11은 이러한 제 원칙은 결의안 채택 후 2년 내에 COPUOS에서 개정을 위해 재상정될 것을 규정하고 있다. 그러나 그 채택 후 이러한 과업이 원래 예상했던 것보다 훨씬 어려운 것으로 드러났기 때문에 실제 개정이 이루어지지는 않았다.[39)]

---

39) I. H. Ph. Diederiks‐Verschoor & V. Kopal, op.cit., p.105.

4. NPS 원칙의 효력

NPS 원칙은 COPUOS에서 컨센서스에 의하여 작성되고 UN총회에서 채택된 결의이기 때문에 조약과 같은 법적 구속력은 없다. 현존하는 우주법에 관한 협약들의 관점에서 볼 때는 일종의 권고 형태로서 NPS에 관한 우주협약상 보충적 역할을 할 수 있을 뿐이다. 그럼에도 불구하고 많은 학자들이 동 결의 속에 나타난 몇 개의 원칙들은 강한 규범적 효력을 가지며 국제관습법을 표명하고 있다고 주장한다. 구체적으로 우주에서 NPS의 사용이나 통지, 책임에 관한 규칙들은 법의 일반적 성격에 대한 기초를 형성하는 것으로 간주되는 '근본적으로 규범 창설적 성격'(a fundamentally norm-creating character)을 지닌 것으로 볼 수 있다. 따라서 우주활동국들이 NPS 원칙을 UN헌장 및 우주조약을 포함한 국제법에 따라 성실히 준수할 때 동 원칙들은 국제관습법으로 발전할 가능성을 지니게 되고 나아가 국제 조약으로도 발전할 수 있다고 본다.[40]

5. NPS 원칙의 개정문제

NPS의 개정문제는 NPS원칙 전문과 원칙 11에서 다루고 있다. 그 이유로서 새롭게 부상 중인 원자력의 응용기술과 핵 방사능으로부터의 보호에 관한 진화하는 국제적 권고를 감안할 것을 들고 있다. 이 문제는 COPUOS의 과학기술소위원회에서 논의하도록 결정되어 동 위원회에서 오랜 기간의 논의 끝에 2003년부터 2007년까지의 기간 동안 다년간 작업계획으로 채택하였다. 이에 따라 실무단이 설치되어 "Development of an international technically based framework of goals and recommendation for the safety of planned and currently foreseeable NPS application in Outer Space"라는 명칭의 보고서를 작성하였다. 2007년 2월 22일 동 보고서는 소위원회의 승인을 얻었으며 과

---

40) 김한택, 전게서, 132 – 133면.

학기술소위원회는 공동의 전문가 그룹들에 의하여 핵 동력원의 사용에 관한 안전의 틀을 작성·공표하기 위하여 동 위원회와 국제원자력기구(International Atomic Energy Agency: IAEA) 간에 제휴관계를 수립하도록 한 실무단의 권고를 승인하였다. 동시에 실무단이 제안한 2007년부터 2010년까지의 새로운 작업계획도 승인되었다.

COPUOS의 법률소위원회도 자신의 어젠다에 'Reviw and Possible revision of the NPS Principles'라는 항목을 상정하여 이 주제에 관한 의견교환을 계속하였으나 그러나 어떠한 실질적인 논의는 개시하지도 못하였다. 법률소위원회는 2007년 회기에서 과학기술소위원회의 앞에서 언급된 보고서와 2007~2010년 기간 동안의 새로운 사업계획에 주목하고 과학기술소위원회와 IAEA 간의 협력이 긍정적인 장점을 인정하였다.

그렇긴 하나 그동안 핵 동력원에 의존한 많은 임무들이 성공적으로 수행된 점을 감안할 때 현 단계에서는 NPS 원칙의 개정이 이루어지지 못할 것이라는 견해가 지배적이다.[41]

----

41) I. H. Ph. Diederiks - Verschoor & V. Kopal, op.cit., p.105 - 106.

우주사고

제1절 국제책임과 손해배상

제2절 우주보험

우주사고

제1절 국제책임과 손해배상

1. 서론

　　일반적으로 우주활동은 고도의 위험을 내포하는 '초위험적 행위'(ultra-hazardous)로 인식되고 있다.[1] 이러한 우주활동에 수반한 우주사고 또한 다양한 형태로 발생하고 있다. 예컨대 1978년 Cosmos 954의 캐나다 상공 추락사고, 1979년 Skylab의 오스트레일리아 추락사고, 1986년 우주왕복선 Challenger호 발사 시의 폭발사고[2] 등 굵직한 사고들을 비롯하여 우주잔해에 의한 위성에의 충돌사고에 이르기까지 다양한 형태로 우주사고가 실제 발생하고 있다. 이러한 우주활동과 관련한 사고로부터 발생한 손해에 대하여 1967년의 우주조약과 1972년의 책임협약은 국가에 대하여 국제책임을 부과하고 있다.

　　앞에서 이에 언급한 바와 같이 책임이란 것은 모든 권리의 필연적 결과이며 모든 국제질서로부터 기원하는 권리들은 국제책임을 발생시킨다. 국제관계의 활동주체로서의 국가들은 그 행동에 대하여 법적인 책임을 지며 따라서 국제책임의 원칙은 국가들의 활동에 필연적으로 수반되는 것이라 할 수 있다. 그러나 이 국제책임의 법리는 UN International Law Commission의 20

---

[1] 초위험적 행위는 그 행위가 위험을 실현시킬 가능성의 정도가 높다는 의미에서의 초위험성이라기보다는 위험의 실현이 예외적이고 거의 발생가능성이 없는 경우에도 일단 사고가 발생하면 그 결과가 매우 광범위한 범위에 걸치는 행위를 말한다.

[2] 1986년 1월 28일 11시 39분경, 7명의 승무원이 탑승한 우주왕복선 Challenger호가 플로리다 상공에서 발사한 지 75초 만에 공중 폭발하여 승무원 전원이 사망한 참사이다.

여 년간에 걸친 노력에도 불구하고 대부분이 관습법적인 차원에서 논의되어 왔고 실제에 있어서는 국제법이 적용되는 일부 분야에서만 국가들의 국제책임 부담이 성문화되었다. 그중의 하나가 우주활동에 관한 것으로 1967년의 우주조약과 1972년의 책임협약이다.

2. 1967년 우주조약에서의 국제책임

우주조약 제6조와 제7조에서 국제책임에 관하여 규정하고 있다. 우주조약 제6조는 조약의 당사국들은 달과 천체를 포함한 외기권에 있어서 그 활동을 정부기관이 행한 경우나 비정부기구가 행한 경우를 막론하고 국가활동에 관하여 국제책임을 부담한다고 규정하고 있다. 비정부기구가 우주활동을 수행하기 위해서는 관계 국가의 허가를 받아 그 감독하에 수행하여야 한다. 또한 이러한 우주활동을 국제기구에서 수행하는 경우에는 국제기구와 이 국제기구에 가입한 조약의 당사국들이 공동으로 책임을 부담한다. 여기서 국제기구란 국가가 당사국으로 있는 정부 간 국제기구를 의미한다. 정부 간 국제기구가 아닌 기구에 의한 우주활동의 경우는 관련 국가의 허가와 통제를 받으며 이러한 활동으로 인한 손해도 관련 국가가 책임을 진다.[3]

우주조약 제7조는 달과 기타 천체를 포함한 외기권에 물체를 발사하거나 또는 그 물체를 발사하여 궤도에 진입게 한 본 조약의 당사국과 그 영역 또는 시설로부터 물체를 발사한 각 당사국은 지상, 공간 또는 달과 기타 천체를 포함한 외기권에 있는 이러한 물체 또는 동 물체의 구성부분에 의하여 본 조약의 다른 당사국 또는 그 자연인 또는 법인에게 가한 손해에 대하여 국제적 책임을 진다고 규정하고 있다.

이들 조항들은 어디까지나 국제책임에 관한 일반원칙을 규정한 것이기 때문에 우주손해책임협약에서 이를 상세히 보완하고 구체화하고 있다. 한편 이와는 별개로 달조약 제14조에서도 우주조약 제6조와 유사한 규정을 두어

---

3) C. Q. Christol, op.cit., p.90.

달조약의 당사국에 국제책임을 부과하고 있다.

3. 1972년 우주손해 책임협약에서의 국제책임

(1) 책임주체

1) 국가

책임협약 제2조 및 제3조에서 우주물체의 발사국은 우주물체로 인하여 발생한 손해에 대하여 책임을 진다고 규정함으로써 국가가 책임의 주체임을 명확히 하고 있다. 여기서 발사국이란 ① 우주물체를 발사하는 국가, ② 우주물체의 발사를 야기하는 국가, ③ 우주물체가 발사되는 지역의 국가, ④ 우주물체가 발사되는 시설의 소속국을 말한다(책임협약 제1조).

또한 2개 또는 그 이상의 국가가 공동으로 우주물체를 발사할 때에는 그들은 발생한 손해에 대하여 공동으로 그리고 개별적으로 책임을 진다고 하여 연대책임을 규정하고 있다(협약 제4조 및 제5조).

2) 국제기구

우주손해책임협약 제22조 제1항에서는 제24조로부터 27조까지의 규정을 제외하고 이 협약에서 국가에 대해 언급된 사항은 우주활동을 행하는 어느 정부 간 국제기구에도 적용되는 것으로 간주한다고 규정하여 국제기구에도 책임의 주체로서의 지위를 인정하고 있다. 다만 ① 이러한 기구의 가맹국의 대다수(majority)가 이 협약 및 우주조약의 당사국이고, ② 이 협약에 규정된 권리와 의무의 수락을 선언하는 것을 조건으로 하고 있다.

또한 국제기구와 회원국인 국가가 연대책임을 지는 경우도 규정하고 있는데 어느 정부 간 국제기구가 이 협약의 규정에 의거하여 손해에 대한 책임을 지게 될 경우 그 기구와 이 협약의 당사국인 동 기구의 회원국인 국가는 다음의 경우에 공동으로 그리고 개별적으로 책임을 진다고 규정하고 있다. 즉 ① 그러한 손해에 대한 보상청구가 기구에 맨 처음 제기된 경우, ② 기구가 6개월 이내에 그러한 손해에 대한 보상으로서 동의 또는 결정된 금액을 지불하지 않았을 때에 한해서 청구국이 이 협약의 당사국인 회원국에 대하여 전기 금액의 지불책임을 요구할 경우이다(책임협약 제22조 제3항).

(2) 책임의 요소

1) 손해

협약상의 책임이 성립하기 위해서는 손해가 실제로 발생하여야 한다. 책임협약 제1조에서 손해에 대하여 규정하고 있는데 이에 의하면 '손해'(damage)라 함은 "인명의 손실, 인체의 상해 또는 기타 건강의 손상 또는 국가나 개인의 재산, 자연인이나 법인의 재산 또는 정부 간 국제기구의 재산의 손실 또는 손해를 말한다"고 정의하고 있다. 이 손해의 개념에는 인적 손해와 물적 손해가 포함된다. 그러나 손해의 정의만 규정하고 있을 뿐 구체적인 손해의 범위에 대해서는 규정하고 있지 않기 때문에 이를 어떻게 해석하느냐에 따라 손해산정의 범위가 달라진다. 예컨대 신체적 손해 이외에 정신적 손해가 포함되는지 여부, 직접손해 이외에 간접손해도 포함되는지 여부 등이다. 인적 손해에 있어서 사망이나 신체적 상해나 질병 같은 것을 포함시키는 것은 문제가 없다. 정신적 손해를 포함시키는 문제는 연혁적으로 1965년의 헝가리 제안을 살펴볼 필요가 있다. 책임협약 제1조는 헝가리언 제1조를 채택한 것이기 때문이다.[4] 헝가리는 "일반적으로 손해에 관하여 책임을 가지는 국가의 법률이 그와 같은 손해의 배상에 관한 규정을 포함하는 때에는 이익의 상실 또는 정신적 손해의 이유에서 배상소송을 수행하는 것이 가능하다"고 제안하였다. 이것은 책임협약상의 손해의 정의가 정신적 손해를 포함한다는 것을 의미한다. 또한 동 정의가 '기타 건강의 손상(상해)'을 언급하고 있어 이는 육체적 상해만은 아니고 사회적 안녕(복지상태)을 무너뜨리는 장해로서 정신적 장해를 의미하는 것으로 해석한다. 이러한 해석은 "건강이란 완전한 육체적, 정신적 및 사회적 복지 상태이며 단순히 질병이나 병약한 상태의 부재가 아

---

4) A/AC. 105/C. 2/L. 1Rev. Ⅰ.

니다"란 WHO 헌장을 인용한 것이다. 원래의 책임협약초안은 인명의 손실과 인체의 상해만 규정하고 있었다. 이렇게 본다면 책임협약상의 인적 손해는 신체적 손해뿐만 아니라 정신적 손해도 포함된다고 할 것이다.

다음으로 직접손해 이외에 간접손해도 포함되는가의 문제이다. 인적 또는 물적 손해이든 직접손해에 대해서는 문제가 없다. 예컨대 재산 그 자체의 가치적 손해 이외에 그 재산이 창출할 것으로 기대되는 이익의 상실이나 사용자가 우주물체로 인해 상해를 입은 피용자에게 지출하는 의료비 등이 이에 해당한다. 결론적으로 간접손해라도 행위와 손해 간에 적절하고도 충분한 인과관계가 입증된다면 손해배상책임을 인정하는 것이 타당하다 할 것이다. 원자력 손해에 관해서는 책임협약의 기초단계에서는 방사능으로 인한 피해도 포함하는 방향으로 정하였으나 책임협약 자체에는 명문의 규정을 두지 않았다. 실제 사례로는 전술한 Cosmos 954 사건이 있다.

2) 위험 및 과실

① 위험책임

책임협약 제2조는 "우주물체의 발사국은 그 우주물체가 지구표면 또는 비행 중의 항공기에 끼친 손해에 대하여 절대적인 책임을 진다"고 규정하고 있다. 이 조항은 위험책임주의에 기한 것이다. 위험책임주의는 법규위반을 확립하는 것 없이 그 활동의 예외적 성격과 그 활동에 의해 만들어지는 특별한 위험성 때문에 활동을 행하는 국가가 책임을 지는 시스템을 말한다.

이 위험책임은 절대책임(무과실책임)의 일종으로 국내법에 의해 위험성이 높은 분야를 중심으로 발달되고 적용되어 온 이론이다. 그리고 그 이론적 기초는 '초위험적 행위'(ultra hazardous activities)의 원칙이다. 우주활동은 이러한 초위험성을 안고 있는 활동이며 그럼에도 불구하고 명문으로 절대책임을 인정한 이유는 우주활동은 그 초위험성에도 불구하고 인류가 미래지향적으로 개척해 나가야 할 분야이기 때문이다. 책임협약 제2조는 국제협약상 최초의 실정규범이다.

② 과실책임

책임협약 제3조는 "지구표면 이외의 영역에서 발사국의 우주물체 또는 동 우주물체상의 인체 또는 재산이 타 발사국의 우주물체에 의하여 손해를 입었을 경우, 후자는 손해가 후자의 과실 또는 후자가 책임져야 할 사람의 과실로 인한 경우에만 책임을 진다"고 규정하고 있다. 이 조항은 과실책임주의에 기한 것이다. 과실책임주의는 국제법에 있어서 전통적으로 인정되어 온 원칙으로 국가의 국제책임이 인정되기 위해서는 단순히 국제의무에 위반한 것만이 아니라 과실이 있어야 한다는 것이다. 전통적으로 과실책임은 어떤 상황에서 합리적으로 생각되는 주의 정도를 다하지 못하여 행위의 객관적 타당성을 결한 경우에 발생한다. 그러나 책임협약에서는 과실에 대한 명확한 정의를 내리지 아니함으로써 배상청구문제를 해결할 수 있는 실체적인 규칙을 완벽하게 규정하고 있지는 못하고 있다.

③ 연대책임

책임협약 제4조와 제5조는 연대책임을 지는 경우를 규정하고 있다.

책임협약 제4조 제1항은 "지구표면 이외의 영역에서 1개 발사국의 우주물체 또는 우주물체상의 인체 또는 재산이 타 발사국의 우주물체에 의하여 손해를 입었을 경우, 그리고 그로 인하여 제3국 또는 제3국의 자연인이나 법인이 손해를 입었을 경우 전기 2개의 국가는 제3국에 대하여 다음의 조건에 따라 연대책임을 진다. a) 제3국의 지상에 또는 비행 중의 항공기에 손해가 발생하였을 경우 제3국에 대한 당해 그 발사국의 책임은 절대적이다. b) 지구표면 이외의 영역에서 제3국의 우주물체 또는 동 우주물체상의 인체 또는 재산에 손해가 발생하였을 경우, 제3국에 대한 전기 2개국의 책임은 2개국 중 어느 하나의 과실, 혹은 2개국 중 어느 하나가 책임져야 할 자의 과실에 기한다"고 규정하고 있다.

동 조 제2항은 손해에 대한 보상 부담은 당해 그 발사국이 각자의 과실의 정도에 따라 분담한다. 만일 이들 국가의 과실 한계가 설정될 수 없을 경우는 보상부담은 균등히 분할된다. 이러한 분할은 연대책임을 져야 할 발사국들의 하나 또는 전부로부터 이 협약에 의거하여 당연히 완전한 보상을 받으려 하는 제3국의 권리를 침해하지 않는다고 규정하고 있다. 제4조의 규정을 '기능적 연대'를 규정하고 있는 것이라고도 한다.[5] 그러나 보다 정확하게는 제2조, 제3조와 마찬가지로 기능적인 것, 장소적인 것의 양자를 기준하고 있다고 할 것이다. 예컨대 A국의 우주물체가 B국의 우주물체, 그 승원 및 재산에 야기된 손해가 지구표면 또는 비행 중의 항공기에 제2의 손해를 야기한 경우 및 지구표면 이외의 대기권, 달 및 기타 천체를 포함하는 우주공간에서 C국의 우주물체, 그 승원 및 재산에 대하여 제2의 손해를 야기하였다면 전자는 위험책임(절대책임), 후자는 과실책임이 적용된다. 제2항에 의할 때는 어느 경우이든지 제2의 손해의 당사국인 제3국에 대한 책임은 제1의 손해의 당사국 간 과실의 중대한 것에 의해 배분된다. 과실의 정도가 확정되지 않는 경우의 책임은 균등 배분된다.

책임협약에 군사용 우주물체를 제외하는 규정이 없는 한 제4조 제1항은 ASAT가 제3국에 대해 일으킨 손해에도 적용된다. 이 경우 제4조 제2항에 의해 ASAT를 사용한 국가가 전적으로 책임을 진다.[6] 책임협약 제5조는 2개국 이상이 공동으로 하나의 우주물체를 발사한 경우에는 그들은 발생한 손해에 대하여 연대책임을 진다고 규정하고 있다(책임협약 제5조 제1항). 이 경우 손해를 배상한 국가는 공동발사체에 참여한 국가에 대하여 구상권을 갖는다. 공동발사의 참여자들은 상호 그들의 분담분에 관한 협정을 체결할 수 있고 그러한 협정은 제4조에서와 마찬가지로 피해국의 권리를 침해할 수 없다(책임협약 제5조 제2항). 공동발사의 경우 우주물체가 발사된 지역 또는 시설의 소속국은 공동발사의 참가국으로 간주된다(책임협약 제5조 제3항).

④ 책임의 면제

책임협약 제6조는 절대책임이 면제되는 경우를 규정하고 있다. 이에 의하

---

5) P. M. Dupuy, La responsabilite internationale des Etats pour les dommages d'origine technologique et industrielle, p.64.

6) 龍澤邦彦, 前揭書, 253頁.

면 손해가 피해국의 중대한 과실에서 발생하였거나 피해국이나 그 국민의 고의적인 작위나 부작위에 의하여 발생한 것을 발사국이 증명한 때에는 그 입증하는 한도에서 절대책임이 면제된다고 규정하고 있다(책임협약 제6조 제1항). 다만 이러한 행위가 UN헌장, 우주조약을 포함한 국제법과 일치하지 않는 방법으로 행하여진 경우에는 어떠한 책임면제도 인정되지 않는다(책임협약 제6조 제2항). 관련하여 한 가지 언급할 것은 제6조의 규정은 제3자의 행위 또는 자연재해가 손해를 초래한 경우의 책임의 면제를 규정하지 않고 있다. 책임이 과실에 근거한 경우 자연재해와 같은 불가항력이나 제3자의 행위를 자신의 면책사유로 제시할 수 있도록 하는 명확한 규정을 두어야 할 것으로 본다.

4. 손해배상청구절차

책임협약에 따른 손해배상청구는 당사자 간의 외교경로를 통하거나 배상청구위원회를 통하여 해결하는 것으로 규정하고 있다.

(1) 외교경로를 통한 해결

1) 청구주체

청구주체에 대해서는 책임협약 제8조에서 규정하고 있다. 이에 따르면 발사국에 대하여 배상을 청구할 수 있는 주체는 '손해를 입은 국가' 또는 '자국의 자연인 또는 법인이 손해를 입은 국가'이다. 자연인이나 법인은 이 협약에 의하여 청구를 제기할 자격을 갖고 있지 않다. 이들의 청구는 국적국이 행하여야 한다(책임협약 제8조 제1항). 다만 손해를 입은 국민의 국적국이 배상을 청구하지 않는 경우는 자연인 또는 법인이 손해를 입은 장소의 영토국이 발사국에 대하여 배상을 청구할 수 있다(책임협약 제8조 제2항). 국적국과 손해발생지국 그 어느 쪽도 배상을 청구하지 않는 경우에는 제3국은 자국의 영주권자가 입은 손해에 대하여 발사국에 배상을 청구할 수 있다

(책임협약 제8조 제3항). 손해배상청구절차에 대해서는 책임협약 제9조에서 규정하고 있다. 이에 따르면 손해배상청구는 외교경로를 통해 발사국에 청구하여야 하며 외교관계가 없는 경우 제3국이나 UN사무총장을 통할 경우에는 청구국과 발사국이 공히 모두 UN회원국이어야 한다(책임협약 제9조).

2) 청구제출기간

손해배상청구는 손해발생일 또는 손해에 관한 책임을 지는 발사국을 확인한 날로부터 1년 이내에 발사국에 제시되어야 한다(책임협약 제10조 제1항). 만약 어느 국가가 손해발생을 몰랐거나, 손해에 관해 책임져야 할 발사국을 확인할 수 없을 경우는 그 사실을 안 날로부터 1년 이내에 청구를 제시하여야 한다(책임협약 제10조 제2항). 제1항 및 제2항에 명시된 시한은 손해의 전체가 밝혀지지 않았다 하더라도 적용되며 이 경우 청구국은 청구를 수정할 수 있는 권리와 시한의 만료 후라도 손해의 전체가 밝혀진 이후 1년까지 추가 자료를 제출할 수 있는 권리를 가진다(책임협약 제10조 제3항). 제3항은 우주활동이 초위험적인 성격을 띠고 있기 때문에 손해의 범위가 상당 기간 동안 파악되지 않을 수 있는 상황을 고려한 것이다.

3) 국내적 구제절차

제11조는 국내적 구제절차에 대해서 규정하고 있는데 이에 따르면 책임협약에 의거한 청구의 제기에 있어서 청구국 또는 청구국이 대표하고 있는 자연인이나 법인이 이용할 수 있는 사전 어떠한 국내적 구제절차의 완료를 요구하지 않는다고 규정하고 있다(책임협약 제11조 제1항). 따라서 바로 국제적인 구제절차를 취하는 것도 가능하다. 청구의 신속한 처리를 목적으로 피해자 보호의 입장에서 규정한 것이다. 그러나 자연인이나 법인이 국내적인 수단을 통하여 손해배상청구를 하는 것도 금지하지 않고 있다(책임협약 제11조 제2항 전단). 다만 구제절차가 발사국의 국내법체계 내에서 제기된 경우에는 발사국에 대하여 동일한 손해에 관한 손해배상청구 제기를 금하고 있다(책임협약 제11조 제2항 후단).

4) 배상액의 결정

배상액의 결정에 관해서는 발사국이 책임협약에 의하여 지급할 책임이 있는 배상은 배상을 받을 자인 자연인 또는 법인, 국가 또는 국제기구에 그러한 손해가 발생하지 아니하였더라면 존재하였을 조건으로 회복시켜 주게 될 손해에 관한 배상을 제공하기 위하여 국제법에 따라 정의와 형평의 원칙에 따라 결정되어야 한다고 규정하고 있다(책임협약 제12조). 이는 일반 국제법 상의 원상회복의 원칙(restituto in integrum)을 배상액의 결정지침으로 하고 있는 것이다. 그러나 손해배상의 상한(한도)에 대해서는 규정하고 있지 않다. 이에 대해서는 헝가리를 비롯해 미국 등이 한도액을 설정할 것을 제안한 바 있으나 한도액 설정 제안은 다른 많은 국가들의 지지를 받지는 못하였다. 결국 배상액의 결정은 국제법에 따른 정의와 형평이라는 조금은 애매한 기준에 따라 해결할 수밖에 없게 되었다.[7] 배상액의 지불통화는 배상책임국과 청구국과의 특별한 합의가 있는 경우를 제외하고는 청구국의 통화로 지불하는 것으로 하고 있다. 만일 청구국의 요청이 있는 경우는 배상책임국의 통화로 지불한다(책임협약 제13조).

(2) 배상청구위원회의 구성

1) 배상청구위원회의 구성

청구국이 청구 자료를 제출하였다는 사실을 발사국에 통고한 일자로부터 1년 이내에 제9조에 규정된 대로 외교적 교섭을 통하여 해결되지 않을 경우 관련 당사국은 어느 당사국의 요청에 따라 청구위원회를 설치하여야 한다(책임협약 제14조). 청구위원회는 3인의 위원으로 구성된다. 청구국과 발사국이 각각 1명씩 임명하며 의장이 되는 제3의 인은 양 당사국에 의하여 공동으로 선정된다. 양 당사국은 위원회 설치요구 2개월 이내에 그 위원을 임

---

7) 이에 대해서는 협약안 작성 시 이탈리아 대표는 책임의 일반원칙에 있어서 정의와 형평을 고려함은 중재위원회가 손해를 야기한 국가에 존재하는 국내법적 제도를 고려를 가능하게 하는 것으로 이를 협약에 규정하는 입장을 취했으며 불가리아 대표는 손해배상 정도를 결정하는 데 있어서 2차적인 것이며 국제법의 원칙을 보완하는 것이라고 하였다.
I. H. Ph. Diederiks – Verschoor & V. Kopal, op.cit., p.39 참조.

명하여야 한다(책임협약 제15조 제1항). 의장은 합의로 선출한다. 위원회 설치 요구 4개월 이내에 의장 선정에 관하여 합의에 이르지 못할 경우 어느 당사국도 UN사무총장에게 2개월 이내에 의장을 임명하도록 요청할 수 있다(책임협약 제15조 제2항). 당사국 한쪽이 기간 내에 위원을 임명하지 않은 경우는 타 당사국의 요구에 따라 의장은 단일위원 청구위원회를 구성하여야 한다. 위원회는 위원회의 절차를 정하여야 하고 위원회가 위치할 장소와 기타 모든 행정적인 사항을 결정한다. 위원회의 모든 결정과 판정은 다수결에 의한다(책임협약 제16조 제1항, 제2항, 제3항, 제4항). 청구위원회의 구성은 2 이상의 청구국 또는 발사국이 이 위원회의 절차에 참가하는 이유로 증가하지 않으며 그와 같은 절차에 참가하는 청구국은 단일 청구국의 경우에 있어서와 동일한 방법과 조건에 따라 1인의 위원을 지명한다. 2 이상의 발사국이 개입된 경우에도 동일한 방법으로 위원 1인을 공동으로 지명한다. 청구국 또는 발사국이 규정된 기간 내에 위원의 임명을 하지 않을 경우는 의장은 단일위원 위원회를 구성한다(책임협약 제17조).

2) 배상청구위원회의 권한

청구위원회는 손해배상청구의 타당성 여부를 결정하고 그 배상을 인정한 경우에는 배상액을 결정한다(책임협약 제18조). 청구위원회는 제12조의 규정에 따라 행동하며(책임협약 제19조 제1항) 위원회의 결정은 당사국이 동의한 경우 최종적이며 구속력이 있다. 당사국들이 동의하지 않는 경우는 권고적 효력을 갖게 되고 당사국들은 그것을 선의로 고려하여야 한다. 그리고 위원회는 그 결정 또는 판정에 대하여 이유를 설명하여야 한다(책임협약 제19조 제2항). 위원회의 결정은 그 기간의 연장을 위원회에서 결정하지 않는 한 설치일로부터 1년 이내에 하여야 하고(책임협약 제19조 제3항) 위원회의 비용은 위원회가 달리 결정하지 않는 한 당사국들이 균등하게 부담한다(책임협약 제20조).

제2절 우주보험

1. 의의

앞에서도 언급한 바와 같이 우주의 이용과 탐사활동은 커다란 위험이 수반되는 초위험적 행위이다. 우주기술의 발달로 인간의 우주에서의 활동은 다양화되고 활동반경도 넓어지고 있지만 반면 challenger호 폭발사고에서 보듯이 만에 하나 인공위성이나 우주선의 발사실패는 엄청난 피해를 가져올 수 있다.

이와 같은 인공위성이나 우주선의 발사실패는 우주물체의 발사와 운용을 행하는 자뿐만 아니라 때로는 제3자에 대해서도 인적·물적으로 커다란 손실을 끼칠 수 있기 때문에 우주활동에 있어서 위험관리(Risk Management)제도로서 우주활동에 내재된 위험과 책임에 관한 위험을 보전해 줄 수 있는 우주보험(Space Insurance)이 필요하게 된다.

최초의 우주보험은 1965년 Intelsat에 의한 'Early Bird'(Intelsat I) 인공위성 보험이었으며 발사 전 위험을 대상으로 한 것이었다.[8] 우주보험에 있어서 문제는 그 위험의 평가(assessing the risks)가 매우 어려운 문제였기 때문에 초기에는 참여하려는 보험자가 없었다. 그러나 1968년까지 Intelsat에 의하여 발사 계획된 6개의 통신위성 중 4개가 발사에 성공하고 Intelsat IV 시리즈에서 8개 중 1개가 발사를 실패하는 데 그쳐 1975년경에는 보험업자가 기꺼이 우주보험시장에 참여하게 되었다. 우주보험은 초기에는 항공보험시장에 기반을 두었으나 시장의 수요가 점차적으로 늘어남에 따라 1980년대 초반에는 전문성을 갖춘 underwriter에 의해 우주보험시장이 열리게 되었다.[9]

우주보험에 있어서 특기할 만한 것은 종래 우주활동의 대부분이 국가에 의해 수행되었던 국가의 독점적 활동 분야에서, 1982년 레이건 대통령이 미

---

8) I. H. Ph. Diederiks – Verschoor & V. Kopal, op.cit., p.113.

9) Rod. D. Margo, Aviation Insurance, 3rd(2000), p.371.

국의 민간부문의 투자 및 참가를 촉진하기 위한 정책을 취한 이후로 민간 기업이 참여하는 우주의 상업화가 급속히 진전됨에 따라 이러한 추세에 부응하여 우주활동에 있어서 보험제도의 확충이 필요해졌다는 점이다.

이에 따라 우주활동을 행하는 사기업은 보험에 의해 제3자에 대한 손해의 보전과 자기 재산의 손실에 대한 보전이 가능해졌고[10] 우주활동을 행하는 대부분의 국가는 국내법으로 우주보험 특히 그중에서도 책임보험의 가입을 우주물체 발사 허가의 조건으로 의무화하고 있다.

2. 제3자손해에 대한 보험

제3자에게 발생한 손해에 대한 책임은 우주조약 및 우주손해 책임협약에 의해 규제되고 있는데 책임협약 제2조는 우주조약 제7조를 보다 구체화한 것으로 발사국으로 하여금 자신의 우주물체가 지구의 표면이나 비행 중의 항공기에 초래한 손해에 대하여 절대책임을 지도록 하고 있는 데서도 보험의 필요성이 있다고 할 것이다. 그러나 우주조약 및 책임협약은 손해배상책임과 절차를 규정할 뿐이고 보험가입 의무를 부과하고 있지는 않다. 그것은 각국의 자유재량에 맡기고 있다.[11] 비록 자유재량이긴 하나 우주활동을 행하는 대부분의 국가는 국내법으로 책임보험의 가입을 의무화하고 있다.

제3자 책임보험에 대하여 가장 상세한 규정을 두고 있는 국가 중 하나는 미국이다. 미국은 NASA 설치의 근거법인 국가항공우주법 제308조와 제309조에서 우주 사고에 대한 손해배상의 근거를 규정하고 있다.

제308조 (a)는 NASA는 우주선의 발사, 작동 또는 회수와 관련된 행위에 기인한 사망, 상해, 재산상의 손실 또는 손해를 당한 제3자에 의한 청구의 전부 또는 일부를 배상하기 위하여 우주선 이용자에게 책임보험의 적정한도와 내용을 정할 권한을 가진다고 규정하고 있다. NASA는 보험금액이 부족

---

10) 龍澤邦彦, 前揭書, 229頁.

11) 상동.

할 경우 지출가능 예산으로 우주선 이용자를 위하여 제3자 보험에 가입할 수 있으나 동 법률 제203조 (c)에 의해 확립된 상환정책에 의하여 실행 가능한 최대한도를 이용자로 하여금 상환하도록 하여야 한다. 제308조 (b)는 미국은 책임보험의 비용과 이용가능성을 고려하여 우주선 이용자와의 협정에 기해 당해 이용자의 배상책임을 부담할 수 있다고 규정하고 있다. 단 이러한 배상은 이용자의 사실상의 태만 또는 고의적인 위법행위 이외의 결과에 의한 청구에 국한되는 것을 조건으로 하고 있다.

제308조 (f), (I)에서는 우주선의 정의를 규정하고 있으며 제308조 (f), (z)에서는 우주선 이용자에 대한 정의를 내리고 있다.

제309조는 우주선 개발자에 대한 손해배상에 관하여 규정하고 있다. 이에 따르면 NASA가 우주선 개발자(자연인은 불포함)를 위해 당해 법인과의 협정에 기해 책임보험 또는 책임대체 부담을 제공할 수 있으며 개발자는 제3자 또는 미국정부로부터 제기되는 손해배상 최대액에 대한 보험 또는 재정적 책임을 NASA로부터 제공받는다고 규정하고 있다. 또한 NASA가 제시한 안전기준 요건을 개발자가 충족하지 아니하는 경우는 NASA는 책임보험 또는 책임대체부담을 제공해서는 안 되며, NASA는 개발자와 손해배상청구 상호포기 약정을 체결하지 않으면 개발자의 배상책임을 부담해서는 안 된다고 규정하고 있다.

민간부문에 있어서는 미 연방법규 Title 49, Subtitle Ⅸ, §70112 및 §70113 에서 규정하고 있다. 2004년의 개정 상업우주발사법은 인공위성 발사로 인하여 야기된 손해에 대하여 제3자 손해배상 책임 제도를 도입하고 있다. 동법은 위성발사허가를 취득한 자가 보험에 가입하거나 또는 가입하지 못할 시에는 경제적으로 충분한 이유가 있다는 것을 증명하여야 한다. §70112에서는 손해배상액 최대액을 산정하여 면허보유자에게 보험을 가입하도록 요구하고 있고 제3자의 사망, 상해, 재산상의 손실의 경우 5억 달러 한도, 미 정부 재산상의 손실의 경우는 1억 달러를 한도로 하고 있다. §70113에서는 DOT장관은 제3자가 면허 보유자를 상대로 한 손해배상청구에 대해 미국정부에 의한 지급을 제공한다고 규정하고 있다. 다만 그 지급은 §70112하의 보험한도를 초과하고 15억 달러를 넘어서지 않는 한도의 범위로 하고 있다. 15억 달러를 초과할 경우에 대해서는 책임의 주체에 대한 언급은 없다.

미국 이외의 국가를 볼 것 같으면 러시아는 우주활동법 제25조에서 보험가입에 관하여 규정하고 있으며 동법 제30조에서 우주 사고에 대한 손해배상책임의 근거를 규정하고 있다. 제25조에서는 과학과 국가경제를 위하여 기관 및 개인이 스스로 우주기술을 개발하는 경우 또는 우주기술의 개발 및 이용이 행하여지는 경우에 러시아연방 법률이 정하고 있는 금액으로 의무적으로 보험에 가입하여야 하며 이 의무적인 보험의 보험금액은 제3자에 대한 재산상의 손실에 충당된다는 것이다. 따라서 러시아는 이 법에 의하여 우주사고 시 제3자에 대한 배상책임보험의 가입을 법률상 의무화하고 있다고 하겠다. 제30조에서는 러시아 연방정부가 연방법에 따라서 우주활동 수행 중 발생한 사고로 인한 직접적인 손해에 대하여 완전한 보상을 보장하고 있다.

유럽의 경우는 좀 다른 구조를 취하고 있는데 유럽은 ESA를 통하여 공동으로 우주개발을 하고 있고 우주공간으로 위성을 발사할 때에도 ESA가 개발한 Ariane 로켓을 이용하고 있다. 아리안로켓을 제작·발사·운용하고 있는 곳은 아리안스페이스사로 프랑스 법인으로 되어 있으며 ESA와 직결된 특수한 기업이다. 이 아리안 스페이스사는 사고발생 때의 배상에 관한 비용으로 4억 프랑을 부담하게 되어 있다. 아리안발사기의 발사사고로 인하여 야기된 손해를 입은 피해자들에 의해 제기된 소송에 있어 아리안 스페이스사는 1회의 발사에 대하여 4억 프랑을 상한으로 당해 손해배상에 관련된 비용을 부담한다. 이 규정은 아리안 스페이스사가 4억 프랑의 보험에 가입함으로써 지급 능력을 확보한다는 것이며 이 범위 내에서 제3자 손해배상보험에 의하여 지불되고 있다. 4억 프랑을 초과하는 경우에는 프랑스 정부가 책임협약상의 국제배상책임을 부담하게 된다.

호주의 경우는 2002년 수정된 우주활동법(Space Activities Act 1998: Act No.123) 제3장에서 제3자에 대한 배상책임을 규정하고 있으며, 일본의 경우는 별도로 국내법을 제정하지 않고 우주항공연구개발기구(JAXA) 설립근거법에서 우주사고에 대한 손해배상에 대한 규정을 두고 있다.

우리나라는 '우주손해배상법'이라는 별도의 법률을 제정하여 제4조에서 우주물체 발사자가 우주사고로 인한 손해의 1차적인 책임을 지도록 규정하고 있으며 제6조에서 책임보험의 가입을 의무화하고 있고 제7조에서는 정부가 보험한도를 초과하는 경우 원조하도록 규정하고 있다.

3. 자기 재산손해에 대한 보험

자기 재산손해에 대한 보험은 우주선 또는 인공위성과 그 부품을 포함한 우주물체와 발사장에 있는 발사 관련 설비를 대상으로 한다.[12] 우주선에 대한 보험은 재정적 리스크를 줄여 줌으로써 당사자들로 하여금 자금조달을 용이하게 할 수 있어 대단히 중요한 역할을 한다. 여기에는 ① 발사 전 보험(pre-launch insurance), ② 발사보험(launch insurance), ③ 우주선 자체의 수명에 대한 보험 (spacecraft in-orbit or 'life' insurance)의 3가지 범주의 보험이 있다.[13]

먼저 발사 전 보험은 우주 프로그램의 개시 시점부터 발사 수행 시까지 발생할 수 있는 모든 리스크를 담보한다. 예컨대 위성과 그 시스템 및 하부 시스템의 제작 기간 중, 보관 및 테스트를 받는 기간 중, 제작 장소에서 발사기지까지의 운반기간 중, 우주선을 발사체에 탑재하는 기간 중 발생할 수 있는 모든 사고들을 담보한다.[14] 우주선의 멸실 또는 손상의 결과로 예정된 발사가 연기되거나 종료된 경우 그 결과로서 부담하게 된 특별한 비용이나 업무의 중단에 따른 보상도 계약에 의해 담보하는 것이 가능하다. 단 후자의 경우는 그 결과로서 완전히 상실된 이익의 경우만 해당된다.[15]

발사보험은 발사실패와 초기작동에 관한 보험이 이에 해당되는데 여러 가지 원인으로 인해 위성이 적절한 궤도에 쏘아 올려지지 못하는 리스크를 담

---

12) 龍澤邦彦, 前揭書, 233頁.

13) Rod. D. Margo, op.cit., p.373.

14) G. Catalano Sgrosso, "Insurance Implications about Commercial and Industrial Activities in Outer Space", Proceedings 36th Colloquium(Graz,1993), p.187-205.

15) 龍澤邦彦, 前揭書, 233-234頁.

보한다. 예컨대 위성이 구조상, 기술상의 결함으로 예정된 궤도에 도달하지 못하는 경우가 이에 해당한다. 우주선의 수명에 대한 보험은 궤도에서 우주선의 작동실패 리스크를 담보한다. 이 보험은 우주선이 합의된 조건에 따라 예정된 궤도에 올려진 이후부터 시작된다. 예컨대 궤도에 올려지긴 했지만 예정된 기간 동안 궤도위치를 유지 못 하는 경우가 이에 해당한다. 이러한 유형의 보험은 일반적으로 3년의 기간으로 약정을 한다.

　자기 재산손해에 대한 보험에 있어서는 보험업자가 모든 리스크를 알 수도 없고 통제할 수 없기 때문에 우주선(위성)의 제작회사나 소유주가 정보를 제공하도록 하는 것은 대단히 중요하다. 이런 의미에서 항공기의 경우와 마찬가지로 우주선에 대해서도 검열(inspection)은 대단히 중요하다 할 것이다.16)

4. 우주보험의 장래성

　1991년 4월 Cassidy가 UN의 COPUOS 법률소위원회에 제출한 "우주보험의 현 상황과 전망에 관한 보고서"는 다양한 보험적용대상에 대한 조사가 소개되어 있다. 이에 의하면 우주보험의 적용범위를 피보험자의 피보험이익(insurance interest)에 따라 4가지 범주로 나누고 있다. 즉, ① 피보험자가 소유하고 있는 재산에 대한 손해, ② 피보험자가 소유하고 있지는 않지만 피보험자의 사업이 의존하고 있는 재산에 대한 손해, ③ 피보험자의 제3자의 청구에 대한 잠재적 법적 책임 및 ④ 재산에 물리적 멸실이나 손해 또는 사람에 대한 상해를 반드시 수반하지 아니하는 사건으로부터 발생하는 잠재적 재정적 손실 등이다. 이 보고서에 따르면 1990년대 말 당시 우주보험 리스크에 대하여 가입할 수 있는 우주보험의 최대금액은 약 3억 달러였다고 한다.17) 또한 보고서는 ESA가 우주보험에 관한 가장 오랫동안의 실적을 가지

---

16) I. H. Ph. Diederiks-Verschoor & V. Kopal, op.cit., p.114.

17) I. H. Ph. Diederiks-Verschoor & V. Kopal, op.cit., p.117.

고 있으며 당시까지 9기의 위성에 대한 발사실패에 대한 보험을 다루었고 그 외 다른 리스크도 취급하였다고 한다. 그렇지만 주는 위성 보험이었다.[18]

한편 보험업자로서는 보험금의 일괄지급이 아닌 분할지급을 할 수 있다면 큰 도움이 될 것이라는 지적도 있었다. 1984년에는 발사대 부분과 우주왕복선 부문에서 기록적인 손실을 경험하였다. Western Union의 위성 Western Ⅵ와 인도네시아의 Palapa B - 2 및 기타 위성의 발사실패는 보험시장에 큰 영향을 미쳤다. 1986년의 우주왕복선 Challenger호 폭발사고는 제조물 책임 소송의 제기로까지 이어졌다.[19] 그러나 이러한 사고에도 불구하고 위성의 상업적 이용과 보험은 최근 우주의 상업적 이용이 확대됨에 따라 우주보험은 보다 중요한 역할을 할 것으로 전망된다.

---

18) K. J. Madders, "Space Insurance - A European Perspective", Proceedings 34th Colloquim(Montreal, 1991), p.393 - 396.

19) I. H. Ph. Diederiks - Verschoor & V. Kopal, op.cit., p.118.

우주의 보존

제1절 우주의 군사화로부터의 보존

제2절 우주의 환경피해로부터의 보존

우주의 보존

제1절 우주의 군사화로부터의 보존

1. 우주의 평화적 이용원칙과 비군사화

우주공간이 새로운 전쟁의 장(場)이 될 것이라는 예견은 우주과학기술의 발달과 더불어 서서히 현실화되어 왔다. 미국에서는 1982년 레이건 대통령이 '별들의 전쟁'(Star Wars)으로 불리는 우주무기를 주제로 한 방위구상을 발표한 이래 우주공간을 육·해·공에 이은 제4의 방위선으로 보는 견해가 우세하다.[1] 1980년대에는 SDI(Strategic Defence Initiative) 계획이 추진되었고 위성공격용 무기(anti–satellite weapons: ASAT), 탄도탄 요격 미사일 무기와 우주배치 핵무기들이 개발되었거나 개발 중인 것으로 알려져 있다. 또한 지구궤도상에는 수백 개의 군사위성이 활동 중인 것으로 알려져 있다. 이와 같이 우주의 군사화는 미·소 냉전체제의 종식에도 불구하고 우려할 수준으로 진전되고 있어 국제사회의 평화와 안전에 대한 실제적인 위협이 되고 있는 것이 현실이다. 따라서 우주의 평화적 이용이라는 대원칙[2] 아래 우주의 비군사화가 국제사회의 중요한 문제로서 제기되었고 UN을 중심으로 우주의 비군사화 노력이 경주되어 국제적 행동에 관한 몇 가지 기본원칙을 채택하는 데 성공하였다. UN은 대체적으로 우주의 군사적 이용과 비군사적 이용을 구분하여 우주무기 문제는 주로 군축회의(Conference on Disarmament)와 우주에

---

1) 龍澤邦彦, 前揭書, 99頁.
2) 우주의 평화적 이용원칙에 대해서는 본서 제4장 제4절 참조.

서의 군비경쟁방지특별위원회(Ad hoc Committee on the Prevention of Arms Race in Outer Space)에서 비군사적 또는 평화적 이용과 관련된 문제는 COPUOS 산하의 두 소위원회에서 주로 다루어 왔다. 우주조약 등에 나타난 우주의 비군사화의 내용은 다음과 같다.

(1) 달과 기타 천체의 비군사화

1967년 우주조약은 달과 기타 천체는 오직 평화적 목적을 위해서만 이용되어야 한다고 규정하면서, 천체에 군사기지, 군사시설 또는 군사요새를 설치해서는 안 되며 모든 형태의 무기 실험이나 군사훈련을 할 수 없다고 규정하고 있다. 다만, 과학적 조사 또는 기타 모든 평화적 목적을 위하여 군인을 이용하는 것은 금지되지 아니하며 천체의 평화적 탐사에 필요한 어떠한 장비 또는 시설은 금지되지 아니한다고 규정하고 있다(동 조약 제4조 제2항).

1979년 달조약은 달과 기타 천체를 오로지 평화적 목적을 위하여 이용된다고 국가의 의무를 재확인하면서 달 위에서는 어떠한 위협, 무력 혹은 기타 어떠한 적대적인 행위의 위협도 금지한다고 규정하고 있다(동 조약 제3조 제1항 및 제2항). 또한 달 위에서의 군사기지, 군사시설 및 군사요새의 설치와 어떠한 무기의 실험과 군사훈련의 실시도 금지한다고 규정하고 있다(동 조약 제3조 제4항). 동 조의 단서 규정의 내용은 우주조약과 동일하다.

1978년의 "환경변화기술의 군사적 또는 기타 일체의 적대적 사용금지에 관한 협약"은 우주에서 지구 쪽을 향하여 또는 지구에서 외기권을 향하여 그러한 기술을 군사적 또는 기타 적대적인 목적으로 사용하는 것을 금지하고 있다.

(2) 대량파괴무기의 배치 금지

부분적 핵실험 금지조약에서는 우주에서의 핵무기 실험이나 기타 핵폭발을 실시할 수 없다고 규정하고 있고(동 조약 제1조) 우주조약에서는 달과 기타 천체, 지구 주변의 궤도, 우주공간 그 어디에도 핵무기 또는 기타 모든 종류의 대량파괴무기를 배치해서는 안 된다고 규정하고 있다(동 조약 제4조 제1항).

달 협정에서도 체약국에 핵무기 또는 기타 모든 종류의 대량파괴무기를 운반하는 물체를 달을 선회하는 궤도 또는 달로 향하거나 달을 선회하는 기타 궤적에 배치해서는 안 되며, 이들 무기를 달 위 또는 달 안에 배치하거나 이용하여서는 아니 된다고 규정하고 있다(동 조약 제3조 제3항).

2. 우주에서의 군사적 활동에 관한 조약

(1) UN헌장

UN헌장은 비록 우주활동이 시작되기 전인 1945년에 채택된 것이지만 헌장의 효력은 장소의 이유를 제한받지 않고 헌장 내재적으로 UN회원국의 여타 의무보다는 헌장상의 의무가 우선한다고 규정하고 있다(헌장 제103조). 또한 우주조약은 제3조에서 체약당사국들이 우주의 탐사와 이용에 있어서 "UN헌장을 포함한 국제법에 따라 활동할 것"(…in accordance with international law, including the charter if the united nation, …)을 명백히 규정하고 있어 UN헌장은 우주활동에도 적용된다고 할 것이다. 헌장 제1조 제1항은 UN기구의 목적 중 국제평화와 안전을 유지하고 이 목적을 위하여 평화에 대한 위협을 금지하고 제거하는 효과적인 집단조치를 취한다고 규정하고 있으며,[3] 제2조 제4항에서 모든 회원국들은 그들의 국제관계에 있어서 어느 국가의 영토 보존이나 정치적 독립에 반하는 또는 UN의 목적과 상치하는 어떠한 방법으로든지 위협이나 무력사용을 자제하여야 한다고 규정하고 있다.[4]

---

3) To maintain international peace and security, and to that end: to take effective collective measures for prevention and removal of threats to the peace, and for the suppression of acts of aggression or other breaches of the peace, and to bring about by peaceful means, and in conformity with the principles of justice and international law, adjustment or settlement of international disputes or situations which might lead to a breach of the peace.

4) All member shall refrain in their international relations from the threat or use of force against the territorial integrity or political independence of any state, or in any other manner in consistent with

또한 제51조에서는 본 헌장의 어느 규정도 UN의 한 회원국에 대한 무력 침략 발생 시 안전보장이사회가 국제평화와 안전을 위해 필요한 조치를 취할 때까지 개별적이거나 집단적인 고유한 자위권을 행사하는 것을 방해하는 것은 아니라고 하여 자위권(Self－defence)을 국가의 고유한 권리로 인정하고 있다.5) 제51조의 자위권 행사와 관련하여서는 현대전의 특성이 상대편의 한 번의 공격이 회복할 수 없는 치명적 손상을 가할 수 있다는 점에서(예컨대, 핵무기에 의한 공격 또는 원자로의 파괴에 의한 방사선 낙진 등) 자위상의 선제적 조치(preemptive action)와 예방적 조치(preventive action)가 가능한가에 대해서는 논란이 있다.6)

(2) 우주조약

1967년 우주조약은 우주활동의 기본이 되는 조약이며 우주에서의 군사활동에 대해서도 법적으로 제한하는 가장 중요한 조치들을 내용으로 하고 있다. 우주조약 제4조 제1항은 본 조약의 당사국은 지구 주변의 궤도에 핵무기 또는 기타 모든 종류의 대량파괴무기를 설치하지 않으며 천체에 무기를 장치하거나 기타 어떠한 방법으로든지 이러한 무기를 외기권에 배치하지 아니할 것을 약속한다고 규정하고 있다. 여기서 문제가 되는 것은 '대량파괴무기'(weapons of mass destruction)가 구체적으로 어떤 무기를 의미하는가 하

---

the purposes of the united nations.

5) Noting in the present charter shall impair the inherent right of individual or collective self－defence if an armed attack occurs against a Member of united nation, until the security council has taken measures to maintain international peace and security. Measure taken by Members in the exercise of this light of self－defence shall be immediately reported to the security council and shall not in and way affect the authority and responsibility of the security council under the present charter to take at any time such action as it deems necessary in order to maintain or restore international peace and security.

6) 미국의 일부 학자들은 자위상의 선제적 조치를 인정하는 데 반해 사회주의 국가들의 학자들은 자위권을 무력공격의 상황에서만 사용될 수 있으며 선제행동으로는 사용될 수 없다고 주장하였다. 그러나 최근에는 핵공격과 같은 상대방의 제1격에 의한 공격이 회복할 수 없는 치명적 손상을 입을 수 있다는 점에서 일정조건하에서 선제적 또는 예방적 조치를 인정하는 주장이 설득력을 얻고 있다. 본 쟁점에 관한 상세는 Takai Susumu, "Military uses of outer Space and the Right of Self－defense", 한국항공우주법학회지 특집호(2010. 5), 105－125면 참조.

는 해석의 문제이다. 이에 대해서는 현재의 무기발달의 단계에 따라 그 의미도 변하고 있음이 인정되어야 하겠지만 통상 대량파괴무기는 "핵무기, 생화학무기 및 장래에 개발될 것을 포함하여 파괴적이거나 손상을 미치는 효과에서 이상의 무기에 비견될 정도의 모든 형태의 무기"라고 해석되고 있다. 이와 관련하여서는 핵탄두를 장착한 ICBM의 지상에서의 발사는 외기권의 일부를 단지 통과하는 데 불과하고 외기권에 배치되는 것은 아니므로 금지대상에서는 제외된다고 본다. 한편 정찰위성의 지구 주변 궤도 배치는 대량파괴무기가 아니므로 허용된다는 것이 일반적인 견해이다. 제4조 2항은 달과 천체는 본 조약의 모든 당사국에 오직 평화적 목적을 위하여서만 이용되어야 한다고 하면서 천체에 있어서 군사기지, 군사시설 및 군사요새의 설치, 모든 형태의 무기 실험 그리고 군사훈련의 실시는 금지되어야 한다고 규정하고 있다. 다만 과학적 조사 또는 기타 모든 평화적 목적을 위하여 군인을 이용하는 것은 금지하지 아니하며 달과 기타 천체의 평화적 탐사에 필요한 장비나 시설의 사용도 금지되지 아니한다고 규정하고 있다.

여기서 문제가 되는 것은 '평화적 이용' 또는 '평화적 목적'이라는 용어의 해석이다. 우주의 평화적 이용원칙에서 이미 설명하였지만 우주조약은 이에 관하여 명확한 정의를 하지 않고 있기 때문에 많은 논쟁을 불러일으켰다. 요약 정리하면 '평화적'을 '비군사적'(non-military)으로 해석하여 우주에서의 군사활동은 그 자체가(per se) 비평화적인 것으로서 어떠한 군사활동도 허용될 수 없다는 견해와 이를 '비침략적'(non-aggressive)으로 보아 침략적 목적의 군사활동이 아닌 한 허용된다는 견해가 있다. 전자는 주로 소련이 취하였던 입장이고 후자는 미국이 취한 입장이었다. 소련의 경우 군사적 목적을 띤 정찰위성의 사용은 침략적 행위로서 불법이라고 주장해 왔으나 자국의 입장과 관련하여 이 견해를 완화하여 모든 활동이 불법이라고 볼 수 없다고 하여 우주에서의 부분적 군사활동을 인정하였다.

이와 같은 우주의 평화적 이용원칙은 현재와 같은 실정법상의 규정 또는 관행에 비추어 볼 때 우주의 군사적 이용을 전적으로 배제하고 있지 않다고 보아야 할 것이다. 현재 우주법 관련 논의들은 대부분 이를 비침략적 목적으로 해석함을 전제로 하고 있다.

(3) 달 협정

1979년의 달 협정은 달에 관한 조항들이 지구 이외 태양계 내의 다른 천체들에도 적용되며 '달'이라 함은 달 주위의 궤도 또는 달을 향하거나 또는 선회하는 기타 궤적(trajectories)을 포함한다고 하여 우주조약의 적용을 확대하면서 군사적 이용 관련 우주조약상의 애매한 부분을 보완함으로써 달의 지위를 보다 명확히 정의하고 있다.

달 협정은 제3조 제1항에서 달은 오로지 평화적 목적을 위하여 모든 당사국에 의하여 이용된다고 규정하여 평화적 이용원칙을 재확인하고 있다. 제3조 제2항에서는 달에서는 어떠한 위협, 무력사용, 어떠한 적대적 행위 또는 적대적 행위의 위협도 금지된다고 규정하고 있다. 또한 지구, 달, 우주선, 우주선의 요원 또는 인공우주물체에 대하여 적대적 행위를 하거나 적대적 행위를 위협하기 위하여 달을 이용하는 것을 금지한다고 규정하고 있다. 제3조 제3항에서는 핵무기나 기타 어떠한 대량파괴무기를 운반하는 물체를 달 주위나 궤도에 배치하거나 이러한 무기를 달에 배치하거나 달에서 사용하는 것을 금지한다고 규정하고 있다. 달 협정은 이와 같이 제3조 제1항과 제3항에서 우주조약의 달의 비무장화와 달 위에 핵무기 및 다른 대량파괴무기의 배치의 금지를 재확인하고 있으며 이 규정을 달과 행성궤도와 궤적에까지 확대 적용하고 있어 우주조약이 핵무기 금지와 관련하여 달에 대하여 명시적으로 언급하지 아니함으로 인한 애매한 부분을 보강하고 있다. 제3조 제4항에서는 달에서는 군사기지, 군사시설 및 군사요새의 설치와 어떠한 형태의 무기 실험도, 군사훈련의 실시도 금지된다고 규정하고 있다. 그러나 과학연구 기타 어떠한 평화목적을 위한 군 인력의 이용은 금지하지 아니하며 달의 평화적인 탐사 및 이용을 위하여 필요한 어떠한 장비 또는 시설의 이용 또한 금지하지 아니한다고 규정하고 있다.

이와 같이 달 협정은 우주조약상의 개념상 모호한 부분이 상당한 부분 미

해결 상태로 남아 있긴 하지만 우주의 비군사화를 상당히 명확하게 규정함으로써 우주조약에서 확립된 비군사화의 기틀을 더욱 강화하고 있다고 평가할 수 있다.

(4) 부분적 핵실험 금지조약

1963년의 "부분적 핵실험 금지조약"(정식명칭은 "대기권, 외기권 및 수중에서의 핵무기 실험금지조약"(Treaty Banning Nuclear Weapon Tests in the Atmosphere, in Outer Space and Underwater))은 군비제한과 통제로 알려진 비무장(disarmament)이라는 새로운 접근방식의 첫 예가 된 조약이다. 또한 동 조약은 우주에 관련된 첫 조약 중의 하나로서 특정무기의 실험제한을 규정하고 있다.

동 조약 제1조 제1항은 본 조약의 각 당사국은 그의 관할 또는 지배하의 어떤 곳에 있어서든지 모든 핵무기의 실험폭발이나 기타 핵폭발을 방지하고 실시하지 아니할 책무를 지며 (a) 대기권 및 그 한계를 넘어선 외기권 또는 영해 및 공해를 포함한 수중, 또는 (b) 국가의 관할권 또는 지배하에서 이와 같은 폭발이 행하여지는 국가의 영역을 넘어서 방사능 낙진을 오염케 하는 기타 외계, 이와 관련하여 본 항의 규정은 당사국이 본 조약 전문에서 언급한 바와 같이 달성하기로 노력하는 모든 지중 폭발을 포함한 전문 핵실험 폭발을 항구적으로 금지하는 조약의 체결을 방해하지 아니하는 것으로 양해한다고 규정하고 있다.

동 조약 제1조 제2항은 본 조약의 당사국은 제1조 제1항에 기술되거나 또는 그 영향에 언급된 어느 환경에서도 발생할 수 있는 어떠한 핵무기 실험폭발을 수행하는 것을 야기하거나, 권장하거나 또는 어느 방법으로든지 참가하는 것을 삼가야 할 의무가 있다고 규정하고 있다.

이 부분적 핵실험 금지 조약에 대해서는 지하 핵실험을 금지하지 않은 점, 핵실험의 사찰이나 탐지시스템의 이용에 관한 규정이라든지 분쟁해결절차에 관한 규정이 없다는 점과 다른 핵보유국(프랑스, 중국)의 참가가 없다는 점이 문제점으로 지적되고 있다.

한편 동 조약의 성립과 함께 UN총회는 지구의 궤도 위에 핵무기나 기타 종류의 대량파괴무기를 운반하는 물체를 올리거나 이러한 무기들을 어떠한 방법으로든지 천체나 우주공간에 설치하는 것을 금지하기 위한 "핵무기의 대기권 외 발사금지"(No Bombing in Orbit Resolution) 결의가 채택되었는 바,[7] 이는 법적 구속력은 없으나 법원칙에 관한 국제적 합의를 반영한 것으로서 이후 우주조약에 일부 반영되었다.

(5) 환경변화기술의 군사적 또는 기타 일체의 적대적 사용금지에 관한 협약

1976년 군축위원회에 의하여 초안이 작성되고 1978년 발효된 이 협약은 '환경변화기술'을 "자연과정의 고의적 조직을 통하여 생물상(相), 암석권, 수권(水圈) 및 대기권을 포함한 지구의 또는 외기권의 역학, 구성 또는 구조를 변화시키는 모든 기술"로 정의하면서,[8] 제1조에서 우주에서 지구 쪽으로 향하여 또는 지구에서 외기권을 향하여 그러한 기술을 군사적 또는 기타 적대적인 목적으로 사용하는 것을 금지하고 있다.[9]

(6) 전략무기제한협정

"전략무기제한협정"(Strategic Arms Limitation Treaty)에는 1972년에 체결된 SALT Ⅰ과 1979년에 체결된 SALT Ⅱ가 있다. 연혁적으로는 1960년대가 끝난 이후부터 미국과 소련은 전략무기제한협정과 "전략무기감축조약"(Strategic

---

7) UN G. A. Res., 1884(ⅩⅧ), 1963.10.17.

8) As used in article 1, the term "environmental modification techniques" refers to any technique for changing – through the deliberate manipulation of natural process – the dynamics, composition or structure of the Earth, including its biota lithosphere, hydrosphere and atmosphere, or of outer space.

9) Each state party to this convention undertake not to engage in military or any other hostile use of environmental modification techniques having wild spread, long – lasting or severe effects us the means of destruction, damage or injury to any other state party.

Arms Reduction Treaty, START)으로 알려진 일련의 군축논의를 진행해 왔는데 이 논의의 대부분은 탄도미사일 문제를 중심으로 다루었지만 일부 조항은 군사우주활동과 관계가 있는 것이었다.

SALT Ⅰ은 '잠정협정'이었는데 동 협정은 자국 기술수단을 이용하여 우주에서 확인하는 규정을 포함하고 있으며 또한 ABM조약과 같은 표현으로 확인을 위한 국가 검증 기술수단에 대한 불간섭 원칙을 언급하고 있다. ABM조약(Anti−Ballistic Missile Treaty: 탄도미사일 방어조약)은 SALT−Ⅰ의 일부로서 체결된 4개의 협정 중 가장 중요한 조약이다. 동 조약은 전쟁억지 및 군축역사에 있어 큰 의미 있는 조약이지만 2001년 12월 13일 미국의 일방적인 탈퇴로 그 효력을 상실한 상태다.

SALT Ⅱ는 "전략공격무기의 제한에 관한 조약"(Treaty on the Limitation of Strategic Offensive Arms)을 말하는 것으로 우주 관련 내용으로는 지구궤도에 부분적으로 궤도를 관통하는 미사일을 포함하여 핵무기나 대량파괴의 여타 모든 종류의 무기를 배치하는 체제를 개발, 실험 또는 배치하는 것을 금지하고(제9조 제1항) 국가검증 기술수단에 대한 불간섭원칙을 재확인하고 있다. SALT Ⅱ는 1985년 12월 31까지 비준을 거쳐 발효되어야 하는데 현재까지 비준되지 아니하여 실질적으로 사문화되었다.

3. 우주무기(Space Weapon)

우주무기를 어떤 범위로 정의하고 어떤 활동이 우주무기를 사용하는 활동에 해당하는지는 우주기술의 개발이 급속도로 진행되고 있어 쉽지 않은 작업이라 할 것이다.[10] 현재까지 우주에 무기가 배치된 적은 없지만 정찰위성에 의한 통신, 감시, 정찰, 항행, 기상, 측지와 같은 군사적 지원 업무들이 우주에서부터 일상적으로 행하여지고 있고 대위성 공격용무기(anti−satellite weapons)도 개발 배치되어 당장에라도 사용할 수 있는 단계에 있다. 일반적

---

10) 공군 법무실, 전게서, 197면.

인 관점에서 우주무기는 우주에서 또는 우주로부터 목표물을 파괴, 제거하는 것으로 볼 수 있다. 1991년 유엔군축연구소(UNIDIR)에서는 다음과 같은 정의를 제안하였다. 즉, "우주무기는 우주(달을 포함한 천체) 또는 지구에 배치된 고안물(폭발물)로서 우주물체의 정상기능을 파괴 또는 방해하는 활동을 하기 위한 것이거나 우주에 배치된 고안물(폭발물)로서 우주 또는 지구환경에서 물체의 정상기능을 파괴 또는 방해하는 활동을 하기 위한 것이다. 이 외의 고안물(폭발물)로서 본질적인 기능이 위 영역에 해당하는 경우에는 우주무기로 간주한다는 것이다."[11]

위 정의의 마지막 문장은 우주무기의 범위가 확대된다는 문제점을 가지고 있다. 이에 따라 대부분의 나라에서는 우주고안물이 민·군 겸용으로서의 성격을 가지고 있어 위와 같이 확대된 정의에는 찬성하지 않는다.[12]

여기서는 이러한 우주무기 중 우주법상으로 문제 되고 있는 정찰위성, 대위성 공격용무기, 전략미사일 및 위성무기에 대해서 고찰하기로 한다.

(1) 정찰위성

정찰위성이 우주법상 문제가 되는 것은 그것의 합법성 문제이다. 정찰위성은 군사적으로 유용한 정보 예컨대 전투기나 로켓의 배치상황이나 미사일 기지와 같은 군사시설, 군대의 이동상황 등을 정찰하고 군사기상 등을 파악하고 제공함으로써 군사적 지원 업무를 수행하는 데는 최적의 수단이라 할 수 있다.

이 정찰위성에 대해 미국은 국제법상 합법적이라는 입장을 취하고 있다. 1963년 COPUOS의 법률소위원회에서 우주공간으로부터의 정찰은 공해 또는 공해상의 대기권으로부터의 정찰과 같이 국제법에 합치한다고 주장하였

---

11) "Space Weapon is a device stationed in outer space(including the moon and other celestial bodies) or in the earth environmental designed to destroy, damage, or otherwise interfere with the earth environment, Any other device with the inherent capability to be used as defined above will be considered as a space weapon."

12) 공군 법무실, 전게서, 196면.

다.[13] 이에 대하여 소련은 우주법 원칙 초안 제8항에서 "타국의 영토 내에서 정보 수집을 위한 인공위성의 이용은 우주공간의 정복이라는 인류의 목표와 양립되지 않는다"고 하면서 그러한 위성을 포획한 경우에는 반환의무가 없으며 명백히 비합법적이라고 하였다. 그러나 이후 소련은 군사적 목적을 띤 정찰위성의 사용과 관련하여 그 입장을 완화하여 모든 활동이 불법이라고 볼 수 없다고 하여 우주에서의 부분적 군사활동을 인정하였다. 정찰위성은 조약의 이행을 확보하기 위한 국가의 기술적 검증 수단(National Technical Verification Means: NTVM)으로서 현재 1972년의 ABM 조약에 의해 그 이용이 용인되고 있다.[14] 그러나 국제우주법의 공동이익의 원칙 및 국제우주협력의 원칙에 반하는 목적을 가진 소위 스파이위성으로 분류되는 것은 불법이라 할 것이다.[15]

(2) 대위성 공격용무기(ASAT)

ASAT는 2007년 1월 중국이 KT - Ⅱ 미사일로 지상으로부터 약 863km 우주에 있는 자국의 기상위성 '펑윈'을 요격하는 실험에 성공하고 이어서 2008년 2월에는 미국이 태평양 해상의 이지스급 순양함에서 스마트 미사일을 발사해 240km 상공의 정찰위성을 요격하는 데 성공하여 새삼 세간의 주목을 받게 되었다.

이 ASAT는 인공위성과 같은 우주자산에 대하여 위협적인 존재일 뿐 아니라 위성의 파괴로부터 수천 개의 잔해를 생성시켜 우주환경에도 심각한 악영향을 끼치고 있다. ASAT에 대한 미국의 입장은 ASAT의 단순한 개발, 전개 혹은 테스트는 우주조약 제4조에 위반하지 않는다는 것이다. 그 논거는 우주조약이 위성공격능력의 개발에 대하여 특별히 금지하지 않고 있고 이의 개발을 위한 활동이나 실험이 잠재적인 것으로 유해한 간섭을 발생시

---

13) J. A. Johnson, "Freedom Control of Outer Space", in the proceedings of IISL, 1963, p.145.

14) 龍澤邦彦, 前揭書, 114頁.

15) 龍澤邦彦, 前揭書, 117頁.

키지 않는 한 우주조약 제9조에도 위반하지 않기 때문이라는 것이다.[16] 1977년 3월 카터 대통령은 위성에 대한 공격에 대하여 반대를 표명하였지만 1978년 6월 20일의 국가우주정책에 관한 대통령지시에서 ASAT의 제한협정이 성립되지 않는 경우에는 이의 개발과 실전 대비의 결의를 나타냈으며 이러한 방침은 레이건 정권하에서도 바뀌지 않았고 미국국회에서는 많은 멤버가 구소련과의 사이에 적당한 검증시스템에 의한 보증을 조건으로 하여 ASAT의 개발, 테스트, 전개 및 사용에 대한 모라토리엄을 부과한 협정을 체결하여야 한다고 주장하였다.

소련에서는 1983년 8월 18일 안드로포프 서기장이 미국 및 다른 나라들이 동일한 무기를 배치 및 비축하지 않은 조건에서 ASAT의 모라토리엄 선언 이래로 일관되게 이의 개발에 반대하는 입장을 계속 취하고 있다. 소련은 우주공간에서 또는 우주공간으로부터 지구에 대한 무력사용의 금지에 관한 조약 초안 제1조에서 "지구선회궤도상 및 천체상 또는 다른 방법으로 우주공간에 설치된 우주물체에 대한 무력의 사용 또는 무력에 의한 위협은 금지된다"고 명시하여 반대하는 입장을 법규칙으로서 확립하였다.

이후 미·소 간에는 우주군비경쟁방지위원회를 비롯하여 일련의 군축회담을 통하여 ASAT문제를 협의하였지만 실질적인 성과는 거두지 못했다. 그러나 ASAT문제는 우주공간의 환경보호라는 면에서 군축과는 별개로 각국의 자제력이 요구되는 부분이다. ASAT의 실험에 대해 1988년 미국의 우주정책은 모든 우주 부문에서의 실험은 우주잔해의 발생을 최소화 또는 삭감할 것을 지시하고 있다. ASAT의 실험은 우주환경을 황폐화시키는 것이기 때문에 타국의 우주공간에서의 자유로운 탐사·이용활동을 방해할 뿐만 아니라 결과적으로 공동이익의 원칙과 국제우주협력의 원칙에 반하는 것이다. 따라서 국내적인 조치뿐만 아니라 국제적으로도 ASAT의 실험을 금지하는 협정이 조급히 마련되어야 한다고 본다.[17]

---

16) Digest of the US practice in international Law, 1977, p.655.
17) 龍澤邦彦, 前揭書, 122 – 123頁.

(3) 전략미사일 및 위성무기

대륙간 탄도미사일(ICBM) 혹은 탄도요격미사일(ABM)과 같은 전략미사일의 사용에 관한 결정적인 규제는 일반적인 군축의 구조 내에서만 가능하다. 현재 우주법의 제 조약에는 이에 관한 확립된 규제가 없다. 그리고 이 점에 관해서는 대부분 견해가 일치한다고 한다.[18]

이러한 전략미사일과 같은 탄도물체는 우주물체로 볼 수 없으며 또한 이를 이용하는 것은 우주공간의 탐사나 이용 활동에도 해당되지 않는다. 그 이유는 탄도물체는 부분적으로 단시간에 우주공간을 통과하기 때문이다. 전략무기의 제한에 관해서는 미·소 사이에 체결된 전략무기제한협정(SALT) I·II가 있으며 이에 대해서는 앞에서 상술하였다.

SDI상의 위성무기(laser위성, 입자 beam위성 등)에 대해서는 이것을 우주조약 제4조의 대량파괴무기로 볼 수 있는가가 문제 된다. 대량파괴무기를 정설과 같이 "핵무기, 생화학무기 및 장래에 개발될 것을 포함하여 파괴적이거나 손상을 미치는 효과에 있어서 그 이상의 무기에 비견될 정도의 모든 형태의 무기"로 해석한다면 SDI의 위성무기는 이에 해당될 가능성이 있다고 본다.[19]

4. 검증(Verification)

우주의 군사화 증가와 관련된 가장 중요한 문제의 그에 관한 검증의 문제이다. 군사통제(arms control) 규정의 준수에 관한 검증을 통상 ① 조약의 타방 당사자의 활동에 대한 감시, ② 그러한 감시에 의하여 획득한 정보의 분석, ③ 그러한 활동의 국가안전에 끼치는 위험의 분석의 세 가지 절차에 의한다. 이 세 가지 절차는 정보기관에 각기 다른 문제와 기회를 제공하게 된다. 이에 따라 조약의무의 위반 또는 잠재적인 위반이 검증과정 중에서 발

---

18) M. Marcoff, Le droit international public de l'espace, p.390.
19) 龍澤邦彦, 前揭書, p.125.

견되었다면 그 대응으로 어떠한 조치를 취할 것인가를 결정하게 된다.[20] 우주무기의 의미 있는 감축에 대한 중대한 저해요소 문제는 긴급한 문제로서 국제법학계에서도 다양한 논평이 이루어져 왔던 주제이다.

He Qizhi는 검증은 군사통제협정의 목적을 달성하는 데 있어서 필수 불가결한 요소라고 한다. 민간위성에 비해 군사위성은 높은 기술의 장비를 사용하여 보다 안정되고 정밀한 자료를 수집할 수 있으므로 위반사실의 적발을 더욱 확실하게 하고 위반을 은폐하는 것을 더욱 어렵게 한다. 그는 위성에 의한 중요한 역할을 감안해 볼 때 이의 보호는 국제적인 협정 특히 미·소 간의 양자협정에 의하여 보장되어야 한다고 지적하고 있다. 나아가 현재의 검증목적을 위하여 사용되고 있는 국가검증수단을 대체하는 국제적 검증체제를 옹호하였다.[21]

국제적 검증체제에 대해서는 이미 유사한 제안이 1978년에 프랑스에 의해 제안된 바 있고[22] 이에 대해 UN전문가 그룹에 의해 논의된 결과 그 이행이 가능하고 또한 국제적인 정부 간 기구가 감시활동을 수행하는 것을 금하는 국제법상 또는 우주법상의 규정이 없다는 점을 밝혔다. 그럼에도 불구하고 프랑스의 제안은 미국이 그 실행에 막대한 비용이 소요된다는 이유로 반대하였고 소련은 이에 대해 아무런 반응을 보이지 않음으로써 실현되지 못하였다.

1990년에는 소련이 "국제연합 헌장에 관한 특별위원회"(Special Committee on the Charter of the United Nations) 회기에서 군사통제협정들의 준수와 국제적 긴장의 완화를 감시하기 위해 검증기구를 UN에 설치하자는 제안을 하였으나 채택되지 않았다.

결국 이 문제는 우주활동에 참가하고 있는 국가들이 건설적인 방법으로 국제적 긴장의 완화와 군사적 충돌을 방지하기 위한 유용한 수단을 만들겠

---

20) I. H. Ph. Diederiks – Verschoor & V. Kopal, op.cit., p.139.

21) He Qizhi, "Space Arms Control and International Verification", "An Arms Race in Outer Space"(note 10, supra), p.119 – 125; He Qizhi, "Towards Legal control of Space Arms, a difficult Process", "Arms Control and Disarmament in Outer Space"(Vol. I), 1985, p.125 – 141.

22) UNGA DOC. A/S – 10/AC.1/7(1978).

다는 집단적인 의지(collective will)가 필요한 문제라고 본다. 이러한 목적을 위한 현실적이고 직접적인 대화가 빨리 이루어진다면 그만큼 빨리 국제사회에 유용한 독특하고 매력적인 검증수단이 마련될 것으로 본다.[23]

5. 평화적 이용원칙의 한계와 법적 허용 범위

우주조약 제4조의 내용은 인공위성을 막 개발하던 시기에 우주의 군비경쟁을 제한한 군축조약으로서의 의의를 가지나 그 내용을 살펴보면 알 수 있는 바와 같이 내용상 일정한 한계점을 내포하고 있다.

우선 핵무기와 같은 대량파괴무기에 대한 배치를 금지하고 있으므로 재래식 무기의 배치는 허용되는 것으로 해석하는 것이 대부분 학자들의 견해이다. 조약의 원문에서 "nuclear weapons or any other kinds of weapons of mass destruction"이라고 명기하고 있으므로 핵무기나 이에 준할 정도의 대량파괴를 가져올 수 있는 생화학무기 등을 규정하고 있다고 해석된다. 또한 위 제4조는 대량파괴무기의 우주공간에서의 배치를 금지하고 있을 뿐이어서 핵탄두를 장착한 ICBM의 사용이나 저궤도 또는 부분적으로 위성궤도를 통과하는 부분궤도 폭격체계(FOSB) 미사일 무기 등의 발사는 동 조약의 규정에 저촉되지 않는 것으로 된다.

이러한 미비점들이 있었기 때문에 이에 대한 개선 움직임이 있어 왔고 그 결과 시도된 것이 달 협정이다. 동 조약에 따르면 우주조약에서와 마찬가지로 달도 평화적 목적으로만 사용됨을 재확인하고 나아가 무력의 사용이나 위협 또는 어떠한 적대적 행위도 해서는 안 되며 달 자체에나 그 주변 궤도에 핵 및 대량파괴무기를 실은 물체를 배치하거나 그 사용을 금지함으로써 보다 포괄적인 비군사화 내지 군비제한에 접근하고 있다. 그러나 달 협정은 협정이 제정된 지 4반세기를 넘어가고 있는데도 현재 당사국 수가 13개국에 불과하고 프랑스를 제외하고는 가입국 대부분이 비우주개발국들이고 미

---

23) I. H. Ph. Diederiks – Verschoor & V.Kopal, op.cit., p.142.

국, 러시아, 중국, 일본과 같은 선진 우주개발국 대부분이 가입하지 않고 있어 그 효력이 약하다. 이와 같이 우주조약이 우주의 군사적 이용에 대한 제한에 있어서 일정한 공백을 가지고 있어 보다 강화된 군비제한을 시도한 달협정이 국제사회의 지지를 얻는 데 실패함으로써의 우주의 군사적 이용제한은 국제법적으로 미비한 상태에 있다고 할 것이다.

게다가 평화적 이용이라는 용어의 모호성은 보다 근본적인 문제점을 가지고 있다. 원래 우주조약은 우주헌장으로서의 기본조약임과 동시에 평화를 위한 군축조약이라는 정치적 성격도 강하게 띤 것이기 때문에 당시 강대국을 비롯한 많은 나라들이 정치적, 군사적 의미를 내포하고 있는 동 조약에 대해서 많은 관심을 표명하였다. 그러나 역시 정치적 타협의 색채를 버리지 못한 '평화적 이용'(peaceful use)이라는 표현은 그 애매성 때문에 해석상 견해의 대립을 불러일으키고 있음은 앞에서 살펴본 바와 같다. 결국 이 문제는 우주의 이용과 관련된 국제법원의 내용과 체결경위, 그리고 현재의 우주개발 관행과 국제관계의 현실 등을 고려해야 하는데 이들 제반요소를 감안한 현실적인 입장에서는 인공위성을 통한 정찰 활동이나 통신, 항해, 조기경계위성 등을 활용하는 군사적 이용은 국제법상으로 금지되고 있지는 않다고 할 수 있다.

이상에 언급된 사항들에 대해서는 국제법상 우주의 군사적 이용을 염려하고 반대하는 시도들이 계속되어 오고 있다. 이는 특히 우주자산(space asset)에 있어서 막대한 우위를 확보하고 있는 미국의 패권주의에 대한 경계의 형태로 제기되고 있다. 그 중심에는 중국과 러시아가 있으며 EU를 비롯한 다른 상당수의 국가들도 우주에서의 군비경쟁 제한을 강제할 수 있는 국제 규범의 출범을 촉구하고 있다. 그러나 이에 대해 미국은 현재의 국제법 체계만으로도 우주의 군사적 이용에 대한 규제는 충분하다는 입장을 고수하고 있다. 미국은 무엇이 과연 우주무기(space weapon)인가에 대한 정의조차 명확하지 않다면서 오히려 중국의 ASAT실험이 미국의 우주자산을 위협하는 요소가 되기 때문에 미국은 이러한 위협들로부터 자국의 우주자산을 지킬 권리가 있다고 주장하고 있다. 이상에서 살펴본 바와 같이 우주조약 자체에 일정한 공백이 있고 이에 대한 해석이 모호하며 이를 강제할 기구가 존재하지 않는 한 현재의 국제법 상태에서 더 이상의 추가적인 강제적 우주군비 축소규범이 빠른 시일 내에 출범하기는 매우 어려울 것으로 보인다.

제2절 우주의 환경피해로부터의 보존

1. 우주환경보호의 중요성

오늘날 지구에서와 마찬가지로 우주에서도 우주환경 보호문제가 중요한 현안으로 떠오르고 있다.[24] 인간의 우주활동은 필연적으로 다양한 부문에 걸쳐 다양한 형태로 정도의 차이는 있지만 나아가 공해(pollution)와 오염(contamination)을 발생시키고 우주환경을 파괴(destruction)시키기까지 한다. 예컨대 인공위성이나 우주왕복선 등의 고체로켓 추진장치는 질소 및 염소 산화물질을 발생시키기 때문에 지구오존층을 파괴하고 그 결과로 지구상의 동식물은 태양의 자외선에 직접 노출되게 되어 과도한 방사열에 의한 피해를 입게 된다. 우주선과 우주인의 귀환에 따르는 생물학적 오염도 우려된다. 아직 실제적인 위험이 존재한다는 증거는 찾지 못하였으나 우주선이 옮기는 지구미생물에 의한 전향성 오염(forward contamination)과 지구 밖의 미생물에 의한 지구의 오염인 후향성 오염(backward contamination)도 인간에게 위험할 수 있는 돌연변이를 일으킬 수 있다는 점에서 우려된다.[25] 또한 우주물체의 충돌이나 고의적인 파괴 또는 대기권 재돌입 과정에서 생겨나는 파편 등 우주잔해에 의한 우주환경 피해도 있다. 현재 우주에는 수천 개의 수명을 다한 인공위성들이 우주궤도에 남아서 돌고 있는데 이러한 우주잔해들

---

24) 우주활동으로 인해서도 지구표면이나 대기 및 해양오염 등 인간의 환경에 영향을 끼칠 수 있으므로 이 점에서 환경보호 논의의 연장선상에서 우주환경 보호의 문제를 국제환경법 규범의 범주에 포함하여 논할 수 있는 것으로 본다.

25) I. H. Ph. Diederiks - Verschoor & V. Kopal, op.cit., p.131.

은 언제나 충돌할 위험성이 있으며 ASAT에 의한 고의적인 위성파괴행위는 수많은 우주잔해를 생성시켜 우주환경보호에 위협요인으로 작용하고 있다. 우주잔해는 우주공간에서 떨어지는 과정에서 2/3 정도는 연소되어 없어지지만 간혹 지상에 낙하되어 사고를 일으키는 경우가 있어 인적·물적 손해를 야기하여 인간의 생명과 재산보호에 심각한 문제가 되고 있다. Cosmos 954 추락으로 인한 방사능 누출사고가 그 대표적인 사례다. 또한 미래에 개발될지도 모르는 태양발전위성은 극단적인 경우 엄청난 에너지흐름은 이온권을 크게 교란시키고 지구표면의 생물들에게 유해한 영향을 끼칠 수 있다.[26]

이와 같이 인간의 우주활동에 의하여 우주환경은 큰 영향을 받는다. 우주는 인류가 활동할 마지막 미래의 무대이기 때문에 그 환경도 보호되어야 한다. 이러한 우주환경보호를 위한 노력이 과학적·기술적 차원에서도 이루어져 왔지만 법적 차원에서도 보호책이 마련되어야 하는 이유이기도 하다.

2. 우주환경보호에 관한 조약

(1) 국제적 논의

우주의 환경은 인간의 활동에 의하여 영향을 받고 있다. 그리고 그 영향은 일정 영역에서는 우려할 만큼의 부정적 영향을 끼치고 있기 때문에 우주에서의 환경보호는 최우선순위를 갖는 문제의 하나가 되었다. 이 문제에 대한 국제사회에서의 논의를 살펴볼 것 같으면 Sputnik 1호의 발사 후 얼마 되지 않아 오염에 관한 많은 문제들이 비정부기구인 국제과학연합평의회(International Council of Scientific Unions: ICSU)에 의하여 확인되었으며 ICSU는 추가적인 조사를 특별기관인 '지구 밖의 탐사에 의한 오염에 관한 위원회'(Committee on the Contamination by Extra-terrestrial Exploration)에 추가적인 조사를 위탁하였다. 뒤이어 1964년에는 David Davies Memorial Institute of International

---

26) 문준조 외 1인 공저, 전게서, 314면.

Studies도 "지구의 환경변화에 관한 규칙초안"(Draft Rules Concerning Changes in the Environment of the Earth)을 만들었다. 이 규칙초안에서는 "지구 주위의 우주에서의 변화"(change in the space around the Earth)라는 용어를 "지구 상에 또는 그 주변에 반응을 일으키는 새로운 요소의 도입이나 물리적 균형이나 과정의 교란에 의한 변화"라고 해석하고 있다.

이 문제는 COPUOS의 과학기술소위원에 의해서도 다루어졌다. 그 결과 이 문제에 대한 초반의 결론은 인류가 그러한 실험의 잠재적인 유해한 효과에 관심이 있음을 고려하여 그러한 실험이 우주환경을 불리하게 변경시키지 아니하도록 과학적으로 보장하도록 도모하고 우주의 평화적 이용에 대한 유해한 방해를 방지하는 문제의 중요성을 인식하는 것이라고 하였다. 한편 우주환경보호문제의 법적 차원에서의 분석은 기존의 우주 관련 조약 등 국제조약의 법 규정들의 적용관계를 살펴보는 것이 필요하다.[27]

(2) 우주조약

1967년 우주조약 중 우주환경과 관련된 조항은 동 조약 제1조, 제3조, 제4조, 제6조, 제9조 및 제11조가 관련이 되어 있다. 이 중 직접적이고 가장 중요한 조항은 제9조이다. 먼저 제1조는 달과 기타 천체를 포함한 외기권의 탐사와 이용은 종류의 차별 없이 자유롭게 할 수 있다고 규정하고 있는데 이는 우주가 모든 인류의 영역으로서 불법적 이용이나 훼손에 의한 방해를 받지 않고 자유로운 접근을 위해 개방되어야 한다는 것을 말한다. 또한 우주잔해의 제거나 오염의 방지는 제3조에서 말하는 탐사와 이용을 원활하게 할 것이다. 이는 평화적 이용원칙을 규정한 제4조의 취지에도 부합하고 국가활동에 따르는 국제책임을 부과하고 있는 제6조 위반 문제도 예방하는 것이 되는 점에서 관련이 있다. 이런 점에서 제11조도 관련이 있다. 제11조는 우주조약의 각 당사국이 우주의 평화적 탐사와 이용활동의 성질, 수행 및 결과를 가능한 한 최대한도로 UN사무총장에게 통보할 것을 규정하고 있는데 이는

---

27) I. H. Ph. Diederiks – Verschoor & V. Kopal, op.cit., p.123 – 124.

간접적으로나마 우주환경의 오염을 방지하는 효과가 있다고 본다.[28]

　제9조는 우주환경의 자연적 균형의 침해를 방지하는 데 목적을 두고 있다. 동조는 조약의 당사국에 대하여 유해한 오염(harmful contamination)을 회피하고 또한 물질의 도입으로 야기되는 지구 주변에 '환경의 불리한 변화'(adverse changes in the environment)를 가져오는 것을 회피하는 방법으로 연구를 수행하여야 하며 이를 위반한 경우에는 '적절한 조치'(appropriate measures)를 취하여야 한다고 규정하고 있다. 만약 조약 당사국이 자국 또는 자국민이 계획하고 있는 우주에서의 활동이나 실험이 다른 국가에 의한 우주의 평화적인 탐사나 이용에 대한 '유해한 방해'(harmful interference)를 가져올 만한 잠재성이 있다고 판단되는 경우는 당사국은 이러한 활동과 실험을 행하기 전에 적절한 국제적인 협의(Consultation)를 거쳐야 한다.

　이와 같이 우주조약 제9조는 ① 당사국들이 우주의 유해한 오염 또는 지구환경의 불리한 변화로 이어질 수 있는 물질의 도입을 막고, ② 자신들의 우주활동이나 실험이 다른 당사국들의 우주활동을 유해하게 방해할 가능성이 있다면 사전 국제적인 협의를 하는 것을 의무화하고 있다. 그러나 동 조에서 사용하고 있는 '유해한 오염'이나 '환경의 불리한 변화'와 같은 용어는 너무 일반적이어서 강제적이지 못하고 국가들이 이를 자의적으로 해석할 수 있는 여지를 남겨 두고 있는 문제점이 있다.[29] 또한 이를 위반한 경우의 '적절한 조치'에 대해서도 그것이 무엇을 의미하는지 명확하지 않다. 그리고 동 조 후단에서 제시되고 있는 협의는 매우 중요하기는 하지만 협의를 통하여 어떠한 결과를 얻은 후에 이를 법적 구속력이 있도록 하는 조치에 대해서는 아무런 규정이 없다. 따라서 협의의 결론이 관련 당사자를 구속하는 것은 아니라고 할 수 있다.[30]

　이와 같은 문제점에도 불구하고 제9조에 포함되는 규칙 중 달과 기타 천체를 포함한 우주공간의 탐사 및 이용에 있어서 국제협력 및 상호원조의 원

---

28) 이영진, "우주에서의 환경오염방지를 위한 국제법적 규제", 항공우주법학회지 제24권 제1호(2009), 158면.
29) 김한택, "환경보호에 관한 국제우주법연구", 항공우주법학회지 제25권 제1호(2010), 209면.
30) I. H. Ph. Diederiks‐Verschoor & V. Kopal, op.cit., p.125.

칙에 따른 의무 및 조약의 다른 모든 당사국의 대응하는 이익을 고려하여 달과 기타 천체를 포함한 우주공간에서의 모든 활동을 실시해야 할 의무는 우주잔해를 포함한 우주활동과 관련된 환경보호에 관한 국제적 조치를 강구할 근거가 된다고 본다.[31]

(3) 달 협정

달 협정 제7조 제1항은 우주의 환경보호에 관하여서는 우주조약 제9조보다 진일보하고 있으며 그런 의미에서 달 협정은 우주 관련 조약 중 환경 분야에서 가장 발전된 조약으로 평가받고 있다.[32]

이 조항은 당사국들이 ① 환경의 불리한 변화의 도입으로 야기된 것이든 유해한 오염에 의한 것이든, 아니면 다른 방법으로 발생한 것이든, 달과 기타 천체들의 환경의 현재 균형이 파괴되는 것을 방지할 조치들을 취하고, ② 지구 외 물질(extraterrestrial matter)의 도입 또는 기타 도입에 의한 지구환경에의 유해한 영향을 피하고, ③ 달 환경의 현재 균형이 파괴되는 것을 방지하기 위하여 채택된 조치들과 달에 어떠한 방사물질(radio - active materials)을 배치하려는 어떤 계획도 사전 UN사무총장에게 통보할 것을 의무화하고 있다. 이 조항은 달 환경의 현재 균형이 파괴되는 것을 방지하는 것을 당사국들의 주요 의무사항으로 규정하고 있으며 우주조약에서 이에 상응하는 조약의 부족한 점을 보충해 주고 있다. 달 협정 역시 협의의 절차와 참여자의 범위 및 국제적 협의에 의한 결정이 갖는 법적 효과에 대해서는 이러한 협의가 우주환경의 보호에 대단히 유용할 수 있는데도 아무런 언급이 없다. 이 이외에도 규율되고 있지 아니한 몇 가지 문제들이 있다. 환경보호조치가 취하여져야 할 기간에 대해서도 명시되어 있지 않으며 화학적 물질에 의한 손해도 그러하다. 그리고 위험물질이 국가 간의 국경을 넘어 그 이상의 국가에 손해를 야기할 가능성이 있는데도 불구하고 이 문제에 대하여 협정은

---

31) 김한택, 상게논문, 210면.
32) 김한택, 상게논문, 217면.

침묵하고 있다.[33)

(4) 책임협약

우주물체로 인해 야기된 손해에 관한 책임협약도 파편이나 오염 및 훼손을 일으키는 탐사 및 이용활동을 규율하기 위한 내용을 담고 있다. 일정한 부류의 손해에 국제적 책임을 부과함으로써 우주조약 제7조에서 구현하고 있는 일반적 책임원칙을 구체적으로 실현하고 그 범위를 확대하고자 하는 시도로 볼 수 있다. 그리고 이러한 의도는 '손해'의 범위에 관하여 생명의 손실·상해 및 건강의 손상, 그리고 국가나 개인 혹은 법인의 재산 손실 및 재산에 대한 피해를 뜻한다고 정의하고 있는 동 협약의 제 규정에 나타나고 있다. 동 협약은 우주잔해와 그로 인해 야기된 손해의 회복문제와 관련하여서도 그러한 현안을 처리하기 위한 일련의 규칙과 절차를 마련하고 있다.[34)

(5) 등록협약

1975년의 등록협약상 우주환경보호와 관련이 있는 조항은 제2조, 제4조, 제6조를 들 수 있다.

등록협약 제2조는 우주물체를 지구궤도와 그 이상에 발사한 국가는 적절한 등록부에 우주물체의 등록을 하고 등록의 확정을 UN사무총장에게 통보하여야 한다고 규정하고 있다. 제4조 제2항과 제3항에서는 등록이 행해진 우주물체일지라도 추가정보가 있을 시는 추가정보를 제공할 수 있으며 각 등록국은 이전에 정보를 전달하였으나 지구궤도상에 존재하지 않는 관련 우주물체에 대해서도 가능한 한 최대로, 또한 실행 가능한 한 신속히 UN사무총장에게 통보하여야 한다고 규정하고 있다.

제6조는 본 협약 제 조항의 적용으로 당사국이 그 자연인 또는 법인에 손해를 야기하는 또는 위험하거나 유해한 성질일지도 모르는 우주물체를 식별

---

33) I. H. Ph. Diederiks – Vershoor & V. Kopal, op.cit., p.125.
34) 이영진, 상게논문, 163면.

할 수 없을 경우에는 우주탐지 및 추적시설을 소유한 특정 국가를 포함하여 여타 당사국은 그 당사국의 요청에 따라 또는 대신 UN사무총장을 통하여 전달된 요청에 따라 그 물체의 정체파악에 형평성 있고 합리적인 조건하에 최대한도로 원조를 하여야 한다고 규정하고 있다. 동 협약의 이러한 규정들은 우주활동에 책임 있는 당사자들을 확인하고 발생된 환경피해에 책임부과를 용이하게 하는 데 도움을 주는 규정들이라고 할 수 있다. 그러나 등록협약은 UN등록 시에 요구되는 정보가 지극히 제한되어 있다는 문제점[35]과 활동이 정지되거나 실패한 위성의 등록 여부가 불명확하여 우주환경오염을 확인하는 데 유용성이 떨어진다는 평가를 받고 있기도 하다.[36]

(6) 부분적 핵실험금지조약

1963년의 부분적 핵실험금지조약은 대기권 그리고 우주를 포함한 대기권 너머에서의 핵실험 및 폭발을 금지하고 있다. 제1조의 조건에 따라 당사국들은 대기권, 우주 및 수중에서의 자국의 통제하에 있는 어떠한 장소에서 핵무기의 실험 및 폭발을 금지하고 방지하며 수행하지 아니한다는 데 합의하였다. 그 목적은 방사선 잔해가 광범위하게 유포 되는 것을 방지하기 위한 것이다. 그러한 잔해가 어느 정도 확인 가능한 우주의 일정 지역에 도달될 수 있지만 물리적으로 확인하기 어려운 형태를 띨 수도 있다. 방사선잔해에 의한 피해는 이 조약에서 규제하고자 하는 오염으로 볼 수 있을 것이다.[37]

---

35) 등록국이 제공해야 하는 정보는 다음과 같은 기본적인 사항으로 제한되어 있다.
 Article Ⅳ. (1): Each States of the registry shall furnish to the Secretary-General of the United Nations, as soon as practicable, the following information concerning each space object carried on its registry: (a) name of launching State or States; (b) an appropriate designator of the space object or its registration number; (c) data and territory or location of launch; (d) basic orbital parameters, including: (i) nodal period, (ii) inclination, (iii) apogee, (iv) perigee; (e) general function of the space object.

36) 이영진, 상게논문, 165면.

37) I. H. Ph. Diederiks-Verschoor & V. Kopal, op.cit., p.126.

(7) 환경변화기술의 군사적 또는 기타 일체의 적대적 사용금지에 관한 협약

1978년 10월 5일 발효된 본 협약 제1조는 강열한 효과를 가진 환경 변화 기술을 군사적 또는 적대적 목적으로 사용해서 상대국에 광범위하게, 장기간에 걸쳐, 심각한 파괴, 손해 또는 위해를 주어서는 아니 된다는 취지의 규정을 담고 있다. 동 협약은 적용범위에 있어 특별한 제한이 있는 것이 아니어서 지구와 대기권뿐만 아니라 우주공간 및 달과 기타 천체에도 적용될 수 있다고 보므로 우주환경보호에 일조를 하는 협약으로 볼 수 있을 것이다.

부 록

1. 우주조약(Outer Space Treaty 1967)

2. 우주구조반환협정(Rescue and Return Agreement 1968)

3. 우주손해책임협약(Liability Convention 1972)

4. 우주물체등록협약(Registration Convention 1975)

5. 달 협정(Moon Agreement 1979)

Treaty on Principles Governing the Activities of States in the
Exploration and Use of Outer Space, including the Moon and
Other Celestial Bodies

(Outer Space Treaty 1967)

The States Parties to this Treaty,

Inspired by the great prospects opening up before mankind as a result of
man's entry into outer space,

Recognizing the common interest of all mankind in the progress of the
exploration and use of outer space for peaceful purposes,

Believing that the exploration and use of outer space should be carried on
for the benefit of all peoples irrespective of the degree of their economic or
scientific development,

Desiring to contribute to broad international cooperation in the scientific as
well as the legal aspects of the exploration and use of outer space for
peaceful purposes,

Believing that such cooperation will contribute to the development of
mutual understanding and to the strengthening of friendly relations between
States and peoples,

Recalling resolution 1962(ⅩⅧ), entitled "Declaration of Legal Principles
Governing the Activities of States in the Exploration and Use of Outer Space",

which was adopted unanimously by the United Nations General Assembly on 13 December 1963,

Recalling resolution 1884(X VIII), calling upon States to refrain from placing in orbit around the earth any objects carrying nuclear weapons or any other kinds of weapons of mass destruction or from installing such weapons on celestial bodies, which was adopted unanimously by the United Nations General Assembly on 17 October 1963,

Taking account of United Nations General Assembly resolution 110(II) of 3 November 1947, which condemned propaganda designed or likely to provoke or encourage any threat to the peace, breach of the peace or act of aggression, and considering that the aforementioned resolution is applicable to outer space,

Convinced that a Treaty on Principles Governing the Activities of States in the Exploration and Use of Outer Space, including the Moon and Other Celestial Bodies, will further the Purposes and Principles of the Charter of the United Nations,

Have agreed on the following:

Article I

The exploration and use of outer space, including the moon and other celestial bodies, shall be carried out for the benefit and in the interests of all countries, irrespective of their degree of economic or scientific development, and shall be the province of all mankind.

Outer space, including the moon and other celestial bodies, shall be free for exploration and use by all States without discrimination of any kind, on a basis of equality and in accordance with international law, and there shall be free access to all areas of celestial bodies.

There shall be freedom of scientific investigation in outer space, including the moon and other celestial bodies, and States shall facilitate and encourage international co − operation in such investigation.

Article Ⅱ

Outer space, including the moon and other celestial bodies, is not subject to national

appropriation by claim of sovereignty, by means of use or occupation, or by any other means.

Article Ⅲ

States Parties to the Treaty shall carry on activities in the exploration and use of outer space, including the moon and other celestial bodies, in accordance with international law, including the Charter of the United Nations, in the interest of maintaining international peace and security and promoting international co − operation and understanding.

Article Ⅳ

States Parties to the Treaty undertake not to place in orbit around the earth any objects carrying nuclear weapons or any other kinds of weapons of mass destruction, install such weapons on celestial bodies, or station such weapons in outer space in any other manner.

The moon and other celestial bodies shall be used by all States Parties to the Treaty

exclusively for peaceful purposes. The establishment of military bases, installations and fortifications, the testing of any type of weapons and the conduct of military manoeuvres on celestial bodies shall be forbidden. The use of military personnel for scientific research or for any other peaceful purposes shall not be prohibited. The use of any equipment or facility necessary for peaceful exploration of the moon and other celestial bodies shall also not be prohibited.

Article V

States Parties to the Treaty shall regard astronauts as envoys of mankind in outer space and shall render to them all possible assistance in the event of accident, distress, or emergency landing on the territory of another State Party or on the high seas. When astronauts make such a landing, they shall be safely and promptly returned to the State of registry of their space vehicle.

In carrying on activities in outer space and on celestial bodies, the astronauts of one State Party shall render all possible assistance to the astronauts of other States Parties.

States Parties to the Treaty shall immediately inform the other States Parties to the Treaty or the Secretary-General of the United Nations of any phenomena they discover in outer space, including the moon and other celestial bodies, which could constitute a danger to the life or health of astronauts.

Article Ⅵ

States Parties to the Treaty shall bear international responsibility for national activities in outer space, including the moon and other celestial bodies, whether such activities are carried on by governmental agencies or by non-governmental entities, and for assuring that national activities are carried out in conformity with the provisions set forth in the present Treaty. The activities of non-governmental entities in outer space, including the moon and other celestial bodies, shall require authorization and continuing supervision by the appropriate State Party to the Treaty.

When activities are carried on in outer space, including the moon and other celestial bodies, by an international organization, responsibility for compliance with this Treaty shall be borne both by the international organization and by the States Parties to the Treaty participating in such organization.

Article Ⅶ

Each State Party to the Treaty that launches or procures the launching of an object into outer space, including the moon and other celestial bodies, and each State Party from whose territory or facility an object is launched, is internationally liable for damage to another State Party to the Treaty or to its natural or juridical persons by such object or its component parts on the Earth, in air space or in outer space, including the moon and other celestial bodies.

Article Ⅷ

A State Party to the Treaty on whose registry an object launched into outer space is carried shall retain jurisdiction and control over such object, and over any personnel thereof, while in outer space or on a celestial body. Ownership of objects launched into outer space, including objects landed or constructed on a celestial body, and of their component parts, is not affected by their presence in outer space or on a celestial body or by their return to the Earth. Such objects or component parts found beyond the limits of the State Party to the Treaty on whose registry they are carried shall be returned to that State Party, which shall, upon request, furnish identifying data prior to their return.

Article Ⅸ

In the exploration and use of outer space, including the moon and other celestial bodies, States Parties to the Treaty shall be guided by the principle of co-operation and mutual assistance and shall conduct all their activities in outer space, including the moon and other celestial bodies, with due regard to the corresponding interests of all other States Parties to the Treaty. States Parties to the Treaty shall pursue studies of outer space, including the moon and other celestial bodies, and conduct exploration of them so as to avoid their harmful contamination and also adverse changes in the environment of the Earth resulting from the introduction of extraterrestrial matter and, where necessary, shall adopt appropriate measures for this purpose. If a State Party to the Treaty has reason to believe that an activity or experiment planned by it or its nationals in outer space, including the moon and other celestial bodies, would cause potentially harmful interference with activities of other

States Parties in the peaceful exploration and use of outer space, including the moon and other celestial bodies, it shall undertake appropriate international consultations before proceeding with any such activity or experiment. A State Party to the Treaty which has reason to believe that an activity or experiment planned by another State Party in outer space, including the moon and other celestial bodies, would cause potentially harmful interference with activities in the peaceful exploration and use of outer space, including the moon and other celestial bodies, may request consultation concerning the activity or experiment.

Article X

In order to promote international co-operation in the exploration and use of outer space, including the moon and other celestial bodies, in conformity with the purposes of this Treaty, the States Parties to the Treaty shall consider on a basis of equality any requests by other States Parties to the Treaty to be afforded an opportunity to observe the flight of space objects launched by those States.

The nature of such an opportunity for observation and the conditions under which it could be afforded shall be determined by agreement between the States concerned.

Article X I

In order to promote international co-operation in the peaceful exploration and use of outer space, States Parties to the Treaty conducting activities in outer space, including the moon and other celestial bodies, agree to inform the Secretary – General of the United Nations as well as the public and the international scientific community, to the greatest extent feasible and practicable, of the nature, conduct, locations and results of such activities. On receiving the said information, the Secretary – General of the United Nations should be prepared to disseminate it immediately and effectively.

Article Ⅹ Ⅱ

All stations, installations, equipment and space vehicles on the moon and other celestial bodies shall be open to representatives of other States Parties to the Treaty on a basis of reciprocity. Such representatives shall give reasonable advance notice of a projected visit, in order that appropriate consultations may be held and that maximum precautions may be taken to assure safety and to avoid interference with normal operations in the facility to be visited.

Article Ⅹ Ⅲ

The provisions of this Treaty shall apply to the activities of States Parties to the Treaty in the exploration and use of outer space, including the moon and other celestial bodies, whether such activities are carried on by a single State Party to the Treaty or jointly with other States, including cases where they are carried on within the framework of international inter – governmental organizations.

Any practical questions arising in connection with activities carried on by international inter – governmental organizations in the exploration and use of outer space, including the moon and other celestial bodies, shall be resolved by the States Parties to the Treaty either with the appropriate international organization or with one or more States members of that international organization, which are Parties to this Treaty.

Article ⅩⅣ

1. This Treaty shall be open to all States for signature. Any State which does not sign this Treaty before its entry into force in accordance with paragraph 3 of this Article may accede to it at any time.

2. This Treaty shall be subject to ratification by signatory States. Instruments of ratification and instruments of accession shall be deposited with the Governments of the United Kingdom of Great Britain and Northern Ireland, the Union of Soviet Socialist Republics and the United States of America, which are hereby designated the Depositary Governments.

3. This Treaty shall enter into force upon the deposit of instruments of ratification by five Governments including the Governments designated as Depositary Governments under this Treaty.

4. For States whose instruments of ratification or accession are deposited subsequent to the entry into force of this Treaty, it shall enter into force on the date of the deposit of their instruments of ratification or accession.

5. The Depositary Governments shall promptly inform all signatory and acceding States of the date of each signature, the date of deposit of each instrument of ratification of and accession to this Treaty, the date of its entry into force and other notices.

6. This Treaty shall be registered by the Depositary Governments pursuant to Article 102 of the Charter of the United Nations.

Article Ⅹ Ⅴ

Any State Party to the Treaty may propose amendments to this Treaty. Amendments shall enter into force for each State Party to the Treaty accepting the amendments upon their acceptance by a majority of the States Parties to the Treaty and thereafter for each remaining State Party to the Treaty on the date of acceptance by it.

Article Ⅹ Ⅵ

Any State Party to the Treaty may give notice of its withdrawal from the Treaty one year after its entry into force by written notification to the Depositary Governments. Such withdrawal shall take effect one year from the date of receipt of this notification.

Article Ⅹ Ⅶ

This Treaty, of which the English, Russian, French, Spanish and Chinese texts are equally authentic, shall be deposited in the archives of the Depositary Governments. Duly certified copies of this Treaty shall be transmitted by the Depositary Governments to the Governments of the signatory and acceding States.

IN WITNESS WHEREOF the undersigned, duly authorized, have signed this Treaty.

DONE in triplicate, at the cities of Washington, London and Moscow, this twenty–seventh day of January, one thousand nine hundred and sixty–seven.

(Signatures omitted)

Declaration made by the Republic of Korea

The signing and the ratification by the Government of the Republic of Korea of the present Treaty does not in any way mean or imply the recognition of any territory or regime which has not been recognized by the Government of the Republic of Korea as a State or Government.

달과 기타 천체를 포함한 외기권의 탐색과 이용에 있어서의 국가활동을 규율하는 원칙에 관한 조약
(우주조약 1967)

이 조약의 당사국은,

외기권에 대한 인간의 진입으로써 인류 앞에 전개된 위대한 전망에 고취되고, 평화적 목적을 위한 외기권의 탐색과 이용의 발전에 대한 모든 인류의 공동이익을 인정하고, 외기권의 탐색과 이용은 그들의 경제적 또는 과학적 발달의 정도에 관계없이 전 인류의 이익을 위하여 수행되어야 한다고 믿고, 평화적 목적을 위한 외기권의 탐색과 이용의 과학적 및 법적 분야에 있어서 광범한 국제적 협조에 기여하기를 열망하고, 이러한 협조가 국가와 인민 간의 상호 이해 증진과 우호적인 관계를 강화하는 데 기여할 것임을 믿고, 1963년 12월 13일에 국제연합총회에서 만장일치로 채택된 "외기권의 탐색과 이용에 있어서의 국가의 활동을 규율하는 법적 원칙의 선언"이라는 표제의 결의 1962(ⅩⅧ)를 상기하고,

1963년 10월 17일 국제연합총회에서 만장일치로 채택되고, 국가에 대하여 핵무기 또는 기타 모든 종류의 대량파괴무기를 가지는 어떠한 물체도 지구 주변의 궤도에 설치하는 것을 금지하고, 또는 천체에 이러한 무기를 장치하는 것을 금지하도록 요구한 결의 1884(ⅩⅧ)를 상기하고, 평화에 대한 모든 위협, 평화의 파괴 또는 침략행위를 도발 또는 고취하기 위하여 또는 도발 또는 고취할 가능성이 있는 선전을 비난한 1947년 11월 3일의 국제연합총회결의 110(Ⅱ)을 고려하고 또한 상기 결의가 외기권에도 적용됨을 고려하고, 달과 기타 천체를 포함한 외기권의 탐색과 이용에 있어서의 국가활동을 규율하는 원칙에 관한 조약이 국제연합헌장의 목적과 원칙을 증진시킬 것임을 확신하여,

아래와 같이 합의하였다.

제1조

달과 기타 천체를 포함한 외기권의 탐색과 이용은 그들의 경제적 또는 과학적 발달의 정도에 관계없이 모든 국가의 이익을 위하여 수행되어야 하며 모든 인류의 활동 범위여야 한다.

달과 기타 천체를 포함한 외기권은 종류의 차별 없이 평등의 원칙에 의하여 국제법에 따라 모든 국가가 자유로이 탐색하고 이용하며 천체의 모든 영역에 대한 출입을 개방한다.

달과 기타 천체를 포함한 외기권에 있어서의 과학적 조사의 자유가 있으며 국가는 이러한 조사에 있어서 국제적인 협조를 용이하게 하고 장려한다.

제2조

달과 기타 천체를 포함한 외기권은 주권의 주장에 의하여 또는 이용과 점유에 의하여 또는 기타 모든 수단에 의한 국가 전용의 대상이 되지 아니한다.

제3조

본 조약의 당사국은 외기권의 탐색과 이용에 있어서의 활동을 국제연합헌장을 포함한 국제법에 따라 국제평화와 안전의 유지를 위하여 그리고 국제적 협조와 이해를 증진하기 위하여 수행하여야 한다.

제4조

본 조약의 당사국은 지구 주변의 궤도에 핵무기 또는 기타 모든 종류의 대량파괴무기를 설치하지 않으며, 천체에 이러한 무기를 장치하거나 기타 어떠한 방법으로든지 이러한 무기를 외기권에 배치하지 아니할 것을 약속한다.

달과 천체는 본 조약의 모든 당사국에 오직 평화적 목적을 위하여서만 이용되어야 한다. 천체에 있어서의 군사기지, 군사시설 및 군사요새의 설치, 모든 형태의 무기 실험 그리고 군사연습의 실시는 금지되어야 한다. 과학적 조사 또는 기타 모든 평화적 목적을 위하여 군인을 이용하는 것은 금지되지 아니한다. 달과 기타 천체의 평화적 탐색에 필요한 어떠한 장비 또는 시설의 사용도 금지되지 아니한다.

제5조

본 조약의 당사국은 우주인을 외기권에 있어서의 인류의 사절로 간주하며 사고나 조난의 경우 또는 다른 당사국의 영역이나 공해상에 비상 착륙한 경우에는 그들에게 모든 가능한 원조를 제공하여야 한다. 우주인이 이러한 착륙을 한 경우에는, 그들은 그들의 우주선의 등록국에 안전하고도 신속하게 송환되어야 한다.

외기권과 천체에서의 활동을 수행함에 있어서 한 당사국의 우주인은 다른 당사국의 우주인에 대하여 모든 가능한 원조를 제공하여야 한다.

본 조약의 당사국은 본 조약의 다른 당사국 또는 국제연합 사무총장에 대하여 그들이 달과 기타 천체를 포함한 외기권에서 발견한 우주인의 생명과 건강에 위험을 조성할 수 있는 모든 현상에 관하여 즉시 보고하여야 한다.

제6조

본 조약의 당사국은 달과 기타 천체를 포함한 외기권에 있어서 그 활동을 정부기관이 행한 경우나 비정부 주체가 행한 경우를 막론하고, 국가활동에 관하여 그리고 본 조약에서 규정한 조항에 따라서 국가활동을 수행할 것을 보증함에 관하여 국제적 책임을 져야 한다. 달과 기타 천체를 포함한 외기권에 있어서의 비정부 주체의 활동은 본 조약의 관계 당사국에 의한 인증과 계속적인 감독을 요한다. 달과 기타 천체를 포함한 외기권에 있어서 국제기구가 활동을 행한 경우에는, 본 조약에 의한 책임은 동 국제기구와 이 기구에 가입하고 있는 본 조약의 당사국들이 공동으로 부담한다.

제7조

달과 기타 천체를 포함한 외기권에 물체를 발사하거나 또는 그 물체를 발사하여 궤도에 진입케 한 본 조약의 각 당사국과 그 영역 또는 시설로부터 물체를 발사한 각 당사국은 지상, 공간 또는 달과 기타 천체를 포함한 외기권에 있는 이러한 물체 또는 동 물체의 구성부분에 의하여 본 조약의 다른 당사국 또는 그 자연인 또는 법인에게 가한 손해에 대하여 국제적 책임을 진다.

제8조

외기권에 발사된 물체의 등록국인 본 조약의 당사국은 동 물체가 외기권 또는 천체에 있는 동안, 동 물체 및 동 물체의 인원에 대한 관할권 및 통제권을 보유한다. 천체에 착륙 또는 건설된 물체와 그 물체의 구성부분을 포함한 외기권에 발사된 물체의 소유권은 동 물체가 외기권에 있거나 천체에 있거나 또는 지구에 귀환하였거나에 따라 영향을 받지 아니한다. 이러한 물체 또는 구성부분이 그 등록국인 본 조약 당사국의 영역 밖에서 발견된 것은 동 당사국에 반환되며 동 당사국은 요청이 있는 경우 그 물체 및 구성부분의 반환에 앞서 동일물체라는 자료를 제공하여야 한다.

제9조

달과 기타 천체를 포함한 외기권의 탐색과 이용에 있어서 본 조약의 당사국은 협조와 상호 원조의 원칙에 따라야 하며, 본 조약의 다른 당사국의 상응한 이익을 충분히 고려하면서 달과 기타 천체를 포함한 외기권에 있어서의 그들의 활동을 수행하여야 한다. 본 조약의 당사국은 유해한 오염을 회피하고 또한 지구대권외적 물질의 도입으로부터 야기되는 지구 주변에 불리한 변화를 가져오는 것을 회피하는 방법으로 달과 천체를 포함한 외기권의 연구를 수행하고, 이들의 탐색을 행하며 필요한 경우에는 이 목적을 위하여 적절한 조치를 채택하여야 한다. 만약, 달과 기타 천체를 포함한 외기권에서 국가 또는 그 국민이 계획한 활동 또는 실험이 달과 기타 천체를 포함한 외기권의 평화적 탐색과 이용에 있어서 다른 당사국의 활동에 잠재적으로 유해한 방해를 가져올 것이라고 믿을 만한 이유를 가지고 있는 본 조약의 당사국은 이러한 활동과 실험을 행하기 전에 적절한 국제적 협의를 가져야 한다. 달과 기타 천체를 포함한 외기권에서 다른 당사국이 계획한 활동 또는 실험이 달과 기타 천체를 포함한 외기권의 평화적 탐색과 이용에 잠재적으로 유해한 방해를 가져올 것이라고 믿을 만한 이유를 가지고 있는 본 조약의 당사국은 동 활동 또는 실험에 관하여 협의를 요청할 수 있다.

제10조

달과 기타 천체를 포함한 외기권의 탐색과 이용에 있어서 본 조약의 목적에 합치하는 국제적 협조를 증진하기 위하여 본 조약의 당사국은 이들 국가가 발사한 우주물체의 비행을 관찰할 기회가 부여되어야 한다는 본 조약의 다른 당사국의 요청을 평등의 원칙하에 고려하여야 한다. 관찰을 위한 이러한 기회의 성질과 기회가 부여될 수 있는 조건은 관계 국가 간의 합의에 의하여 결정되어야 한다.

제11조

외기권의 평화적 탐색과 이용에 있어서의 국제적 협조를 증진하기 위하여 달과 기타 천체를 포함한 외기권에서 활동을 하는 본 조약의 당사국은 동

활동의 성질, 수행, 위치 및 결과를 실행 가능한 최대한도로 일반 대중 및 국제적 과학단체뿐만 아니라 국제연합 사무총장에 대하여 통보하는 데 동의한다. 동 정보를 접수한 국제연합 사무총장은 이를 즉각적으로 그리고 효과적으로 유포하도록 하여야 한다.

제12조

달과 기타 천체상의 모든 배치소, 시설, 장비 및 우주선은 호혜주의 원칙 하에 본 조약의 다른 당사국 대표에게 개방되어야 한다. 그러한 대표들에 대하여 안전을 보장하기 위하여 그리고 방문할 설비의 정상적인 운영에 대한 방해를 피하기 위한 적절한 협의를 행할 수 있도록 하고 또한 최대한의 예방수단을 취할 수 있도록 하기 위하여 방문 예정에 관하여, 합리적인 사전통고가 부여되어야 한다.

제13조

본 조약의 규정은 본 조약의 단일 당사국에 의하여 행해진 활동이나 또는 국제적 정부 간 기구의 테두리 내에서 행해진 경우를 포함한 기타 국가와 공동으로 행해진 활동을 막론하고, 달과 기타 천체를 포함한 외기권의 탐색과 이용에 있어서의 본 조약 당사국의 활동에 적용된다.

달과 기타 천체를 포함한 외기권의 탐색과 이용에 있어서 국제적 정부 간 기구가 행한 활동에 관련하여 야기되는 모든 실제적 문제는 본 조약의 당사국이 적절한 국제기구나 또는 본 조약의 당사국인 동 국제기구의 1 또는 2 이상의 회원국가와 함께 해결하여야 한다.

제14조

1. 본 조약은 서명을 위하여 모든 국가에 개방된다. 본 조 제3항에 따라

본 조약 발효 이전에 본 조약에 서명하지 아니한 국가는 언제든지 본 조약에 가입할 수 있다.

2. 본 조약은 서명국가에 의하여 비준되어야 한다. 비준서와 가입서는 기탁국 정부로 지정된 아메리카합중국 정부, 대영연합왕국 정부 및 소비에트 사회주의 연방공화국 정부에 기탁되어야 한다.

3. 본 조약은 본 조약에 의하여 기탁국 정부로 지정된 정부를 포함한 5개국 정부의 비준서 기탁으로써 발효한다.

4. 본 조약의 발효 후에 비준서 또는 가입서를 기탁한 국가에 대해서는 그들의 비준서 또는 가입서의 기탁일자에 본 조약이 발효한다.

5. 기탁국 정부는 본 조약의 각 서명일자, 각 비준서 및 가입서의 기탁일자, 본 조약의 발효일자 및 기타 통고를 모든 서명국 및 가입국에 대하여 즉시 통고한다.

6. 본 조약은 국제연합헌장 제102조에 따라 기탁국 정부에 의하여 등록되어야 한다.

제15조

본 조약의 당사국은 본 조약에 대한 개정을 제의할 수 있다. 개정은 본 조약 당사국의 과반수가 수락한 때에 개정을 수락한 본 조약의 각 당사국에 대하여 효력을 발생한다. 그 이후에는 본 조약을 나머지 각 당사국에 대하여 동 당사국의 수락일자에 발효한다.

제16조

본 조약의 모든 당사국은 본 조약 발효 1년 후에 기탁국 정부에 대한 서면통고로써 본 조약으로부터의 탈퇴통고를 할 수 있다. 이러한 탈퇴는 탈퇴통고의 접수일자로부터 1년 후에 효력을 발생한다.

제17조

영어, 노어, 불어, 서반아어 및 중국어본이 동등하게 정본인 본 조약은 기탁국 정부의 보관소에 기탁되어야 한다. 본 조약의 인증등본은 기탁국 정부에 의하여 서명국 정부 및 가입국 정부에 전달되어야 한다.

이상의 증거로 정당하게 권한을 위임받은 아래 서명자가 이 조약에 서명하였다.

1967년 1월 27일 워싱턴, 런던 및 모스코바에서 3통을 작성하였다.

Agreement on the Rescue of Astronauts, the Return of Astronauts and the Return of Objects Launched into Outer Space

(Rescue and Return Agreement 1968)

Agreement on the Rescue of Astronauts, the Return of Astronauts and the Return of Objects Launched into Outer Space The Contracting Parties,

Noting the great importance of the Treaty on Governing the Activities of States in the Exploration and Use of Outer Space, including the Moon and Other Celestial Bodies, which calls for the rendering of all possible assistance to astronauts in the event of accident, distress or emergency landing, the prompt and safe return of astronauts, and the return of objects launched into outer space,

Desiring to develop and give further concrete expression to these duties,

Wishing to promote international co-operation in the peaceful exploration and use of outer space,

Prompted by sentiments of humanity,

Have agreed on the following:

Article 1

Each Contracting Party which receives information or discovers that the personnel of a spacecraft have suffered accident or are experiencing conditions of distress or have made an emergency or unintended landing in territory under its jurisdiction or on the high seas or in any other place not under the jurisdiction of any State shall immediately:

(a) notify the launching authority or, if it cannot identify and immediately communicate with the launching authority, immediately make a public announcement by all appropriate means of communication at its disposal;

(b) notify the Secretary — General of the United Nations, who should disseminate the information without delay by all appropriate means of communication at his disposal.

Article 2

If, owing to accident, distress, emergency or unintended landing, the personnel of a spacecraft land in territory under the jurisdiction of a Contracting Party, it shall immediately take all possible steps to rescue them and render them all necessary assistance. It shall inform the launching authority and also the Secretary — General of the United Nations of the steps it is taking and of their progress. If assistance by the launching authority would help to effect a prompt rescue or would contribute substantially to the effectiveness of search and rescue operations, the launching authority shall co — operate with the Contracting Party with a view to the effective conduct of search and rescue operations. Such operations shall be subject to the direction and control of the Contracting Party, which shall act in close and continuing consultation with the launching authority.

Article 3

If information is received or it is discovered that the personnel of a spacecraft have alighted on the high seas or in any other place not under the jurisdiction of any State, those Contracting Parties which are in a position to do so shall, if necessary, extend assistance in search and rescue operations for such personnel to assure their speedy rescue. They shall inform the launching authority and the Secretary – General of the United Nations of the steps they are taking and of their progress.

Article 4

If, owing to accident, distress, emergency or unintended landing, the personnel of a spacecraft land in territory under the jurisdiction of a Contracting Party or have been found on the high seas or in any other place not under the jurisdiction of any State, they shall be safely and promptly returned to representatives of the launching authority.

Article 5

1. Each Contracting Party which receives information or discovers that a space object or its component parts has returned to Earth in territory under its jurisdiction or on the high seas or in any other place not under the jurisdiction of any State, shall notify the launching authority and the Secretary – General of the United Nations.

2. Each Contracting Party having jurisdiction over the territory on which a space object or its component parts has been discovered shall, upon the request of the launching authority and with assistance from that authority if requested, take such steps as it finds practicable to recover the object or component parts.

3. Upon request of the launching authority, objects launched into outer space

or their component parts found beyond the territorial limits of the launching authority shall be returned to or held at the disposal of representatives of the launching authority, which shall, upon request, furnish identifying data prior to their return.

4. Notwithstanding paragraphs 2 and 3 of this Article, a Contracting Party which has reason to believe that a space object or its component parts discovered in territory under its jurisdiction, or recovered by it elsewhere, is of a hazardous or deleterious nature may so notify the launching authority, which shall immediately take effective steps, under the direction and control of the said Contracting Party, to eliminate possible danger of harm.

5. Expenses incurred in fulfilling obligations to recover and return a space object or its component parts under paragraphs 2 and 3 of this Article shall be borne by the launching authority.

Article 6

For the purposes of this Agreement, the term "launching authority" shall refer to the State responsible for launching, or, where an international inter-governmental organization is responsible for launching, that organization, provided that that organization declares its acceptance of the rights and obligations provided for in this Agreement and a majority of the States members of that organization are Contracting Parties to this Agreement and to the Treaty on Principles Governing the Activities of States in the Exploration and Use of Outer Space, including the Moon and Other Celestial Bodies.

Article 7

1. This Agreement shall be open to all States for signature. Any State which does not sign this Agreement before its entry into force in accordance with paragraph 3 of this Article may accede to it at any time.

2. This Agreement shall be subject to ratification by signatory States. Instruments of ratification and instruments of accession shall be deposited with the Governments of the United Kingdom of Great Britain and Northern Ireland, the Union of Soviet Socialist Republics and the United States of America, which are hereby designated the Depositary Governments.

3. This Agreement shall enter into force upon the deposit of instruments of ratification by five Governments including the Governments designated as Depositary Governments under this Agreement.

4. For States whose instruments of ratification or accession are deposited subsequent to the entry into force of this Agreement, it shall enter into force on the date of the deposit of their instruments of ratification or accession.

5. The Depositary Governments shall promptly inform all signatory and acceding States of the date of each signature, the date of deposit of each instrument of ratification of and accession to this Agreement, the date of its entry into force and other notices.

6. This Agreement shall be registered by the Depositary Governments pursuant to Article 102 of the Charter of the United Nations.

Article 8

Any State Party to the Agreement may propose amendments to this
Agreement. Amendments shall enter into force for each State Party to the
Agreement accepting the amendments upon their acceptance by a majority of
the States Parties to the Agreement and thereafter for each remaining State
Party to the Agreement on the date of acceptance by it.

Article 9

Any State Party to the Agreement may give notice of its withdrawal from
the Agreement one year after its entry into force by written notification to
the Depositary Governments. Such withdrawal shall take effect one year from
the date of receipt of this notification.

Article 10

This Agreement, of which the English, French, Russian and Spanish texts are
equally authentic, shall be deposited in the archives of the Depositary
Governments. Duly certified copies of this Agreement shall be transmitted by
the Depositary Governments to the Governments of the signatory and acceding
States.

IN WITNESS WHEREOF the undersigned, duly authorized, have signed
this Agreement.

Done in triplicate, at the cities of London, Moscow and Washington, the
twenty — second day of April, one thousand nine hundred and sixty — eight.

(Signature omitted)

Declaration made by the Republic of Korea

The ratification by the Republic of Korea of the Agreement on the Rescue of Astronauts, the Return of Astronauts and the Return of Objects Launched into Outer Space which was opened for signature at Washington, London and Moscow on the twenty – second day of April one thousand nine hundred and sixty – eight does not in any way mean or imply the recognition of any territory or regime which has not been recognized by the Government of the Republic of Korea as a State or Government.

우주항공사의 구조, 우주항공사의 귀환 및 외기권에 발사된 물체의 회수에 관한 협정

(우주구조반환협정 1968)

체약국은,

사고, 조난 또는 비상착륙의 경우에 우주항공사에 대한 가능한 모든 원조의 제공, 우주항공사의 신속하고 안전한 귀환 및 외기권에 발사된 물체의 회수를 요구하고 있는 "달과 기타 천체를 포함한 외기권의 탐색과 이용에 있어서의 국가 활동을 규율하는 원칙에 관한 조약"의 지대한 중요성을 인정하고, 이러한 의무를 발전시키며, 또한 보다 구체적으로 표현할 것을 요구하고, 외기권의 평화적 탐색과 이용에 있어서의 국제협력을 증진할 것을 희망하고, 인도적 감정에 촉구되어, 다음과 같이 합의하였다.

제1조

우주선원이 사고를 당하였거나 또는 조난상태를 당하고 있거나 또는 체약국의 관할권하에 있는 영역 또는 공해, 또는 어느 국가 관할권에도 속하지 않는 기타 장소에 비상 또는 불의의 착륙을 하였다는 정보를 입수하거나 또는 이러한 사실을 발견한 각 체약국은 즉각,

(a) 발사 당국에 통보하거나, 또는 발사 당국을 확인할 수 없어 동 당국과 교신할 수 없는 경우에는 즉각 동 체약국의 처분하에 있는 모든 적합한 통신수단으로 공개 발표를 하여야 하며, 또한,

(b) 국제연합 사무총장에게 통보하여야 한다. 동 사무총장은 지체 없이 그의 처분하에 있는 모든 적합한 통신수단으로 동 정보를 널리 보급하여야 한다.

제2조

　우주선원이 사고, 조난, 비상 또는 불의의 착륙으로 인하여, 체약국의 관할권하에 있는 영역에 착륙한 경우, 동 체약국은 즉시 동 우주선원을 구조하기 위한 모든 가능한 조치를 취하여야 하며 또한 이들에 대하여 모든 필요한 원조를 제공하여야 한다. 동 체약국은 동국이 취하고 있는 조치 및 동 조치의 진전에 관하여 발사 당국 및 국제연합 사무총장에게 통고하여야 한다. 발사 당국에 의한 원조가 신속한 구조를 달성하는 데 도움이 되거나 또는 효과적인 탐색활동 및 구조작업에 실질적으로 공헌하는 경우에는, 발사 당국은 효과적인 탐색활동 및 구조작업을 위하여 동 체약국과 협력하여야 한다. 여사한 작업은 동 체약국의 지시 및 통제에 따라야 하며, 또한 동 체약국은 발사 당국과 긴밀하고 계속적인 협의하에 행동하여야 한다.

제3조

　우주선원이 공해상이나 또는 어느 국가의 관할권에도 속하지 않는 기타 장소에 하강하였다는 정보를 입수하거나 또는 이러한 사실을 발견한 경우, 우주선원의 신속한 구조를 보장하기 위하여 동 선원의 탐색 및 구조작업에 원조를 제공할 수 있는 위치에 있는 체약국은, 필요한 경우에는, 여사한 원조를 제공하여야 한다. 동 체약국은 동국이 취하고 있는 조치 및 동 조치의 진전을 발사 당국 및 국제연합 사무총장에게 통보하여야 한다.

제4조

　우주선원이 사고, 조난, 비상 또는 불의의 착륙으로 인하여, 체약국의 관할권하에 있는 영역에 착륙하거나, 공해 또는 어느 국가의 관할권에도 속하지 않는 기타 어떤 장소에서 발견되었을 경우에는, 동 우주선원은 안전하고 신속하게 발사 당국의 대표에게 인도되어야 한다.

제5조

1. 대기권에 발사된 물체 또는 그 구성부분품이 체약국의 관할권하에 있는 영역 내의 지구상, 공해, 또는 어느 국가의 관할권에도 속하지 않는 기타 어떤 장소에 귀환하였다는 정보를 입수하거나 또는 여사한 사실을 발견한 체약국은 발사 당국 및 국제연합 사무총장에게 이 사실을 통보하여야 한다.

2. 대기권에 발사된 물체 또는 그 구성부분품이 발견된 영역상에 관할권을 보유하는 각 체약국은, 발사 당국의 요청에 따라, 그리고 또한 발사 당국의 요청을 받은 경우에는 동 당국으로부터의 원조를 받아, 동 물체 또는 그 구성부분품을 회수하기 위하여 시행할 수 있다고 생각하는 조치를 취하여야 한다.

3. 발사 당국의 영역 한계 외에서 발견된 대기권에 발사된 물체 또는 동 구성부분품은, 발사 당국의 요청에 따라, 발사 당국의 대표에게 반환되거나 또는 동 대표의 처분하에 보관되어야 한다. 발사 당국은 요청을 받은 경우에는 동 물체 및 그 구성부분품이 반환되기 전에 그 물체가 동일 물체임을 확인하는 자료를 제공하여야 한다.

4. 본 조 제2항 및 제3항의 규정에도 불구하고, 체약국의 관할권하에 있는 영역에서 발견되거나 또는 체약국이 기타 장소에서 회수한 대기권에 발사된 물체 및 그 구성부분품이 위험성이 있거나 또는 이와 유사한 성질의 것이라고 믿을 만한 이유가 있는 경우, 동 체약국은 여사한 사실을 발사 당국에 통보할 수 있다. 발사 당국은, 전기 체약국의 지시와 통제하에서, 유해 위험성을 제거하기 위한 가능한 효과적인 조치를 즉시 취하여야 한다.

5. 본 조 제2항 및 제3항에 따라 물체 또는 그 구성부분품을 회수 및 반환하기 위한 임무를 수행함에 있어서 발생하는 경비는 발사국이 부담하여야 한다.

제6조

본 협정의 적용을 위하여, '발사 당국'이라 함은 발사에 대하여 책임을 지는 국가, 또는 정부 간 국제기구가 발사에 대하여 책임을 지는 경우에는 동 기구를 말한다. 단 동 기구는 본 협정에 규정된 권리 의무의 승낙을 선언하고 또한 동 기구의 회원국의 과반수가 본 협정 및 "달과 기타 천체를 포함한 외기권의 탐색과 이용에 있어서의 국가 활동을 규율하는 원칙에 관한 조약"의 체약국임을 조건으로 한다.

제7조

1. 본 협정은 서명을 위하여 모든 국가에 개방된다. 본 조 제3항에 따라 본 협정 발효 이전에 본 협정에 서명하지 아니한 국가는 언제든지 본 협정에 가입할 수 있다.

2. 본 협정은 서명국가에 의하여 비준되어야 한다. 비준서나 가입서는 기탁국 정부로부터 지정된 아메리카합중국 정부, 대영연합왕국 및 소비에트 사회주의 연방공화국 정부에 기탁되어야 한다.

3. 본 협정은 본 협정에 의하여 기탁국 정부로 지정된 정부를 포함한 5개 국 정부의 비준서 기탁으로써 발효한다.

4. 본 협정의 발효 후에 비준서 또는 가입서를 기탁한 국가에 대해서는, 본 협정은 그들이 비준서 또는 가입서를 기탁한 일자에 발효한다.

5. 기탁국 정부는 본 협정의 각 서명일자, 각 비준서 및 가입서의 기탁일자, 본 협정 발효일자 및 기타 통고를 모든 서명국 및 가입국에 대하여 즉시 통보하여야 한다.

6. 본 협정은 국제연합 헌장 제102조에 따라 기탁국 정부에 의하여 등록되어야 한다.

제8조

본 협정의 당사국은 본 협정에 대한 개정을 제의할 수 있다. 개정은 본 협정 당사국의 과반수가 수락할 때, 개정을 수락한 본 협정 당사국에 대하여 효력을 발생한다. 그 이후에 있어서는 본 협정의 나머지 각 당사국에 대하여 동 당사국이 수락한 일자에 발효한다.

제9조

본 협정의 모든 당사국은 본 협정 발효 1년 후에 기탁국 정부에 대한 서면 통고로써 본 협정으로부터의 탈퇴 통고를 할 수 있다. 이러한 탈퇴 통고는 탈퇴 통고의 접수일자로부터 1년 후에 효력을 발생한다.

제10조

중국어, 영어, 불어, 노어 및 서반아어본이 동등하게 정본인 본 협정은 기탁국 정부의 문서 보관소에 기탁되어야 한다. 본 협정의 인증등본은 기탁국 정부에 의하여 서명국 정부에 전달되어야 한다.

이상의 증거로서, 정당한 권한을 위임받은 하기 서명자는 본 협정에 서명하였다.

1968년 4월 22일 런던, 모스코바 및 워싱턴에서 본서 3통을 작성하였다.

Convention on International Liability for Damage Caused by Space Objects

(Liability Convention 1972)

The States Parties to this Convention,

Recognising the common interest of all mankind in furthering the exploration and use of outer space for peaceful purposes,

Recalling the Treaty on Principles Governing the Activities of States in the Exploration and Use of Outer Space, including the Moon and Other Celestial Bodies,

Taking into consideration that, notwithstanding the precautionary measures to be taken by States and international intergovernmental organizations involved in the launching of space objects, damage may on occasion be caused by such objects,

Recognizing the need to elaborate effective international rules and procedures concerning liability for damage caused by space objects and to ensure, in particular, the prompt payment under the terms of this Convention of a full and equitable measure of compensation to victims of such damage,

Believing that the establishment of such rules and procedures will contribute to the
strengthening of international co-operation in the field of the exploration and use of outer space for peaceful purposes,

Have agreed on the following:

Article I

For the purposes of this Convention:

(a) The term "damage" means loss of life, personal injury or other impairment of health; or loss of or damage to property of States or of persons, natural or juridical, or property of international intergovernmental organizations;

(b) The term "launching" includes attempted launching;

(c) The term "launching State" means:
    (i) a state which launches or procures the launching of a space object;
    (ii) a State from whose territory or facility a space object is launched;

(d) The term "space object" includes component parts of a space object as well as its launch vehicle and parts thereof.

Article II

A launching State shall be absolutely liable to pay compensation for damage caused by its space object on the surface of the earth or to aircraft in flight.

Article Ⅲ

In the event of damage being caused elsewhere than on the surface of the earth to a space object of one launching State or to persons or property on board such a space object by a space object of another launching State, the latter shall be liable only if the damage is due to its fault or the fault of persons for whom it is responsible.

Article Ⅳ

1. In the event of damage being caused elsewhere than on the surface of the earth to a space object of one launching State or to persons or property on board such a space object by a space object of another launching State, and of damage thereby being caused to a third State or to its natural or juridical persons, the first two States shall be jointly and severally liable to the third State, to the extent indicated by the following:

(a) If the damage has been caused to the third State on the surface of the earth or to aircraft in flight, their liability to the third State shall be absolute;

(b) If the damage has been caused to a space object of the third State or to persons or property on board that space object elsewhere than on the surface of the earth, their liability to the third State shall be based on the fault of either of the first two States or on the fault of persons for whom either is responsible.

2. In all cases of joint and several liability referred to in paragraph 1 of

this Article, the burden of compensation for the damage shall be apportioned between the first two States in accordance with the extent to which they were at fault; if the extent of the fault of each of these States cannot be established, the burden of compensation shall be apportioned equally between them. Such apportionment shall be without prejudice to the right of the third State to seek the entire compensation due under this Convention from any or all of the launching States which are jointly and severally liable.

Article V

1. Whenever two or more States jointly launch a space object, they shall be jointly and severally liable for any damage caused.

2. A launching State which has paid compensation for damage shall have the right to present a claim for indemnification to other participants in the joint launching. The participants in a joint launching may conclude agreements regarding the apportioning among themselves of the financial obligation in respect of which they are jointly and severally liable.

Such agreements shall be without prejudice to the right of a State sustaining damage to seek the entire compensation due under this Convention from any or all of the launching States which are jointly and severally liable.

3. A State from whose territory or facility a space object is launched shall be regarded as a participant in a joint launching.

Article VI

1. Subject to the provisions of paragraph 2 of this Article, exoneration from

absolute liability shall be granted to the extent that a launching State establishes that the damage has resulted either wholly or partially from gross negligence or from an act or omission done with intent to cause damage on the part of a claimant State or of natural or juridical persons it represents.

2. No exoneration whatever shall be granted in cases where the damage has resulted from activities conducted by a launching State which are not in conformity with international law including, in particular, the Charter of the United Nations and the Treaty on Principles Governing the Activities of States in the Exploration and Use of Outer Space, including the Moon and Other Celestial Bodies.

Article VII

The provisions of this Convention shall not apply to damage caused by a space object of a launching State to:

(a) nationals of that launching State;

(b) foreign nationals during such time as they are participating in the operation of that space object from the time of its launching or at any stage thereafter until its descent, or during such time as they are in the immediate vicinity of a planned launching or recovery area as the result of an invitation by that launching State.

Article VIII

1. A State which suffers damage, or whose natural or juridical persons

suffer damage, may present to a launching State a claim for compensation for such damage.

2. If the State of nationality has not presented a claim, another State may, in respect of damage sustained in its territory by any natural or juridical person, present a claim to a launching State.

3. If neither the State of nationality nor the State in whose territory the damage was sustained has presented a claim or notified its intention of presenting a claim, another State may, in respect of damage sustained by its permanent residents, present a claim to a launching State.

Article Ⅸ

A claim for compensation for damage shall be presented to a launching State through diplomatic channels. If a State does not maintain diplomatic relations with the launching State concerned, it may request another State to present its claim to that launching State or otherwise represent its interests under this Convention. It may also present its claim through the Secretary − General of the United Nations, provided the claimant State and the launching State are both Members of the United Nations.

Article Ⅹ

1. A claim for compensation for damage may be presented to a launching State not later than one year following the date of the occurrence of the damage or the identification of the launching State which is liable.

2. If, however, a State does not know of the occurrence of the damage or has not been able to identify the launching State which is liable, it may present a claim within one year following the date on which it learned of the aforementioned facts; however, this period shall in no event exceed one year following the date on which the State could reasonably be expected to have learned of the facts through the exercise of due diligence.

3. The time－limits specified in paragraphs 1 and 2 of this Article shall apply even if the full extent of the damage may not be known. In this event, however, the claimant State shall be entitled to revise the claim and submit additional documentation after the expiration of such time－limits until one year after the full extent of the damage is known.

Article ⅩⅠ

1. Presentation of a claim to a launching State for compensation for damage under this Convention shall not require the prior exhaustion of any local remedies which may be available to a claimant State or to natural or juridical persons it represents.

2. Nothing in this Convention shall prevent a State, or natural or juridical persons it might represent, from pursuing a claim in the courts or administrative tribunals or agencies of a launching State. A State shall not, however, be entitled to present a claim under this Convention in respect of the same damage for which a claim is being pursued in the courts or administrative tribunals or agencies of a launching State or under another international agreement which is binding on the States concerned.

Article ⅩⅡ

The compensation which the launching State shall be liable to pay for damage under this Convention shall be determined in accordance with international law and the principles of justice and equity, in order to provide such reparation in respect of the damage as will restore the person, natural or juridical, State or international organization on whose behalf the claim is presented to the condition which would have existed if the damage had not occurred.

Article ⅩⅢ

Unless the claimant State and the State from which compensation is due under this Convention agree on another form of compensation, the compensation shall be paid in the currency of the claimant State or, if that State so requests, in the currency of the State from which compensation is due.

Article ⅩⅣ

If no settlement of a claim is arrived at through diplomatic negotiations as provided for in Article Ⅸ, within one year from the date on which the claimant State notifies the launching State that it has submitted the documentation of its claim, the parties concerned shall establish a Claims Commission at the request of either party.

Article ⅩⅤ

1. The Claims Commission shall be composed of three members: one

appointed by the claimant State, one appointed by the launching State and the third member, the Chairman, to be chosen by both parties jointly. Each party shall make its appointment within two months of the request for the establishment of the Claims Commission.

2. If no agreement is reached on the choice of the Chairman within four months of the request for the establishment of the Commission, either party may request the Secretary — General of the United Nations to appoint the Chairman within a further period of two months.

Article X VI

1. If one of the parties does not make its appointment within the stipulated period, the Chairman shall, at the request of the other party, constitute a single — member Claims Commission.

2. Any vacancy which may arise in the Commission for whatever reason shall be filled by the same procedure adopted for the original appointment.

3. The Commission shall determine its own procedure.

4. The Commission shall determine the place or places where it shall sit and all other administrative matters.

5. Except in the case of decisions and awards by a single — member Commission, all decision and awards of the Commission shall be by majority vote.

Article ⅩⅦ

No increase in the membership of the Claims Commission shall take place by reason of two or more claimant States or launching States being joined in any one proceeding before the Commission. The claimant States so joined shall collectively appoint one member of the Commission in the same manner and subject to the same conditions as would be the case for a single claimant State. When two or more launching States are so joined, they shall collectively appoint one member of the Commission in the same way. If the claimant States or the launching States do not make the appointment within the stipulated period, the Chairman shall constitute a single－member Commission.

Article ⅩⅧ

The Claims Commission shall decide the merits of the claim for compensation and determine the amount of compensation payable, if any.

Article ⅩⅨ

1. The Claims Commission shall act in accordance with the provisions of Article ⅩⅡ.

2. The decision of the Commission shall be final and binding if the parties have so agreed; otherwise the Commission shall render a final and recommendatory award, which the parties shall consider in good faith. The Commission shall state the reasons for its decision or award.

3. The Commission shall give its decision or award as promptly as possible

and no later than one year from the date of its establishment, unless an extension of this period is found necessary by the Commission.

4. The Commission shall make its decision or award public. It shall deliver a certified copy of its decision or award to each of the parties and to the Secretary – General of the United Nations.

Article X X

The expenses in regard to the Claims Commission shall be borne equally by the parties, unless otherwise decided by the Commission.

Article X X I

If the damage caused by a space object presents a large – scale danger to human life or seriously interferes with the living conditions of the population or the functioning of vital centres, the States Parties, and in particular the launching State, shall examine the possibility of rendering appropriate and rapid assistance to the State which has suffered the damage, when it so requests. However, nothing in this Article shall affect the rights or obligations of the States Parties under this Convention.

Article X X II

1. In this Convention, with the exception of Articles XXIV to XXVII, references to States shall be deemed to apply to any international intergovernmental organization which conducts space activities if the organization declares its acceptance of the rights and obligations provided for in this

Convention and if a majority of the States members of the organization are State Parties to this Convention and to the Treaty on Principles Governing the Activities of States in the Exploration and Use of Outer Space, including the Moon and Other Celestial Bodies.

2. States members of any such organization which are States Parties to this Convention shall take all appropriate steps to ensure that the organization makes a declaration in accordance with the preceding paragraph.

3. If an international intergovernmental organization is liable for damage by virtue of the provisions of this Convention, that organization and those of its members which are States Parties to this Convention shall be jointly and severally liable; provided, however, that:

(a) any claim for compensation in respect of such damage shall be first presented to the organization;

(b) only where the organization has not paid, within a period of six months, any sum agreed or determined to be due as compensation for such damage, may the claimant State invoke the liability of the members which are States Parties to this Convention for the payment of that sum.

4. Any claim, pursuant to the provisions of this Convention, for compensation in respect of damage caused to an organization which has made a declaration in accordance with paragraph 1 of this Article shall be presented by a State member of the organization which is a State Party to this Convention.

Article Ⅹ Ⅹ Ⅲ

1. The provisions of this Convention shall not affect other international agreements in force in so far as relations between the States Parties to such agreements are concerned.

2. No provision of this Convention shall prevent States from concluding international agreements reaffirming, supplementing or extending its provisions.

Article Ⅹ Ⅹ Ⅳ

1. This Convention shall be open to all States for signature. Any State which does not sign this Convention before its entry into force in accordance with paragraph 3 of this Article may accede to it at any time.

2. This Convention shall be subject to ratification by signatory States. Instruments of ratification and instruments of accession shall be deposited with the Governments of the United Kingdom of Great Britain and Northern Ireland, the Union of Soviet Socialist Republics and the United States of America, which are hereby designated the Depositary Governments.

3. This Convention shall enter into force on the deposit of the fifth instrument of ratification.

4. For States whose instruments of ratification or accession are deposited subsequent to the entry into force of this Convention, it shall enter into force on the date of the deposit of their instruments of ratification or accession.

5. The Depositary Governments shall promptly inform all signatory and acceding States of the date of each signature, the date of deposit of each instrument of ratification of and accession to this Convention, the date of its entry into force and other notices.

6. This Convention shall be registered by the Depositary Governments pursuant to Article 102 of the Charter of the United Nations.

Article ⅩⅩⅤ

Any State Party to this Convention may propose amendments to this Convention. Amendments shall enter into force for each State Party to the Convention accepting the amendments upon their acceptance by a majority of the States Parties to the Convention and thereafter for each remaining State Party on the date of acceptance by it.

Article ⅩⅩⅥ

Ten years after the entry into force of this Convention, the question of the review of this Convention shall be included in the provisional agenda of the United Nations General Assembly in order to consider, in the light of past application of the Convention, whether it requires revision. However, at any time after the Convention has been in force for five years, and at the request of one third of the States Parties to the Convention, and with the concurrence of the majority of the States Parties, a conference of the States Parties shall be convened to review this Convention.

Article X X Ⅶ

Any State Party to this Convention may give notice of its withdrawal from the Convention one year after its entry into force by written notification to the Depositary Governments. Such withdrawal shall take effect one year from the date of receipt of this notification.

Article X X Ⅷ

This Convention, of which the English, Russian, French, Spanish and Chinese texts are equally authentic, shall be deposited in the archives of the Depositary Governments. Duly certified copies of this Convention shall be transmitted by the Depositary Governments to the Governments of the signatory and acceding States.

In witness whereof the undersigned, duly authorized thereto, have signed this Convention.

Done in triplicate, at the cities of London, Moscow and Washington, this twenty − ninth day of March, one thousand nine hundred and seventy − two.

우주물체에 의하여 발생한 손해에 대한 국제책임에 관한 협약
(우주손해책임협약 1972)

이 협약의 당사국은,

평화적 목적을 위한 외기권의 탐색과 이용을 촉진하는 데 있어 모든 인류의 공동 이익을 인정하고, 달과 기타 전체를 포함한 외기권의 탐색과 이용에 있어서의 국가 활동을 규율하는 원칙에 관한 조약을 상기하며, 우주물체 발사에 관계된 국가 및 정부 간 국제기구가 예방조치를 취하고 있음에도 불구하고, 그러한 물체에 의한 손해가 경우에 따라 발생할 가능성이 있음을 고려하며, 우주물체에 의하여 발생한 손해에 대한 책임에 관한 효과적인 국제적 규칙과 절차를 설정할 필요성과 특히 이 협약의 조항에 따라 그러한 손해의 희생자에 대한 충분하고 공평한 보상의 신속한 지불을 보장하기 위한 필요성을 인정하며, 그러한 규칙과 절차를 설정함이 평화적 목적을 위한 외기권의 탐색 및 이용 면에서 국제협력을 강화하는 데 기여할 것임을 확신하여, 아래와 같이 합의하였다.

제1조

이 협약의 목적상

(a) '손해'라 함은 인명의 손실, 인체의 상해 또는 기타 건강의 손상 또는 국가나 개인의 재산, 자연인이나 법인의 재산 또는 정부 간 국제기구의 재산의 손실 또는 손해를 말한다.

(b) '발사'라 함은 발사 시도를 포함한다.

(c) '발사국'이라 함은

 (ⅰ) 우주물체를 발사하거나 또는 우주물체의 발사를 야기하는 국가

 (ⅱ) 우주물체가 발사되는 지역 또는 시설의 소속국을 의미한다.

(d) '우주물체'라 함은 우주물체의 구성부분 및 우주선 발사기, 발사기의 구성부분을 공히 포함한다.

제2조

발사국은 자국 우주물체가 지구 표면에 또는 비행 중인 항공기에 끼친 손해에 대하여 보상을 지불할 절대적인 책임을 진다.

제3조

지구 표면 이외의 영역에서 발사국의 우주물체 또는 동 우주물체상의 인체 또는 재산이 타 발사국의 우주물체에 의하여 손해를 입었을 경우, 후자는 손해가 후자의 과실 또는 후자가 책임져야 할 사람의 과실로 인한 경우에만 책임을 진다.

제4조

1. 지구 표면 이외의 영역에서 1개 발사국의 우주물체 또는 동 우주물체상의 인체 또는 재산이 타 발사국의 우주물체에 의하여 손해를 입었을 경우, 그리고 그로 인하여 제3국 또는 제3국의 자연인이나 법인이 손해를 입었을 경우, 전기 2개의 국가는 공동으로 그리고 개별적으로 제3국에 대하여 아래의 한도 내에서 책임을 진다.

(a) 제3국의 지상에 또는 비행 중인 항공기에 손해가 발생하였을 경우, 제3국에 대한 전기 양국의 책임은 절대적이다.
(b) 지구 표면 이외의 영역에서 제3국의 우주물체 또는 동 우주물체상의 인체 또는 재산에 손해가 발생하였을 경우, 제3국에 대한 전기 2개국의 책임은 2개국 중 어느 하나의 과실, 혹은 2개국 중 어느 하나가 책임져야 할 사람의 과실에 기인한다.

2. 본 조 1항에 언급된 공동 및 개별 책임의 모든 경우, 손해에 대한 보상

부담은 이들의 과실 정도에 따라 전기 2개국 사이에 분할된다. 만일 이들 국가의 과실 한계가 설정될 수 없을 경우, 보상 부담은 이들 간에 균등히 분할된다. 이러한 분할은 공동으로 그리고 개별적으로 책임져야 할 발사국 들의 하나 또는 전부로부터 이 협약에 의거하여 당연히 완전한 보상을 받으려 하는 제3국의 권리를 침해하지 않는다.

제5조

1. 2개 또는 그 이상의 국가가 공동으로 우주물체를 발사할 때에는 그들 은 발생한 손해에 대하여 공동으로 그리고 개별적으로 책임을 진다.

2. 손해에 대하여 보상을 지불한 바 있는 발사국은 공동발사의 타 참가국 에 대하여 구상권을 보유한다. 공동발사 참가국들은 그들이 공동으로 그리 고 개별적으로 책임져야 할 재정적인 의무의 할당에 관한 협정을 체결할 수 있다. 그러한 협정은 공동으로 그리고 개별적으로 책임져야 할 발사국 중의 하나 또는 전부로부터 이 협약에 의거하여 완전한 보상을 받으려 하는 손해 를 입은 국가의 권리를 침해하지 않는다.

3. 우주물체가 발사된 지역 또는 시설의 소속국은 공동발사의 참가국으로 간주된다.

제6조

1. 본 조 제2항의 규정을 따를 것으로 하여 발사국 측의 절대 책임의 면제 는 손해를 입히려는 의도하에 행하여진 청구국 또는 청구국이 대표하는 자 연인 및 법인 측의 작위나 부작위 또는 중대한 부주의로 인하여 전적으로 혹 은 부분적으로 손해가 발생하였다고 발사국이 입증하는 한도까지 인정된다.

2. 특히 유엔헌장 및 달과 기타 천체를 포함한 외기권의 탐색과 이용에 있어서의 국가활동을 규율하는 원칙에 관한 조약을 포함한 국제법과 일치하지 않는 발사국에 의하여 행하여진 활동으로부터 손해가 발생한 경우에는 어떠한 면책도 인정되지 않는다.

제7조

이 협약의 규정은 발사국의 우주물체에 의하여 발생한 아래에 대한 손해에는 적용되지 않는다.

(a) 발사국의 국민
(b) 발사기 또는 발사 시 이후 어느 시기로부터 하강할 때까지의 단계에서 그 우주물체의 작동에 참여하는 동안, 또는 발사국의 초청을 받아 발사 또는 회수 예정 지역의 인접지에 있는 동안의 외국인

제8조

1. 손해를 입은 국가 또는 자국의 자연인 또는 법인이 손해를 입은 국가는 발사국에 대하여 그러한 손해에 대하여 보상을 청구할 수 있다.

2. 손해를 입은 국민의 국적국이 보상을 청구하지 않는 경우, 타 국가는 어느 자연인 또는 법인이 자국의 영역 내에서 입은 손해에 대하여 발사국에 보상을 청구할 수 있다.

3. 손해의 국적 또는 손해 발생 지역국이 손해 배상을 청구하지 않거나 또는 청구의사를 통고하지 않을 경우, 제3국은 자국의 영주권자가 입은 손해에 대하여 발사국에 보상을 청구할 수 있다.

제9조

손해에 대한 보상청구는 외교 경로를 통하여 발사국에 제시되어야 한다. 당해 발사국과 외교 관계를 유지하고 있지 않는 국가는 제3국에 대하여 발사국에 청구하도록 요청하거나 또는 기타의 방법으로 이 협약에 따라 자국의 이익을 대표하도록 요구할 수 있다. 또는 청구국과 발사국이 공히 국제연합의 회원국일 경우, 청구국은 국제연합 사무총장을 통하여 청구할 수 있다.

제10조

1. 손해에 대한 보상청구는 손해의 발생일 또는 책임져야 할 발사국이 확인한 일자 이후 1년 이내에 발사국에 제시될 수 있다.

2. 만일 손해의 발생을 알지 못하거나 또는 책임져야 할 발사국을 확인할 수 없을 경우, 전기 사실을 알았던 일자 이후 1년 이내에 청구를 제시할 수 있다. 그러나 이 기간은 태만하지 않았다면 알 수 있을 것으로 합리적으로 기대되는 날로부터 1년을 어느 경우에도 초과할 수 없다.

3. 본 조 1항 및 2항에 명시된 시한은 손해의 전체가 밝혀지지 않았다 하더라도 적용된다. 그러나 이러한 경우, 청구국은 청구를 수정할 수 있는 권리와 그러한 시한의 만료 이후라도 손해의 전체가 밝혀진 이후 1년까지 추가 자료를 제출할 수 있는 권리를 가진다.

제11조

1. 이 협약에 의거하여 발사국에 대한 손해보상청구의 제시는 청구국 또는 청구국이 대표하고 있는 자연인 및 법인이 이용할 수 있는 사전 어떠한 국내적 구제의 완료를 요구하지 않는다.

2. 이 협약상의 어떠한 규정도 국가 또는 그 국가가 대표하고 있는 자연인이나 법인이 발사국의 법원 또는 행정 재판소 또는 기관에 보상 청구를 제기하는 것을 방해하지 않는다. 그러나 국가는 청구가 발사국의 법원 또는 행정 재판소 또는 기관에 제기되어 있거나 또는 관련 국가를 기속하고 있는 타 국제협정에 의거하여 제기되어 있는 동일한 손해에 관해서는 이 협약에 의거하여 청구를 제시할 권리를 가지지 않는다.

제12조

발사국이 이 협약에 의거하여 책임지고 지불하여야 할 손해에 대한 보상은 손해가 발생하지 않았을 경우에 예상되는 상태대로 자연인, 법인, 국가 또는 국제기구가 입은 손해가 보상될 수 있도록 국제법 및 정의와 형평의 원칙에 따라 결정되어야 한다.

제13조

이 협약에 의거하여 청구국과 보상 지불국이 다른 보상 방식에 합의하지 못할 경우, 보상은 청구국의 통화로 지불되며, 만일 청구국이 요구하면 보상 지불국의 통화로 지불된다.

제14조

청구국이 청구 자료를 제출하였다는 사실을 발사국에 통고한 일자로부터 1년 이내에 제9조에 규정된 대로 외교적 교섭을 통하여 보상 청구가 해결되지 않을 경우, 관련 당사국은 어느 1당사국의 요청에 따라 청구위원회를 설치한다.

제15조

1. 청구위원회는 3인으로 구성된다. 청구국과 발사국이 각각 1명씩 임명하며, 의장이 되는 제3의 인은 양 당사국에 의하여 공동으로 선정된다. 각 당사국은 청구위원회 설치요구 2개월 이내에 각기 위원을 임명하여야 한다.

2. 위원회 설치요구 4개월 이내에 의장 선정에 관하여 합의에 이르지 못할 경우, 어느 1당사국은 국제연합 사무총장에게 2개월의 추천 기간 내에 의장을 임명하도록 요청할 수 있다.

제16조

1. 일방 당사국이 규정된 기간 내에 위원을 임명하지 않을 경우, 의장은 타방 당사국의 요구에 따라 단일 위원 청구위원회를 구성한다.

2. 어떠한 이유로든지 위원회에 발생한 결원은 최초 임명 시 채택된 절차에 따라 충원된다.

3. 위원회는 그 자신의 절차를 결정한다.

4. 위원회는 위원회가 개최될 장소 및 기타 모든 행정적인 사항을 결정한다.

5. 단일 위원 위원회의 결정과 판정의 경우를 제외하고, 위원회의 모든 결정과 판정은 다수결에 의한다.

제17조

청구위원회의 위원 수는 위원회에 제기된 소송에 2 혹은 그 이상의 청구국 또는 발사국이 개입되어 있다는 이유로 증가되지 않는다. 그렇게 개입된 청구국들은 단일 청구국의 경우에 있어서와 동일한 방법과 동일한 조건에 따라 위원회의 위원 1명을 공동으로 지명한다. 2개 또는 그 이상의 발사국들이 개입된 경우에도 동일한 방법으로 위원회의 위원 1명을 공동으로 지명한다. 청구국들 또는 발사국들이 규정 기간 내에 위원을 임명하지 않을 경우, 의장은 단일 위원 위원회를 구성한다.

제18조

청구위원회는 보상 청구의 타당성 여부를 결정하고 타당할 경우, 지불하여야 할 보상액을 확정한다.

제19조

1. 청구위원회는 제12조의 규정에 따라 행동한다.

2. 위원회의 결정은 당사국이 동의한 경우 최종적이며 기속력이 있다. 당사국이 동의하지 않는 경우, 위원회는 최종적이며 권고적인 판정을 내리되 당사국은 이를 성실히 고려하여야 한다. 위원회는 그 결정 또는 판정에 대하여 이유를 설명하여야 한다.

3. 위원회가 결정 기관의 연장이 필요하다고 판단하지 않을 경우, 위원회는 가능한 한 신속히 그리고 위원회 설치일자로부터 1년 이내에 결정 또는 판정을 내려야 한다.

4. 위원회는 그의 결정 또는 판정을 공포한다. 위원회는 결정 또는 판정의 인증등본을 각 당사국과 국제연합 사무총장에게 송부하여야 한다.

제20조

청구위원회에 관한 경비는 위원회가 달리 결정하지 아니하는 한, 당사국이 균등하게 부담한다.

제21조

우주물체에 의하여 발생한 손해가 인간의 생명에 광범한 위험을 주게 되거나 또는 주민의 생활 조건이나 중요 중심부의 기능을 심각하게 저해하게 되는 경우, 당사국 특히 발사국은 손해를 입은 국가의 요청이 있을 경우 그 국가에 대해 신속 적절한 원조 제공 가능성을 검토하여야 한다. 그러나 본 조의 어떠한 규정도 이 협약상의 당사국의 권리 또는 의무에 영향을 미치지 않는다.

제22조

1. 제24조로부터 제27조의 규정을 제외하고 이 협약에서 국가에 대해 언급된 사항은 우주활동을 행하는 어느 정부 간 국제기구에도 적용되는 것으로 간주된다. 이는 기구가 이 협약에 규정된 권리와 의무의 수락을 선언하고 또한 기구의 대다수 회원국이 이 협약 및 '달과 기타 전체를 포함한 외기권의 탐색과 이용에 있어서의 국가 활동을 규율하는 원칙에 관한 조약'의 당사국인 경우에 한한다.

2. 이 협약의 당사국인 상기 기구의 회원국은 기구가 전항에 따른 선언을 행하도록 적절한 모든 조치를 취하여야 한다.

3. 어느 정부 간 국제기구가 이 협약의 규정에 의거하여 손해에 대한 책임을 지게 될 경우, 그 기구와 이 협약의 당사국인 동 기구의 회원국인 국

가는 아래의 경우 공동으로 그리고 개별적으로 책임을 진다.

(a) 그러한 손해에 대한 보상 청구가 기구에 맨 처음 제기된 경우
(b) 기구가 6개월 이내에, 그러한 손해에 대한 보상으로서 동의 또는 결정
된 금액을 지불하지 않았을 때에 한해서 청구국이 이 협약의 당사국
인 회원국에 대하여 전기 금액의 지불 책임을 요구할 경우

4. 본 조 1항에 따라 선언을 행한 기구가 입은 손해에 대하여 이 협약의
규정에 따른 보상 청구는 이 협약의 당사국인 기구의 회원국에 의하여 제기
되어야 한다.

제23조

1. 이 협약의 규정은 기타 국제협정 당사국 간의 관계가 관련되는 한 발
효 중인 그러한 협정에 영향을 미치지 않는다.

2. 이 협약의 어떤 규정도 국가가 협약의 규정을 확인, 보충 또는 확대시
키는 국제협정을 체결하는 것을 방해하지 않는다.

제24조

1. 이 협약은 서명을 위하여 모든 국가에 개방된다. 본 조 3항에 따라 이
협약의 발효 전에 이 협약에 서명하지 아니한 국가는 언제든지 이 협약에
가입할 수 있다.

2. 이 협약은 서명국에 의하여 비준되어야 한다. 비준서나 가입서는 기탁
국 정부로 지정된 영국, 소련 및 미국 정부에 기탁되어야 한다.

3. 이 협약은 5번째 비준서의 기탁으로써 발효한다.

4. 이 협약의 발효 후에 비준서 또는 가입서를 기탁한 국가에 대해서는 그들의 비준서 또는 가입서의 기탁일자에 이 협약이 발효한다.

5. 기탁국 정부는 이 협약의 각 서명일자, 각 비준서 및 가입서의 기탁일자, 이 협약의 발효일자 및 기타 통고를 모든 서명국 및 가입국에 대하여 즉시 통보한다.

6. 이 협약은 국제연합헌장 제102조에 따라 기탁국 정부에 의하여 등록되어야 한다.

제25조

이 협약의 당사국은 이 협약에 대한 개정을 제의할 수 있다. 개정은 이 협약 당사국의 과반수가 수락한 때에 개정을 수락한 이 협약의 각 당사국에 대하여 발효하며, 그 이후 이 협약의 각 나머지 당사국에 대해서는 동 당사국의 개정 수락일자에 발효한다.

제26조

이 협약의 발효 10년 후, 이 협약의 지난 10년간 적용에 비추어 협약의 수정 여부를 심의하기 위한 협약 재검토 문제가 국제연합총회의 의제에 포함되어야 한다. 그러나 이 협약 발효 5년 후에는 어느 때라도 협약 당사국의 3분의 1의 요청과 당사국의 과반수의 동의가 있으면 이 협약 재검토를 위한 당사국 회의를 개최한다.

제27조

이 협약의 당사국은 협약 발효 1년 후 기탁국 정부에 대한 서면 통고로써 이 협약으로부터의 탈퇴를 통고할 수 있다. 그러나 탈퇴는 이러한 통고접수 일자로부터 1년 후에 발효한다.

제28조

영어, 노어, 불어, 서반아어 및 중국어가 동등하게 정본인 이 협약은 기탁국 정부의 문서 보관소에 기탁되어야 한다. 이 협약의 인증등본은 기탁국 정부에 의하여 서명국 및 가입국 정부에 전달되어야 한다.

Convention on Registration of Objects Launched into Outer Space
(Registration Convention 1975)

The States Parties to this Convention,

Recognizing the common interest of all mankind in furthering the exploration and use of outer space for peaceful purposes, Recalling that the Treaty on principles governing the activities of States in the exploration and use of outer space, including the moon and other celestial bodies of 27 January 1967 affirms that States shall bear international responsibility for their national activities in outer space and refers to the State on whose registry an object launched into outer space is carried,

Recalling also that the Agreement on the rescue of astronauts, the return of astronauts and the return of objects launched into outer space of 22 April 1968 provides that a launching authority shall, upon request, furnish identifying data prior to the return of an object it has launched into outer space found beyond the territorial limits of the launching authority,

Recalling further that the Convention on international liability for damage caused by space objects of 29 March 1972 establishes international rules and procedures concerning the liability of launching States for damage caused by their space objects, Desiring, in the light of the Treaty on principles governing the activities of States in the exploration and use of outer space, including the moon and other celestial bodies, to make provision for the national registration by launching States of space objects launched into outer space,

Desiring further that a central register of objects launched into outer space be established and maintained, on a mandatory basis, by the Secretary – General of the United Nations,

Desiring also to provide for States Parties additional means and procedures to assist in the identification of space objects,

Believing that a mandatory system of registering objects launched into outer space would, in particular, assist in their identification and would contribute to the application and development of international law governing the exploration and use of outer space,

Have agreed on the following:

Article I

For the purposes of this Convention:

(a) The term "launching State" means:
   (i) A State which launches or procures the launching of a space object;
   (ii) A State from whose territory or facility a space object is launched;

(b) The term "space object" includes component parts of a space object as well as its launch vehicle and parts thereof;

(c) The term "State of registry" means a launching State on whose registry a space object is carried in accordance with article II.

Article Ⅱ

1. When a space object is launched into earth orbit or beyond, the launching State shall register the space object by means of an entry in an appropriate registry which it shall maintain. Each launching State shall inform the Secretary – General of the United Nations of the establishment of such a registry.

2. Where there are two or more launching States in respect of any such space object, they shall jointly determine which one of them shall register the object in accordance with paragraph 1 of this article, bearing in mind the provisions of article Ⅷ of the Treaty on principles governing the activities of States in the exploration and use of outer space, including the moon and other celestial bodies, and without prejudice to appropriate agreements concluded or to be concluded among the launching States on jurisdiction and control over the space object and over any personnel thereof.

3. The contents of each registry and the conditions under which it is maintained shall be determined by the State of registry concerned.

Article Ⅲ

1. The Secretary – General of the United Nations shall maintain a Register in which the information furnished in accordance with article Ⅳ shall be recorded.

2. There shall be full and open access to the information in this Register.

Article IV

1. Each State of registry shall furnish to the Secretary – General of the United Nations, as soon as practicable, the following information concerning each space object carried on its registry:

(a) Name of launching State or States;

(b) An appropriate designator of the space object or its registration number;

(c) Date and territory or location of launch;

(d) Basic orbital parameters, including:
   (i) Nodal period,
   (ii) Inclination,
   (iii) Apogee,
   (iv) Perigee;

(e) General function of the space object.

2. Each State of registry may, from time to time, provide the Secretary – General of the United Nations with additional information concerning a space object carried on its registry.

3. Each State of registry shall notify the Secretary – General of the United Nations, to the greatest extent feasible and as soon as practicable, of space objects concerning which it has previously transmitted information, and which have been but no longer are in earth orbit.

Article V

Whenever a space object launched into earth orbit or beyond is marked with the

designator or registration number referred to in article IV, paragraph 1 (b), or both, the State of registry shall notify the Secretary – General of this fact when submitting the information regarding the space object in accordance with article IV. In such case, the Secretary – General of the United Nations shall record this notification in the Register.

Article VI

Where the application of the provisions of this Convention has not enabled a State Party to identify a space object which has caused damage to it or to any of its natural or juridical persons, or which may be of a hazardous or deleterious nature, other States Parties, including in particular States possessing space monitoring and tracking facilities, shall respond to the greatest extent feasible to a request by that State Party, or transmitted through the Secretary – General on its behalf, for assistance under equitable and reasonable conditions in the identification of the object. A State Party making such a request shall, to the greatest extent feasible, submit information as to the time, nature and circumstances of the events giving rise to the request. Arrangements under which such assistance shall be rendered shall be the subject of agreement between the parties concerned.

Article VII

1. In this Convention, with the exception of articles VIII to XII inclusive,

references to States shall be deemed to apply to any international intergovernmental organization which conducts space activities if the organization declares its acceptance of the rights and obligations provided for in this Convention and if a majority of the States members of the organization are States Parties to this Convention and to the Treaty on principles governing the activities of States in the exploration and use of outer space, including the moon and other celestial bodies.

2. States members of any such organization which are States Parties to this Convention shall take all appropriate steps to ensure that the organization makes a declaration in accordance with paragraph 1 of this article.

Article Ⅷ

1. This Convention shall be open for signature by all States at United Nations Headquarters in New York. Any State which does not sign this Convention before its entry into force in accordance with paragraph 3 of this article may accede to it at any time.

2. This Convention shall be subject to ratification by signatory States. Instruments of ratification and instruments of accession shall be deposited with the Secretary – General of the United Nations.

3. This Convention shall enter into force among the States which have deposited instruments of ratification on the deposit of the fifth such instrument with the Secretary – General of the United Nations.

4. For States whose instruments of ratification or accession are deposited

subsequent to the entry into force of this Convention, it shall enter into force on the date of the deposit of their instruments of ratification or accession.

5. The Secretary-General shall promptly inform all signatory and acceding States of the date of each signature, the date of deposit of each instrument of ratification of and accession to this Convention, the date of its entry into force and other notices.

Article IX

Any State Party to this Convention may propose amendments to the Convention.

Amendments shall enter into force for each State Party to the Convention accepting the amendments upon their acceptance by a majority of the States Parties to the Convention and thereafter for each remaining State Party to the Convention on the date of acceptance by it.

Article X

Ten years after the entry into force of this Convention, the question of the review of the Convention shall be included in the provisional agenda of the United Nations General Assembly in order to consider in the light of past application of the Convention, whether it requires revision.

However, at any time after the Convention has been in force for five years, at the request of one third of the States Parties to the Convention and with the concurrence of the majority of the States Parties, a conference of the States Parties shall be convened to review this Convention. Such review shall take into account in particular any relevant technological developments, including those relating to the identification of space objects.

Article X I

Any State Party to this Convention may give notice of its withdrawal from the Convention one year after its entry into force by written notification to the Secretary – General of the United Nations. Such withdrawal shall take effect one year from the date of receipt of this notification.

Article X II

The original of this Convention, of which the Arabic, Chinese, English, French, Russian and Spanish texts are equally authentic, shall be deposited with the Secretary – General of the United Nations, who shall send certified copies thereof to all signatory and acceding States.

In witness whereof the undersigned, being duly authorized thereto by their respective
Governments, have signed this Convention, opened for signature at New York on the
fourteenth day of January one thousand nine hundred and seventy – five.

외기권에 발사된 물체의 등록에 관한 협약
(우주물체등록협약 1975)

본 협약의 당사국은,

외기권의 평화적 목적을 위한 탐사 및 이용을 확대하는 데 대한 전 인류의 공동 이해를 인정하고,1967년 1월 27일의 달과 기타 천체를 포함한 외기권의 탐색과 이용에 있어서의 국가 활동을 규율하는 원칙에 관한 조약이 외기권에서의 그들 국가의 행위에 대하여 국가가 국제 책임을 져야 함을 확인하고, 외기권에 발사된 물체의 등록을 한 국가에 언급하고 있음을 상기하고, 1968년 4월 22일의 우주 항공사의 구조, 우주 항공사의 귀환 및 외기권에 발사된 물체의 회수에 관한 협정이 발사 당국이 그 영토적 한계를 넘어서 발견된 외기권에 발사한 물체의 회수 이전에, 요구에 따라 확인 자료를 제공해야 함을 규정하고 있음을 또한 상기하고, 1972년 3월 29일의 우주물체에 의하여 발생한 손해에 대한 국제 책임에 관한 협약이 우주물체에 의해 발생하는 손해에 대한 발사국의 책임에 관하여 국제 규칙 및 소송 절차를 확립하고 있음을 나아가 상기하며, 달과 기타 천체를 포함한 외기권의 탐색과 이용에 있어서의 국가 활동을 규율하는 원칙에 관한 조약에 비추어 외기권에 발사된 우주물체의 발사국에 의한 국가등록을 위한 규정을 제정하기를 희망하며, 외기권에 발사된 물체의 중앙 등록부는 지속적 근거하에 국제연합 사무총장에 의해 작성되고 유지될 것을 나아가 희망하며, 당사국에 우주물체의 정체 확인을 도울 추가 수단 및 절차를 제공할 것을 또한 희망하고, 외기권에 발사된 물체의 등록에 관한 지속적 체제가 특히 그들의 정체 확인에 도움이 되며, 외기권에 탐색 및 사용을 규율하는 국제법의 응용 및 발달에 이바지함을 믿으며, 다음과 같이 합의하였다.

제1조

본 협약의 목적을 위하여,

(a) 용어 발사국'발사국'이라 함은,

　　(ⅰ) 우주물체를 발사하거나, 발사를 구매한 국가

　　(ⅱ) 그 영토 또는 시설로부터 우주물체가 발사된 국가를 의미한다.

(b) 용어 '우주물체'라 함은 우주물체의 복합 부품과 동 발사 운반체 및 그 부품을 포함한다.

(c) 용어 '등록국'이라 함은 제2조에 따라 우주물체의 등록이 행하여진 발사국을 의미한다.

제2조

1. 우주물체가 지구궤도 또는 그 이원에 발사되었을 때, 발사국은 유지하여야 하는 적절한 등록부에 등재함으로써 우주물체를 등록하여야 한다. 각 발사국은 동 등록의 확정을 국제연합 사무총장에게 통보하여야 한다.

2. 그러한 여하한 우주물체와 관련하여 발사국이 둘 또는 그 이상일 경우, 그들은 달과 기타 천체를 포함하여 외기권의 탐색 및 사용에 관한 국가의 활동을 규율하는 원칙에 관한 조약 제8조의 규정에 유의하고, 우주물체 및 동 승무원에의 관할권 및 통제에 관하여 발사국 사이에 체결되고 장래 체결될 적절한 협정을 저해함이 없이, 그들 중의 일국이 본 조 제1항에 따라 동 물체의 등록을 하여야 함을 공동으로 결정하여야 한다.

3. 각 등록의 내용 및 그것이 유지되는 조건은 관련 등록국에 의하여 결정되어야 한다.

제3조

1. 국제연합 사무총장은 제4조에 따라 제공된 정보가 기록되어야 하는 등록부를 유지하여야 한다.

2. 본 등록부상의 정보에 대한 완전하고도 개방된 접근이 가능하여야 한다.

제4조

1. 각 등록국은 등록부상 등재된 각 우주물체에 관련한 다음 정보를 실행 가능한 한 신속히 국제연합 사무총장에게 제공하여야 한다.
   (a) 발사국 및 복수 발사국명
   (b) 우주물체의 적절한 기탁자 또는 동 등록 번호
   (c) 발사 일시 및 발사 지역 또는 위치
   (d) 다음을 포함한 기본 궤도 요소
      (ⅰ) 노드주기
      (ⅱ) 궤도 경사각
      (ⅲ) 원지점
      (ⅳ) 근지점
   (e) 우주물체의 일반적 기능

2. 각 등록국은 때때로 등록이 행해진 우주물체에 관련된 추가 정보를 국제연합 사무총장에게 제공할 수 있다.

3. 각 등록국은 이전에 정보를 전달하였으나 지구궤도상에 존재하지 않는 관련 우주물체에 대해서도 가능한 한 최대로, 또한 실행 가능한 한 신속히 국제연합 사무총장에게 통보하여야 한다.

제5조

지구궤도 또는 그 이원에 발사된 우주물체가 제4조 1항 (b)에 언급된 기탁자 또는 등록 번호 또는 그 양자로서 표시되었을 때마다 등록국은 제4조에 따라 우주물체에 관한 정보를 제출할 시 동 사실을 사무총장에게 통고하여야 한다. 그러한 경우에 국제연합 사무총장은 등록부에 이 통고를 기재하여야 한다.

제6조

본 협약 제 조항의 적용으로 당사국이 또는 그 자연인 또는 법인에게 손해를 야기하거나 또는 위험하거나 해로운 성질일지도 모르는 우주물체를 식별할 수 없을 경우에는, 우주 탐지 및 추적 시설을 소유한 특정 국가를 포함하여 여타 당사국은 그 당사국의 요청에 따라 또는 대신 사무총장을 통하여 전달된 요청에 따라 그 물체의 정체 파악에 상응하고 합리적인 조건하에 가능한 최대한도로 원조를 하여야 한다. 그러한 요청을 한 당사국은 그러한 요청을 발생케 한 사건의 일시, 성격 및 정황에 관한 정보를 가능한 한 최대한 제출하여야 한다. 그러한 원조가 부여되어야 하는 약정은 관계 당사국 사이의 합의에 의한다.

제7조

1. 제8조에서 제12조까지 조항들을 제외하고 본 협약상 국가에 대한 언급은 우주활동을 수행하는 어떠한 정부 간 국제기구가 본 협약상 규정된 권리의무의 수락을 선언하고 해당 기구의 다수 회원국이 본 협약 및 달과 기타 전체를 포함하는 외기권의 탐색 및 사용에 있어 국가 활동을 규율하는 원칙에 관한 조약의 당사국일 경우 당해 정부 간 국제기구에도 해당되는 것으로 간주된다.

2. 본 협약의 당사국인 그러한 어떠한 기구의 회원국도 본 조 제1항에 따라 해당 기구가 선언하도록 함을 확보하기 위하여 모든 적절한 조치를 취하여야 한다.

제8조

1. 본 협약은 뉴욕의 국제연합 본부에 모든 국가의 서명을 위하여 개방된
다. 본 조 제3항에 따라 발효 이전에 본 협약에 서명하지 못한 어떠한 국가
도 언제라도 동 협약에 가입할 수 있다.

2. 본 협약은 서명국의 비준에 의한다. 비준서 및 가입서는 국제연합 사
무총장에게 기탁되어야 한다.

3. 본 협약은 국제연합 사무총장에게 다섯 번째 비준서를 기탁한 일자로
부터 비준서를 기탁한 국가 사이에 발효한다.

4. 본 협약 발효 이후 그 비준서나 가입서를 기탁한 국가에 대해서는 그
비준서나 가입서를 기탁한 일자에 발효한다.

5. 사무총장은 모든 서명국 및 가입국에 각 서명일자, 본 협약의 각 비준
서 기탁일 및 가입서 기탁일, 동 발효일자 및 기타 공지사항을 즉각 통보하
여야 한다.

제9조

본 협약의 어느 당사국도 협약의 개정을 제의할 수 있다. 개정은 협약의
과반수 당사국에 의해 수락되는 일자에 개정을 수락한 협약 당사국에 대하
여 발효하며, 그 이후에 각 잔존 협약 당사국에 대해서는 동국에 의해 수락
된 일자에 발효한다.

제10조

본 협약의 발효 후 10년이 경과하였을 시, 협약의 과거 적용에 비추어 개정을 요하느냐를 고려하기 위하여 협약 심사 문제가 국제연합총회의 잠정 의제에 포함되어야 한다.

그러나 협약이 발효된 후 5년이 경과한 후에는 언제라도 협약 당사국 3분의 1의 요구에 의하여, 그리고 당사국 과반수의 합의에 의하여 본 협약을 심사하기 위한 당사국 회의를 개최할 수 있다. 그러한 심사에는 우주물체의 정체 확인에 관련된 것을 포함하여 어떠한 관련 기술적 발달도 특히 고려하여야 한다.

제11조

본 협약의 어느 당사국도 발효 후 1년이 경과할 시에는 국제연합 사무총장에 대한 서면 통지로서 협약에의 탈퇴를 통고할 수 있다. 그러한 탈퇴는 이 통고의 수령일로부터 1년이 경과하였을 시 효력이 있다.

제12조

본 협약의 원본인 아랍어, 중국어, 영어, 불어, 노어 및 서반어본은 동등하게 정본이며, 국제연합 사무총장에 기탁되며, 사무총장은 원본의 인증등본을 전 서명국 및 가입국에 송부하여야 한다. 이상의 증거로서, 각 정부에 의하여 정당히 권한이 주어진 하기 서명자들은 1975년 1월 14일 뉴욕에서 서명을 위하여 개방된 본 협약에 서명하였다.

Ageement Governing the Activities of States on the Moon and Other Celestial Bodies

(Moon Agreement 1979)

The States Parties to this Agreement

Noting the achievements of States in the exploration and use of the moon and other celestial bodies,

Recognizing that the moon, as a natural satellite of the earth, has an important role to play in the exploration of outer space,

Determined to promote on the basis of equality the further development of co-operation among States in the exploration and use of the moon and other celestial bodies,

Desiring to prevent the moon from becoming an area of international conflict,

Bearing in mind the benefits which may be derived from the exploitation of the natural resources of the moon and other celestial bodies,

Recalling the Treaty on Principles Governing the Activities of States in the Exploration and Use of Outer Space, including the Moon and Other Celestial Bodies, the Agreement on the Rescue of Astronauts, the Return of Astronauts and the Return of Objects Launched into Outer Space, the Convention on International Liability for Damage Caused by Space Objects, and the Convention on Registration of Objects Launched into Outer Space,

Taking into account the need to define and develop the provisions of these international instruments in relation to the moon and other celestial bodies, having regard to further progress in the exploration and use of outer space,

Have agreed on the following:

Article 1

1. The provisions of this Agreement relating to the moon shall also apply to other celestial bodies within the solar system, other than the earth, except in so far as specific legal norms enter into force with respect to any of these celestial bodies.

2. For the purposes of this Agreement reference to the moon shall include orbits around or other trajectories to or around it.

3. This Agreement does not apply to extraterrestrial materials which reach the surface of the earth by natural means.

Article 2

All activities on the moon, including its exploration and use, shall be carried out in accordance with international law, in particular the Charter of the United Nations, and taking into account the Declaration on Principles of International Law concerning Friendly Relations and Co-operation among States in accordance with the Charter of the United Nations, adopted by the General Assembly on 24 October 1970, in the interest of maintaining international peace and security and promoting international co — operation and mutual understanding, and with due regard to the corresponding interests of all other States Parties.

Article 3

1. The moon shall be used by all States Parties exclusively for peaceful purposes.

2. Any threat or use of force or any other hostile act or threat of hostile act on the moon is prohibited. It is likewise prohibited to use the moon in order to commit any such act or to engage in any such threat in relation to the earth, the moon, spacecraft, the personnel of spacecraft or man — made space objects.

3. States Parties shall not place in orbit around or other trajectory to or around the moon objects carrying nuclear weapons or any other kinds of weapons of mass destruction or place or use such weapons on or in the moon.

4. The establishment of military bases, installations and fortifications, the testing of any type of weapons and the conduct of military man uvres on the moon shall be forbidden. The use of military personnel for scientific research or for any other peaceful purposes shall not be prohibited. The use of any equipment or facility necessary for peaceful exploration and use of the moon shall also not be prohibited.

Article 4

1. The exploration and use of the moon shall be the province of all mankind and shall be carried out for the benefit and in the interests of all countries, irrespective of their degree of economic or scientific development. Due regard shall be paid to the interests of present and future generations as well as to the need to promote higher standards of living and conditions of economic and social progress and development in accordance with the Charter of the United Nations.

2. States Parties shall be guided by the principle of co-operation and mutual assistance in all their activities concerning the exploration and use of the moon. International co-operation in pursuance of this Agreement should be as wide as possible and may take place on a multilateral basis, on a bilateral basis or through international intergovernmental organizations.

Article 5

1. States Parties shall inform the Secretary-General of the United Nations as well as the public and the international scientific community, to the greatest extent feasible and practicable, of their activities concerned with the exploration and use of the moon. Information on the time, purposes, locations, orbital parameters and duration shall be given in respect of each mission to the moon as soon as possible after launching, while information on the results of each mission, including scientific results, shall be furnished upon completion of the mission. In the case of a mission lasting more than sixty days, information on conduct of the mission, including any scientific results,

shall be given periodically, at thirty-day intervals. For missions lasting more than six months, only significant additions to such information need be reported thereafter.

2. If a State Party becomes aware that another State Party plans to operate simultaneously in the same area of or in the same orbit around or trajectory to or around the moon, it shall promptly inform the other State of the timing of and plans for its own operations.

3. In carrying out activities under this Agreement, States Parties shall promptly inform the Secretary-General, as well as the public and the international scientific community, of any phenomena they discover in outer space, including the moon, which could endanger human life or health, as well as of any indication of organic life.

Article 6

1. There shall be freedom of scientific investigation on the moon by all States Parties without discrimination of any kind, on the basis of equality and in accordance with international law.

2. In carrying out scientific investigations and in furtherance of the provisions of this Agreement, the States Parties shall have the right to collect on and remove from the moon samples of its mineral and other substances. Such samples shall remain at the disposal of those States Parties which caused them to be collected and may be used by them for scientific purposes. States Parties shall have regard to the desirability of making a portion of such

samples available to other interested States Parties and the international scientific community for scientific investigation. States Parties may in the course of scientific investigations also use mineral and other substances of the moon in quantities appropriate for the support of their missions.

3. States Parties agree on the desirability of exchanging scientific and other personnel on expeditions to or installations on the moon to the greatest extent feasible and practicable.

Article 7

1. In exploring and using the moon, States Parties shall take measures to prevent the disruption of the existing balance of its environment, whether by introducing adverse changes in that environment, by its harmful contamination through the introduction of extra – environmental matter or otherwise. States Parties shall also take measures to avoid harmfully affecting the environment of the earth through the introduction of extraterrestrial matter or otherwise.

2. States Parties shall inform the Secretary – General of the United Nations of the measures being adopted by them in accordance with paragraph 1 of this article and shall also, to the maximum extent feasible, notify him in advance of all placements by them of radio – active materials on the moon and of the purposes of such placements.

3. States Parties shall report to other States Parties and to the Secretary – General concerning areas of the moon having special scientific interest in order that, without prejudice to the rights of other States Parties, consideration may

be given to the designation of such areas as international scientific preserves for which special protective arrangements are to be agreed upon in consultation with the competent bodies of the United Nations.

Article 8

1. States Parties may pursue their activities in the exploration and use of the moon anywhere on or below its surface, subject to the provisions of this Agreement.

2. For these purposes States Parties may, in particular:

(a) Land their space objects on the moon and launch them from the moon;
(b) Place their personnel, space vehicles, equipment, facilities, stations and installations anywhere on or below the surface of the moon.

Personnel, space vehicles, equipment, facilities, stations and installations may move or be moved freely over or below the surface of the moon.

3. Activities of States Parties in accordance with paragraphs 1 and 2 of this article shall not interfere with the activities of other States Parties on the moon. Where such interference may occur, the States Parties concerned shall undertake consultations in accordance with article 15, paragraphs 2 and 3, of this Agreement.

Article 9

1. States Parties may establish manned and unmanned stations on the moon. A State Party establishing a station shall use only that area which is required for the needs of the station and shall immediately inform the Secretary — General of the United Nations of the location and purposes of that station. Subsequently, at annual intervals that State shall likewise inform the Secretary — General whether the station continues in use and whether its purposes have changed.

2. Stations shall be installed in such a manner that they do not impede the free access to all areas of the moon of personnel, vehicles and equipment of other States Parties conducting activities on the moon in accordance with the provisions of this Agreement or of article I of the Treaty on Principles Governing the Activities of States in the Exploration and Use of Outer Space, including the Moon and Other Celestial Bodies.

Article 10

1. States Parties shall adopt all practicable measures to safeguard the life and health of persons on the moon. For this purpose they shall regard any person on the moon as an astronaut within the meaning of article V of the Treaty on Principles Governing the Activities of States in the Exploration and Use of Outer Space, including the Moon and Other Celestial Bodies and as part of the personnel of a spacecraft within the meaning of the Agreement on the Rescue of Astronauts, the Return of Astronauts and the Return of Objects Launched into Outer Space.

2. States Parties shall offer shelter in their stations, installations, vehicles and other facilities to persons in distress on the moon.

Article 11

1. The moon and its natural resources are the common heritage of mankind, which finds its expression in the provisions of this Agreement, in particular in paragraph 5 of this article.

2. The moon is not subject to national appropriation by any claim of sovereignty, by means of use or occupation, or by any other means.

3. Neither the surface nor the subsurface of the moon, nor any part thereof or natural resources in place, shall become property of any State, international intergovernmental or non-governmental organization, national organization or non-governmental entity or of any natural person. The placement of personnel, space vehicles, equipment, facilities, stations and installations on or below the surface of the moon, including structures connected with its surface or subsurface, shall not create a right of ownership over the surface or the subsurface of the moon or any areas thereof. The foregoing provisions are without prejudice to the international regime referred to in paragraph 5 of this article.

4. States Parties have the right to exploration and use of the moon without discrimination of any kind, on the basis of equality and in accordance with international law and the terms of this Agreement.

5. States Parties to this Agreement hereby undertake to establish an international regime, including appropriate procedures, to govern the exploitation of the natural resources of the moon as such exploitation is about to become feasible. This provision shall be implemented in accordance with article 18 of this Agreement.

6. In order to facilitate the establishment of the international regime referred to in paragraph 5 of this article, States Parties shall inform the Secretary - General of the United Nations as well as the public and the international scientific community, to the greatest extent feasible and practicable, of any natural resources they may discover on the moon.

7. The main purposes of the international regime to be established shall include:

(a) The orderly and safe development of the natural resources of the moon;
(b) The rational management of those resources;
(c) The expansion of opportunities in the use of those resources;
(d) An equitable sharing by all States Parties in the benefits derived from those resources, whereby the interests and needs of the developing countries, as well as the efforts of those countries which have contributed either directly or indirectly to the exploration of the moon, shall be given special consideration.

8. All the activities with respect to the natural resources of the moon shall be carried out in a manner compatible with the purposes specified in paragraph 7 of this article and the provisions of article 6, paragraph 2, of this Agreement.

Article 12

1. States Parties shall retain jurisdiction and control over their personnel, vehicles, equipment, facilities, stations and installations on the moon. The ownership of space vehicles, equipment, facilities, stations and installations shall not be affected by their presence on the moon.

2. Vehicles, installations and equipment or their component parts found in places other than their intended location shall be dealt with in accordance with article 5 of the Agreement on the Rescue of Astronauts, the Return of Astronauts and the Return of Objects Launched into Outer Space.

3. In the event of an emergency involving a threat to human life, States Parties may use the equipment, vehicles, installations, facilities or supplies of other States Parties on the moon. Prompt notification of such use shall be made to the Secretary – General of the United Nations or the State Party concerned.

Article 13

A State Party which learns of the crash landing, forced landing or other unintended landing on the moon of a space object, or its component parts, that were not launched by it, shall promptly inform the launching State Party and the Secretary – General of the United Nations.

Article 14

1. States Parties to this Agreement shall bear international responsibility for national activities on the moon, whether such activities are carried on by governmental agencies or by non – governmental entities, and for assuring that national activities are carried out in conformity with the provisions set forth in this Agreement. States Parties shall ensure that non – governmental entities under their jurisdiction shall engage in activities on the moon only under the authority and continuing supervision of the appropriate State Party.

2. States Parties recognize that detailed arrangements concerning liability for damage caused on the moon, in addition to the provisions of the Treaty on Principles Governing the Activities of States in the Exploration and Use of Outer Space, including the Moon and Other Celestial Bodies and the Convention on International Liability for Damage Caused by Space Objects, may become necessary as a result of more extensive activities on the moon. Any such arrangements shall be elaborated in accordance with the procedure provided for in article 18 of this Agreement.

Article 15

1. Each State Party may assure itself that the activities of other States Parties in the exploration and use of the moon are compatible with the provisions of this Agreement. To this end, all space vehicles, equipment, facilities, stations and installations on the moon shall be open to other States Parties. Such States Parties shall give reasonable advance notice of a projected visit, in order that appropriate consultations may be held and that maximum

precautions may be taken to assure safety and to avoid interference with normal operations in the facility to be visited. In pursuance of this article, any State Party may act on its own behalf or with the full or partial assistance of any other State Party or through appropriate international procedures within the framework of the United Nations and in accordance with the Charter.

2. A State Party which has reason to believe that another State Party is not fulfilling the obligations incumbent upon it pursuant to this Agreement or that another State Party is interfering with the rights which the former State has under this Agreement may request consultations with that State Party. A State Party receiving such a request shall enter into such consultations without delay. Any other State Party which requests to do so shall be entitled to take part in the consultations. Each State Party participating in such consultations shall seek a mutually acceptable resolution of any controversy and shall bear in mind the rights and interests of all States Parties. The Secretary – General of the United Nations shall be informed of the results of the consultations and shall transmit the information received to all States Parties concerned.

3. If the consultations do not lead to a mutually acceptable settlement which has due regard for the rights and interests of all States Parties, the parties concerned shall take all measures to settle the dispute by other peaceful means of their choice appropriate to the circumstances and the nature of the dispute. If difficulties arise in connection with the opening of consultations or if consultations do not lead to a mutually acceptable settlement, any State Party may seek the assistance of the Secretary – General, without seeking the consent of any other State Party concerned, in order to resolve the controversy. A State Party which does not maintain diplomatic

relations with another State Party concerned shall participate in such consultations, at its choice, either itself or through another State Party or the Secretary – General as intermediary.

Article 16

With the exception of articles 17 to 21, references in this Agreement to States shall be deemed to apply to any international intergovernmental organization which conducts space activities if the organization declares its acceptance of the rights and obligations provided for in this Agreement and if a majority of the States members of the organization are States Parties to this Agreement and to the Treaty on Principles Governing the Activities of States in the Exploration and Use of Outer Space, including the Moon and Other Celestial Bodies. States members of any such organization which are States Parties to this Agreement shall take all appropriate steps to ensure that the organization makes a declaration in accordance with the foregoing.

Article 17

Any State Party to this Agreement may propose amendments to the Agreement. Amendments shall enter into force for each State Party to the Agreement accepting the amendments upon their acceptance by a majority of the States Parties to the Agreement and thereafter for each remaining State Party to the Agreement on the date of acceptance by it.

Article 18

Ten years after the entry into force of this Agreement, the question of the review of the Agreement shall be included in the provisional agenda of the General Assembly of the United Nations in order to consider, in the light of past application of the Agreement, whether it requires revision. However, at any time after the Agreement has been in force for five years, the Secretary − General of the United Nations, as depository, shall, at the request of one third of the States Parties to the Agreement and with the concurrence of the majority of the States Parties, convene a conference of the States Parties to review this Agreement. A review conference shall also consider the question of the implementation of the provisions of article 11, paragraph 5, on the basis of the principle referred to in paragraph 1 of that article and taking into account in particular any relevant technological developments.

Article 19

1. This Agreement shall be open for signature by all States at United Nations Headquarters in New York.

2. This Agreement shall be subject to ratification by signatory States. Any State which does not sign this Agreement before its entry into force in accordance with paragraph 3 of this article may accede to it at any time. Instruments of ratification or accession shall be deposited with the Secretary − General of the United Nations.

3. This Agreement shall enter into force on the thirtieth day following the

date of deposit of the fifth instrument of ratification.

4. For each State depositing its instrument of ratification or accession after the entry into force of this Agreement, it shall enter into force on the thirtieth day following the date of deposit of any such instrument.

5. The Secretary – General shall promptly inform all signatory and acceding States of the date of each signature, the date of deposit of each instrument of ratification or accession to this Agreement, the date of its entry into force and other notices.

Article 20

Any State Party to this Agreement may give notice of its withdrawal from the Agreement one year after its entry into force by written notification to the Secretary – General of the United Nations. Such withdrawal shall take effect one year from the date of receipt of this notification.

Article 21

The original of this Agreement, of which the Arabic, Chinese, English, French, Russian and Spanish texts are equally authentic, shall be deposited with the Secretary – General of the United Nations, who shall send certified copies thereof to all signatory and acceding States.

IN WITNESS WHEREOF the undersigned, being duly authorized thereto by their respective Governments, have signed this Agreement, opened for signature at New York on 18 December 1979.

Note

1. Officials Records of the General Assembly, Thirty – fourth Session, Supplement No. 20 (A/34/20), annex Ⅱ.

달과 기타 천체상의 국가활동을 규율하는 협정
(달 협정 1979)

이 협정의 당사국은, 달 기타 천체 탐사 및 이용에 있어서의 국가들의 업적에 주목하고, 달이 지구의 하나의 자연적 위성으로서, 우주공간의 탐사에 있어서 하나의 중요한 역할을 하고 있다는 것을 인식하며, 달과 기타 천체 탐사 및 이용에 있어서의 국가 간 협력의 그 이상의 발전을 평등의 기초에 있어서 촉진할 것을 결의하고, 달이 국제분쟁의 장소가 되는 것을 방지할 것을 희망하며, 달 기타 천체 천연자원의 개발에서 생기는 혜택을 마음에 새기고, 달과 다른 천체를 포함한 외기권 우주의 탐사 및 이용에 관한 국가활동을 규제하는 원칙조약, 우주비행사의 구조와 외기권 우주에 발사한 물체의 등록에 관한 협약을 상기하며, 우주공간의 탐사 및 이용에 있어서의 한 층의 진보를 주목하고, 달 기타 천체에 관한 이들 국제문서의 규정을 정의하고 명백히 할 필요성을 고려하여, 다음과 같이 규정한다.

제1조

1. 이 협정의 달에 관한 규정은 지구를 제외한 태양계 내의 기타 천체에도 적용된다. 단 지구를 제외한 태양계 내의 기타 천체 어느 것에 대하여 특별법규범이 효력을 발생하는 경우에는 그러하지 않다.

2. 이 협정의 적용상 달이라고 하는 문언은 달을 선회하는 궤도(Orbits) 또는 달에 향하거나 혹은 달을 선회하는 기타 궤적(Trajectories)을 포함하는 것으로 한다.

3. 이 협정은 자연의 작용에 의하여 지구의 표면에 도달하는 지구 외 물질에 적용하지 않는다.

제2조

달의 탐사 및 이용을 포함하는 달 위에 있어서의 모든 활동은 국제법에 따라 특히 국제연합헌장에 따라 국제평화 및 안전보장을 유지하고 국제협력 및 상호이해를 촉진하기 위하여 1970년 10월 24일에 국제연합의 총회가 채택한 국제연합헌장에 따라 국가 간 우호관계 및 협력에 대한 국제법의 원칙에 관한 선언을 고려하고, 다른 모든 당사국의 상응하는 이익에 정당한 주목을 하는 것으로 한다.

제3조

1. 달은 모든 당사국에 의하여 오로지 평화 목적을 위하여 이용된다.

2. 달 위에서는 어떠한 위협, 무력 혹은 기타 어떠한 적대적인 행위의 사용 또는 적대적인 행위의 위협도 금지한다. 마찬가지로 지구, 달, 우주선, 우주선의 요원 또는 인공우주물체에 관하여 어떠한 적대적인 행위를 하기 위하여 달을 이용하는 것을 금지한다.

3. 당사국은 핵무기 혹은 기타 종류의 대량파괴무기를 운반하는 물체를 달을 선회하는 궤도 또는 달로 향하거나 혹은 달을 선회하는 기타 궤적에 설치해서는 안 되며, 이들 무기를 달 위 혹은 달 안에 설치하거나 이용해서는 안 된다.

4. 달 위에서는 군사기지, 군사시설 및 요새의 설치도, 어떠한 형태의 무기 실험도, 군사훈련의 실시도 금지한다. 과학연구 기타 어떠한 평화 목적을 위한 군 요원의 이용은 금지하지 않는다. 달의 평화적인 탐사 및 이용을 위하여 필요한 어떠한 장비 또는 설비의 이용 또한 금지하지 않는다.

제4조

1. 달의 탐사 및 이용은 전 인류의 영역이며, 모든 국가의 혜택과 이익을 위하여 그들의 경제적 또는 과학적 발전의 정도에 관계없이 행해진다. 현재 및 장래 세대의 이익에 대하여 그리고 한층 고도의 생활수준 및 경제적·사회적 진보발전의 조건을 촉진할 필요성에 대해서는 국제연합헌장에 따라 상당한 주목을 해야 한다.

2. 달의 탐사 및 이용에 대한 당사국의 모든 활동은 협력 및 상호원조의 원칙을 지침으로 해야 한다. 이 협정에 기하여 국제협력은, 가급적 폭넓은 것이어야 하며, 다국 간 체제에 의하여 또는 양국 간 체제에 의하여 또는 국제정부 간 기관을 통하여 이루어질 수 있다.

제5조

1. 당사국은 달의 탐사 및 이용에 관련된 자국의 활동에 대하여 실행 가능한 최대한도까지 국제연합 사무총장과 공중(公衆) 및 국제과학계에 통지해야 한다. 일시, 목적, 위치, 궤도조건 및 존속기간에 대한 정보는 발사 후 가급적 신속히 달로 향하는 각 임무 때마다 제공되어야 한다. 단 과학적 성과를 포함한 각 임무의 성과에 대한 정보는 당해 임무의 완료를 기다려 제공되어야 한다. 하나의 임무가 30일을 넘어 계속되는 경우에는, 어느 쪽의 과학적 성과를 포함하는 당해 임무의 수행에 대한 정보는 30일 간격으로 정기적으로 제공되어야 한다. 6개월을 넘어 계속되는 임무에 대해서는, 중요한 추가정보에 한하여 보고를 필요로 하는 것으로 한다.

2. 일방 당사국이 타방 당사국에 대하여 그 국가가 달의 동일구역에서, 달을 선회하는 동일궤도에서 또는 달로 향하거나 달을 선회하는 동일 궤적에 있어서 동시에 운용업무를 계획하고 있을 것을 안 때에는 일방 당사국은

타방 당사국에 자국의 운용업무에 대한 시기 및 계획을 신속하게 통지해야 한다.

3. 이 협정에 기한 활동을 행하는 경우에는 당사국은 자국이 달을 포함한 우주공간에 있어서 발견하는 현상과 인명 또는 건강을 해할 우려가 있는 모든 현상 및 생물체에 대한 모든 징후를 국제연합 사무총장과 공중(公衆) 및 국제과학계에 신속히 통지해야 한다.

제6조

1. 모든 당사국은 어떠한 종류의 차별도 없이 평등의 기초하에 국제법에 따라 달 위에 있어서의 과학적 조사의 자유를 갖는다.

2. 이 협정의 규정을 적용하여 과학적 조사를 행하는 경우에는 당사국은 달의 광물 기타 물질의 견본을 달 위에서 수집하고 달에서 이동할 권리를 갖는다. 당해 견본은 그것을 수집시킨 당사국의 처분에 맡기기로 하고, 그 국가는 당해 견본을 과학적인 목적을 위하여 이용할 수 있도록 한다. 당사국은 과학적 조사를 위하여 당해 견본 일부의 취득을 원하는 다른 관계 당사국 및 국제과학계의 희망을 고려해야 한다. 또한 당사국은 과학적 조사의 과정에 있어서 자국의 임무유지에 맞는 양의 달 광물 기타 특질을 이용할 수 있는 것으로 한다.

제7조

1. 달의 탐사 및 이용을 행하는 경우에는 당사국은 달의 환경과 양립될 수 없는 변화의 도입, 환경외물질의 도입에 의한 달의 유해한 오염, 기타 원인에 의한 현재의 달 환경 균형을 파괴하는 것을 방지하는 조치를 취해야 한다. 또한 당사국은 지구외물질 기타 도입에 의한 지구 환경에의 유해한

영향을 피하는 조치도 취해야 한다.

2. 당사국은 이 조항의 1에 따라 자국이 취한 조치를 국제연합 사무총장에게 통지하여야 하며, 실행 가능한 최대한도까지 달 위에서의 자국의 모든 방사성 물질의 설치장소 및 그 설치목적을, 사전에 국제연합 사무총장에게 통지하여야 한다.

3. 당사국은 다른 당사국의 권리에 영향을 미치는 일 없이 과학적으로 흥미 있는 달의 지역을 국제과학보류지역으로서 지정하는 것에 대하여 고려하고, 당해 지역에 대하여 다른 당사국 및 국제연합 사무총장에게 보고해야 한다. 단, 그 지정에 대해서는 특별한 보호 규약이 국제연합의 관계 전문기관과의 협의에서 협정될 것을 요하는 것으로 한다.

제8조

1. 당사국은 이 협정의 규정에 따라 달의 표면 위 또는 표면 아래 어느 장소에서도 달의 탐사 및 이용에 있어서의 자국의 활동을 행할 수 있다.

2. 이러한 목적을 위하여 당사국은 특히 다음 항의 행위를 행할 수 있다.

(a) 달 위에서 자국의 우주물체를 착륙시켜 자국의 우주물체를 달로 쏘아 올리는 것,
(b) 자국의 요원, 우주차량, 장비, 시설물, 기지 및 설비를 달의 표면 위 또는 표면 아래 어떤 장소에 배치하는 것.

요원, 우주차량, 장비, 시설물, 기지 및 설비는 달의 표면 위 또는 표면 아래를 자유롭게 이동하거나 또는 이동시킬 수 있다.

3. 이 조항 1과 2에 따라 당사국의 활동이 다른 당사국의 달 위에서의 활동을 간섭해서는 안 된다. 이러한 간섭이 발생할 수 있는 경우에는 관계 당사국은 이 협정의 제15조의 2와 3에 따라 협의를 해야 한다.

제9조

1. 당사국은 달에 유인 또는 무인의 기지를 설치할 수 있다. 기지를 설치하는 당사국은 당해 기지의 필요상 요구되는 지역만을 이용해야 하며, 국제연합 사무총장에게 당해 기지의 위치 및 목적을 바로 통지해야 한다. 또한 당해 당사국은 그 후 1년 간격으로 국제연합 사무총장에게 당해 정거장의 계속이용의 유무를 통지해야 한다.

2. 기지는 이 협정의 규정 또는 기타 천체를 포함하는 우주공간의 탐사 및 이용에 있어서의 국가활동을 규율하는 원칙에 관한 조약의 제1조의 규정에 따라 달 위에서의 활동을 행하는 다른 당사국의 요원, 차량 및 기지의 달 모든 구역으로의 자유로운 출입을 방해하지 않도록 설치해야 한다.

제10조

1. 당사국은 달 위에 있는 자의 생명 및 건강을 보호하기 위하여 실행 가능한 모든 조치를 취해야 한다. 이를 위하여 당사국은 달 위에 있는 자를, 달과 다른 천체를 포함한 외기권 우주의 탐사 및 이용에 관한 국가활동을 규제하는 원칙조약의 제5조의 정의 내의 우주비행사와 우주비행사의 구조와 외기권 우주에 발사된 물체의 반환에 관한 협정의 정의 내의 우주선 요원의 일원으로 간주해야 한다.

2. 당사국은 달 위에서의 조난자에게 자국의 기지, 설비, 차량 기타 시설물의 피난처를 제공해야 한다.

제11조

1. 달과 달의 천연자원은 인류의 공동유산이며, 그 표현은 이 협정의 제규정에, 특히 이 조항의 5에서 찾을 수 있다.

2. 달은 어떠한 주권의 주장에 의해서도, 이용이나 점용의 수단에 의해서도, 또는 기타 어떠한 수단에 의해서도, 국가의 취득 대상이 되지 않는다.

3. 달의 표면 또는 그 지하, 달의 어느 부분이나 달에 위치한 천연자원은 어느 국가, 정부 간 또는 비정부 간 국제기구, 국가기관, 비정부 간 기관 또는 어떠한 자연인의 재산이 될 수 없으며 달의 표면이나 그 지하에 요원, 우주차량, 장비, 시설물, 기지 및 설비들을 달의 표면이나 지하를 연결한 구조물과 함께 달의 표면이나 지하 또는 어느 지역에 대한 소유권을 창설하지 않는다고 하고, 이 항의 규정은 제11조 제5항에 언급된 '국제제도'(International Regime)를 손상하지 않는다.

4. 당사국은 어떠한 종류의 차별도 없이 평등한 지위에 있으며 국제법 및 이 협정의 규정에 따라 달의 탐사 및 이용의 권리를 갖는다.

5. 여기에서 이 협정의 당사국은 달의 천연자원의 개발이 확실히 가능하게 되는 경우에는 그 개발을 규율하는 상당한 절차를 포함하는 국제제도를 설정할 것을 약속한다. 이 규정은 이 협정의 제18조에 따라 이행해야 한다.

6. 이 조의 5에서 정하는 국제제도의 설정을 촉진하기 위하여 당사국은 자국이 달 위에서 발견하는 모든 천연자원을 실행 가능한 최대한도까지 국제연합 사무총장과 공중 및 국제과학계에 통지해야 한다.

7. 제정할 개발규칙의 주요한 목적은 다음의 것을 포함하는 것으로 한다.

(a) 달 천연자원의 질서 있고 안전한 개발

(b) 달 자원의 합리적 경영

(c) 달 자원의 사용기회 확장

(d) 달 자원으로부터 파생하는 이익을 모든 당사국에 공평하게 분배하되 달의 개발에 직접 또는 간접적으로 공헌한 국가의 노력은 물론 개발도상국의 이익과 필요에 대한 특별한 고려가 있어야 한다.

8. 달의 천연자원에 대한 모든 활동은 이 조항의 7에 정하는 목적 및 이 협정의 제6조의 규정에 맞는 방법에 의하여 행하여야 한다.

제12조

1. 당사국은 달 위에서 자국의 요원, 우주차량, 장비, 시설물, 기지 및 설비에 대한 관할권 및 관리권을 보유한다. 우주차량, 기기, 장치, 기지 및 시설의 소유권은 그것들이 달 위에 존재하는 것에 의하여 영향을 받지 않는다.

2. 차량, 시설 및 장비 또는 그것들의 구성부분이 의도된 설치장소와는 다른 장소에서 보이기 시작한 경우에는, 그것들은 우주비행사의 구조와 외기권 우주에 발사된 물체의 반환에 관한 협정의 제5조에 따라 처리해야 한다.

3. 인명의 위협을 포함하는 긴급사태에서는 당사국은 달 위에 있는 다른 당사국의 장비, 차량, 시설, 설비물 또는 공급물질을 이용할 수 있다. 이들 이용에 대해서는 국제연합 사무총장 또는 관계 당사국에 신속하게 통지해야 한다.

제13조

당사국은 자국이 발사한 것이 아닌 우주물체 또는 그 구성부분이 달 위에서 충돌착륙, 불시착륙, 기타 예정 외의 착륙을 한 것을 안 때에는, 그 국가는 당해 발사당사국 및 국제연합 사무총장에게 신속히 통지해야 한다.

제14조

1. 이 협정의 당사국은 달 위에서의 자국의 활동에 대하여 그 활동이 정부기관에 의하여 행해지는지 비정부실체에 의하여 행해지는지에 상관없이 국제적 책임을 갖고, 자국의 활동이 이 협정의 규정을 준수하여 행해지도록 하는 것에 국제적 책임을 진다. 당사국은 자국의 관할하에 있는 비정부실체가 자국의 허가 및 계속적 감독하에서만 달의 활동에 종사할 것을 보증한다.

2. 달과 다른 천체를 포함한 외기권 우주의 탐사 및 이용에 관한 국가활동을 규제하는 원칙조약 및 우주물체로 인한 손해의 국제책임에 관한 협약의 규정에 덧붙여, 달 위에서의 보다 광범위의 활동의 결과로서 달 위에서 야기되는 손해에 대한 책임에 대하여 상세한 협약이 필요함을 인식한다. 그와 같은 협약은 모두 이 협정의 제18조에서 정하는 절차에 따라 작성되어야 한다.

제15조

1. 각 당사국은 다른 당사국의 달 탐사 및 이용에 있어서의 활동이 이 협정의 규정에 적합한 것을 확인할 수 있다. 이를 위하여 달 위에 있는 모든 우주차량, 장비, 시설물, 기지 및 설비는 다른 당사국에 개방해야 한다. 당해 다른 당사국은 적절한 협의가 행해지기 위하여 방문처에서 안전의 확보와 일상업무에의 간섭 회피를 위한 최대한의 예방조치가 취해지도록 방문계획에 대하여 합리적인 사전 통고를 하여야 한다. 어떤 당사국도 이 조항을 실시함에 있어서 자국이 독자적인 힘으로 또는 다른 어떤 당사국의 전적인 혹은 부분적 원조에 의하여, 또는 국제연합의 범위 내의 국제연합 헌장에 따

라 상당한 국제적 절차를 통하여 행동할 수 있다.

2. 일 당사국은 타 당사국이 이 협정에 따라 그 국가에게 부여된 의무를 이행하지 않고 있는 점 또는 타 당사국이 이 협정상 부여된 일방 당사국의 권리를 간섭하고 있는 점에 대하여 믿을 만한 이유를 갖는 경우에는, 그 국가는 타 당사국에게 협의를 요청할 수 있다. 이 요청을 받은 타방 당사국은 지체 없이 당해 협의를 개시하지 않으면 안 된다. 다른 어떤 당사국이 타 당사국에 협의를 요청하는 경우에는, 그 국가는 당해 협의에 참가할 권리를 갖는다. 당해 협의에 참가하는 각 당사국은 어떤 문제에 대해서도 상호 수락할 수 있는 해결방향으로 협력하지 않으면 안 되고, 모든 당사국의 권리 및 이익을 유의하지 않으면 안 된다. 국제연합 사무총장은 당해 협의의 성과에 대하여 통지를 받아야 하고, 수령한 정보를 모든 관계 당사국에 전달해야 한다.

3. 당해 협의가 상호 수락할 수 있고 모든 당사국의 권리 및 이익을 정당하게 고려하는 하나의 해결에 이르지 못한 때에는, 관계 당사국은 당해 분쟁의 정황 및 성질에 맞는 다른 평화적 절차를 스스로 선택하여 당해 분쟁의 해결로 향하여 모든 조치를 취해야 한다. 협의 개시에 관련하여 다툼이 발생하는 경우 또는 협의가 상호 수락할 수 있는 하나의 해결에 이르지 못한 경우에는, 어떠한 당사국도 당해 문제를 해결하기 위하여 다른 어떤 관계 당사국의 동의를 구하지 않고 국제연합 사무총장의 원조를 구할 수 있다. 일 당사국이 타 당사국과 외교관계를 갖지 않을 때에는, 일 당사국은 자국의 선택에 의하여 당해 협의에 스스로 또는 제3당사국 혹은 국제연합 사무총장을 중개기관으로 하여 참가해야 한다.

제16조

우주활동을 행하는 어떤 국제정부간기관이 이 협정에서 규정하는 권리 및 의무의 수락을 선언하고, 나아가 당해 국제정부간기관의 가맹국의 과반수가 이 협정 및 달과 다른 천체를 포함한 외기권 우주의 탐사 및 이용에 관한 국가 활동을 규제하는 원칙조약의 당사국인 때에는, 제17조부터 제22조까지의 규정을 제외하고, 이 협정에서 국가에 관련된 규정은, 당해 국제정부 간 기관에 적용하는 것으로 한다. 이 협정의 당사국이며 당해 국제정부간기관의 가맹국인 국가는 당해 국제정부간기관이 이 조의 규정에 따라 선언하는 것을 확보하기 위하여 모든 적당한 조치를 취해야 한다.

제17조

이 협정의 어떤 당사국도 이 협정의 개정을 제안할 수 있다. 개정은 이 협정 당사국 과반수의 수락을 조건으로 당해 개정을 수락한 이 협정의 각 당사국에 대하여 효력을 발생하며, 그 후에는, 이 협정의 다른 각 당사국에 대해서는 다른 국가의 수락일에 효력이 발생한다.

제18조

이 협정이 효력을 발생한 때로부터 10년이 경과한 때에는, 이 협정의 그 때까지 적용에 비추어 이 협정이 개정을 필요로 하는지 아닌지를 고려하기 위하여 이 협정의 재검토 문제를 국제연합총회의 임시의사일정에 포함하는 것으로 한다. 단 이 협정이 효력을 발생한 후 5년을 경과한 때에는 언제라도 수탁자으로서의 국제연합 사무총장은 이 협정의 당사국의 3분의 1의 요청에 의하여 이 협정 당사국의 과반수의 동의를 얻어 이 협정을 재검토하기 위하여 이 협정의 당사국 협의를 소집한다. 또한 하나의 재검토회의는 제11조의 1에 게재된 원칙의 기초에서 특히 모든 관련 기술의 개발에 입각하여 제11조의 5의 규정의 이행의 문제를 고려한다.

제19조

1. 이 협정은 뉴욕의 국제연합 본부에서 모든 국가의 서명을 위하여 개방된다.

2. 이 협정은 서명국에 의하여 비준되지 않으면 안 된다. 이 협정이 이 조항의 3에 따라 효력을 발생하기 전에 이 협정에 서명하지 않은 국가는 수시로 이 협정에 가입할 수 있다. 비준서 및 가입서는 국제연합 사무총장에게 기탁한다.

3. 이 협정은 다섯 번째의 비준서의 기탁일 후 30일째에 효력을 발생한다.

4. 이 협정의 효력발생 후에 자국의 비준서 또는 가입서를 기탁하는 각국에 대해서는, 이 협정은 자국의 비준서 또는 가입서의 기탁일 후 30일째에 효력을 발생한다.

5. 국제연합 사무총장은 모든 서명국 및 가입국에 대하여, 각국의 서명일, 각국의 이 협정의 비준서 및 가입서의 기탁일, 이 협정의 효력발생일 기타에 대하여 신속히 통지한다.

제20조
이 협정의 어떤 당사국도 이 협정의 효력이 발생하고 나서 1년이 경과한 후에는 국제연합 사무총장 앞으로 통고서를 보냄으로써 이 협정으로부터 탈퇴를 통고할 수 있다. 이 탈퇴는 이 통고서의 수령일로부터 1년으로 효력이 생긴다.

제21조
이 협정은 아라비아어, 중국어, 영어, 프랑스어, 러시아어 및 스페인어에 의하여 본문을 모두 원문으로 하고, 이 협정의 원본은 국제연합 사무총장에게 기탁하는 것으로 한다. 국제연합 사무총장은 이 협정의 증거등본을 모든 서명국 및 가입국에 송부한다.

  이상의 증거로서, 아래의 서명은 각 대표들의 정부로부터 정당하게 위임을 받아 이 협정에 서명되었다. 이 협정은 1979년 12월 19일에, 뉴욕에서 서명을 위하여 개방되었다.

색 인

ㄱ

간접손해　224, 225
개발도상국　25, 33, 75, 103, 106~108,
　　111, 113, 115, 116, 134~136, 140,
　　142~144, 148, 164, 165, 173, 174,
　　216, 363
개정 상업우주발사법　153, 161, 234
검증　91, 249, 251, 253, 254
경계획정　37, 45, 46, 52, 177
고궤도　169, 170
공간론　46, 48, 51, 52, 84, 85
공동이익의 원칙　32, 112, 251
공역　37, 38, 40, 45, 46, 47, 48, 49, 51,
　　52, 84, 102, 103, 148
공유물론　39
공해　39, 44, 53, 57, 58, 62, 74, 172,
　　250, 257, 293, 294, 295
과실책임　65, 209, 226, 227
과학기술소위원회　23, 25, 45, 105, 202,
　　213, 217, 218
관할권　50, 52, 53, 59, 60, 62, 68, 69,
　　75, 133, 142, 171, 172, 180, 188,
　　189, 190, 192, 215, 247, 281, 293,
　　294, 295, 334, 363
구조반환협정　24
국가주권　43, 47, 48, 85, 106, 114, 116,
　　138, 139, 156
국개책임　143
국내우주법　30, 151, 152
국내적구제　63, 66, 317
국제공역　48, 57

국제관습법　27, 28, 31, 48, 51, 54, 57,
　　96, 115, 173, 217
국제기구　27, 59, 63, 64, 67, 69, 70, 74,
　　76, 84, 119, 124, 125, 146, 147, 150,
　　216, 222, 223, 230, 281, 283, 296,
　　313, 318, 321, 336, 362
국제민간항공기구　148
국제민간항공협약　38, 61
국제법학회　47
국제사법재판소　26, 27, 28, 30, 31
국제업무통과협정　177
국제연합총회　278, 323, 338, 366
국제연합헌장　142, 278, 279, 284, 323,
　　357, 358
국제우주정거장　19, 20, 22, 29, 161, 163,
　　167, 178, 184, 186, 203
국제원자력기구　218
국제전기통신연합　119
국제전기통신협약　119, 131
국제제도　74, 362
국제책임　24, 57, 59, 63, 64, 66, 77, 96,
　　97, 98, 114, 143, 161, 195, 202, 219,
　　221, 222, 223, 226, 259, 313, 364
국제협력사업　29, 163, 184, 185
군사위성　32, 110, 241, 254
극소립자　203, 205
금반언의 원칙　29, 89
기능론　46, 47, 51, 52, 84
기상서비스　160
기초자료　104, 107, 113, 117

ㄴ

남극조약 33

ㄷ

달 협정 25, 31, 55, 70~72, 75, 76, 243, 246, 247, 255, 261, 265
달기지 163, 186
대기권설 49
대량파괴무기 58, 72, 91~94, 242, 243, 244, 246, 248, 253, 255, 278, 279, 357
등록협약 24, 159, 206, 207, 210, 262, 263

ㅁ

마그나 카르타 24, 56
무선규칙위원회 133
무주물론 38
묵시적 동의 28, 79, 80
물적 손해 224, 225, 258
미래항행시스템 148
미확인우주잔해 209, 210

ㅂ

발사 전 보험 236
발사국 21, 52, 64, 65~67, 69, 151, 152, 162, 189, 206~210, 215, 216, 223, 225~231, 233, 295, 313~321, 333, 334, 335
발사보험 236
발사서비스 81, 151, 153, 165
발사체 22, 59, 69, 81, 153, 165, 195, 215, 216, 236
방사능 211, 212, 215, 217, 225, 247, 258
방사선동위원소 211, 215
배상청구위원회 67, 228, 230, 231
법률소위원회 23, 45, 46, 52, 61, 63, 64, 70, 103, 105, 106, 108, 136, 139, 141, 148, 158, 213, 214, 218, 237, 250
별들의 전쟁 241
보고타선언 46, 54, 171, 172, 173

보조법원 30
보험 152, 153, 165, 232~238
분석정보 104, 113, 117
비군사화 31, 58, 92, 93, 241, 242, 247, 255
비정부기구 59, 222, 258
비침략적 58, 93, 245, 246
비행요소 185, 188~190, 192, 193, 197

ㅅ

사전동의 원칙 142
상업우주발사법 151, 153, 154
상업우주운송 161, 178, 179, 183
생물학적 오염 257
생화학무기 92, 245, 253, 255
선점자우선원칙 134, 173
세계인권선언 138
소유권 44, 59, 74, 83, 180, 188, 193, 281, 362, 363
손해배상청구권의 상호포기원칙 29, 154, 194
스펙트럼 132, 134, 135, 171
실력설 49

ㅇ

연대책임 65, 196, 223, 226, 227
영공 37, 38, 44, 46~50, 54, 176, 177, 180
영공무한설 48
예방적 조치 244
외기권 23, 24, 30, 40, 46, 50, 51, 56~60, 68, 97, 173, 222, 242, 244, 245, 247, 248, 259, 278~283, 293, 296, 313, 321, 333, 334, 336, 356, 361, 363, 364, 366
우주개발국 33, 71, 81, 86, 88, 176, 256
우주공간 23, 28, 32, 35, 37~58, 60, 65, 69, 76, 77, 79, 80, 81, 82, 84~86, 91~94, 97, 102, 104, 115, 139, 145, 155, 173, 183~186, 188, 194, 196, 203, 211, 216, 227, 235, 241, 242, 248, 251~253, 255, 258, 261, 264, 356, 359, 361

우주공항 161, 178
우주관습법 31
우주로부터 지구의 원격탐사에 관한 제 원칙 106, 117
우주무기 32, 241, 249, 250, 254, 256
우주무선통신서비스 136
우주물체 23, 24, 31, 42, 47, 50~52, 59, 60~69, 73, 75, 80, 81, 83, 84, 86, 96, 97, 152, 161, 162, 177, 185, 186, 188, 191, 196, 204~212, 215, 216, 223, 225~227, 232, 233, 250, 252, 253, 257, 262, 263, 282, 313~316, 321, 333~336, 338, 360, 363, 364
우주보험 219, 232, 233, 237, 238
우주상법 26
우주선 18, 19, 21, 47, 58, 64, 103, 155, 161, 164, 175, 176, 178~180, 182, 183, 191, 201~203, 206, 232~234, 236, 237, 246, 257, 280, 313, 357, 361
우주선원 62, 293, 294
우주센터 5, 20, 22
우주실험실 175
우주에서의 핵 동력원 사용에 관한 제 원칙 214
우주왕복선 19, 37, 52, 174~176, 203, 221, 238, 257
우주운송 26, 161, 167, 174, 177~179, 181, 182
우주의 비군사화 241
우주의 상업화 5, 233
우주자산 251, 256
우주잔해 199~210, 221, 252, 257, 259, 261, 262
우주정거장 19, 156, 175, 179, 180, 181, 183~185, 188
우주제조업 26, 160
우주조약 24, 27, 28, 30~33, 37, 43~46, 48, 53~57, 60~63, 68, 69, 72~74, 76, 79, 80, 82~84, 87, 88, 92, 93, 95, 112, 114, 118, 142~144, 152, 156, 158, 161, 163, 172, 173, 180, 187, 189, 211, 215~217, 221~223,

228, 233, 242~248, 251, 252, 253, 255, 256, 258, 259, 261, 262, 265, 278
우주조종사 58, 59, 61, 62, 68
우주통신 26, 127, 133, 160
우주헌장 56, 76, 256
우주호텔 161, 178
원격탐사 25, 26, 100, 102~108, 110, 111, 113, 115, 116, 160, 162, 170, 171
원격탐사위성 109, 110
원격탐사위성원격탐사위성 114
원자력사고 214
위성공격용무기 204
위성무기 250, 253
위성발사서비스 100, 150~152, 154
위성통신서비스 83, 100, 117, 128, 130~134, 148, 162
위성항법시스템 148, 149
위치확인정보시스템 149
위험책임 225, 227
유럽우주국 201
유인우주선 21, 186
유해한 오염 60, 73, 158, 260, 261, 282, 359
인공우주잔해 203, 205
인류공동의 유산 157, 174
인적 손해 224, 225

ㅈ
자위권 47, 244
자유권 47, 81
저궤도 169, 170, 202, 255
전략무기감축조약 249
전략무기제한협정 248, 249, 253
전략미사일 250, 253
전유금지 28, 45, 57, 74, 77, 79, 84
전파침투 138, 139, 144
전향성 오염 257
절대책임 64, 65, 209, 225, 227, 228, 233
접근권 47, 84, 107, 113, 116
정찰위성 204, 245, 249~251
주권배제 43, 51

주권제한   42
주파수 할당   132, 133, 137
중간공간   49, 50
중궤도   169, 170
중력설   49
지구궤도   31, 43, 69, 81, 92, 93, 95, 167,
        169, 175, 181, 183, 201, 202, 207,
        249, 262, 334, 335
지구정지궤도   37, 53, 54, 117, 127, 134~137,
        147, 155, 158, 170~174, 202
지상원격탐사 정책법   109
지적재산권   162, 163, 188, 191, 192,
        193, 195
직접위성방송   100, 137~ 141, 144, 162

ㅊ

책임협약   24, 65, 97, 152, 159, 177, 206,
        208, 209, 212, 213, 216, 221~231,
        233, 262
처리자료   104, 113, 117
천연자원   53, 70~72, 74, 76, 85, 103,
        112, 114, 116, 156~158, 171, 172,
        174, 356, 362, 363
초위험적 행위   65, 221, 225, 232
최고비행고도설   50
최저고도설   50, 51, 85

ㅌ

탄도요격미사일   253
태양력 발전소   160, 163

태양발전위성   154, 155, 258
태양에너지   100, 145, 154~ 157, 160
통신서비스   117, 135
통신위성   111, 117, 125, 127, 128, 131,
        132, 135, 136, 173, 232
통제권   59, 188, 189, 215, 281
특허권   163, 193

ㅍ

파트너십(partnership) 원칙   186
페이로드   153, 203, 204
평화적 이용   23, 43, 47, 56, 57, 60, 87,
        91~94, 106, 143, 188, 241, 242, 245,
        256, 259
폭격체계(FOSB) 미사일 무기   255
피탐사국   106, 107, 112~114, 116, 171

ㅎ

항공법   22, 23, 37, 42, 46, 47, 57, 61,
        94, 102, 148, 176, 177
항공우주비행기   176, 177
항행위성서비스   147
해양법   94
핵동력원   25, 210~216, 218
행동규범   191
협력기관   187, 192, 193, 195, 196
환경보호   205, 252, 257, 258, 260, 261
환경외물질   73, 359
환경의 불리한 변화   158, 260, 261
후향성 오염   257

김종복

경희대학교 법과대학 법학과 졸업
한국항공대학교 대학원 졸업(항공우주법 전공), 법학박사
대한항공 법무실장(상무이사)
한국항공우주법학회 부회장
국제항공운송협회(IATA) 법률자문위원회 위원
외교통상부 통상자문위원
한진물류연구원 자문위원
법무부 상법 항공운송편 제정 특별분과위원회 위원
국토해양부 정책용역 심의위원
국토해양부 항공법 개정 민간위원
항공우주법연구소장
한국원자력의학원 상임감사
한국항공대학교 항공우주법학과 교수

『신국제항공우주법』(공저)
『항공판례의 연구』
『신실용주의로 세계일류국가 만들기』(공저)
『신국제항공법』
「항공사고와 항공운송인의 민사책임에 관한 연구」
「전자항공권의 법적 제 문제에 관한 고찰」
「몬트리올협약상의 항공여객운송인의 책임」
「국제우주정거장 협정의 법제도에 관한 고찰」
「상법 항공운송편 제정의 필요성과 방향에 관한 고찰」
「국가안보와 우주자산 활용의 법적문제」 외 다수

New SpaceLaw
신 우주법

초판인쇄 | 2011년 1월 24일
초판발행 | 2011년 1월 24일

저　　자 | 김종복
펴 낸 이 | 채종준
펴 낸 곳 | 한국학술정보㈜
주　　소 | 경기도 파주시 교하읍 문발리 파주출판문화정보산업단지 513-5
전　　화 | 031) 908-3181(대표)
팩　　스 | 031) 908-3189
홈페이지 | http://ebook.kstudy.com
E-mail | 출판사업부 publish@kstudy.com
등　　록 | 제일산-115호(2000. 6. 19)

ISBN　978-89-268-1864-0 93360 (Paper Book)
　　　　978-89-268-1865-7 98360 (e-Book)